果樹栽培

実つきがよくなる「コツ」の科学

三輪正幸
（環境健康フィールド科学センター 助教）

講談社

コツが分かると、実つきがよくなります

実つきの悪い原因を突き止め、作業のコツを習得する

私は大学での講義に加え、著書や雑誌などの執筆、講演会やテレビやラジオなどの出演を通して、果樹栽培の普及活動を行っています。その際に受ける**質問として圧倒的に多いのが、「実つきが悪い」、「収穫できない」といった実つきに関する悩みです。**今回、本書を執筆することを決心したのは、**「果樹の実つきの改善に特化した本を執筆して、多くの愛好家の声に応えたい」**という思いを胸の内に秘めていたからです。

さて、園芸ビギナーは、育てている果樹の実つきが悪い場合に、「何をしたら実つきがよくなるのか?」という方法論だけを知りたがる傾向にあります。しかし、方法論だけが分かったとしても、次に再び実つきが悪くなった場合に、同じ方法を試していては実つきが改善するとは限りません。そのため、毎回違う理由で実つきが悪くなり、困るのです。

実つきが悪くて困った場合に、まずはその原因が何かを自身で考える

ことが非常に重要です。**原因、つまり作業の理《ことわり》や背景、そしてコツを理解することで、作業を正確に行うことができるうえ、果樹栽培で発生する多様な実つきのトラブルにも対応できるようになるからです。**今は関係ない原因についても把握しておくと、予防の観点では非常に役に立ちます。本書の46~49ページは、実つきが悪い原因を突き止めるのに役立つ図式になっているので参考にしてください。原因が推定できたら、その原因を改善するために必要な作業のコツを習得しましょう。

最後に、本書では実つきをよくするコツを解説するうえで、なるべく科学的な理屈や根拠（エビデンス）と一緒に紹介するように心がけました。しかしながら、これらの科学的な理屈や根拠は、栽培条件や品種などを限定したうえで明らかになっている知見が多く、専門家ではない読者に説明することは非常にむずかしいのが現状で、「もっと科学的に解説したい」と、もがきながら執筆しました。皆さんに少しでも多くの科学的な理屈や根拠を紹介できるように、今後も職務に励みたいと思います。

本書が家庭果樹において実つきに困る方の参考になれば幸いです。

三輪正幸

失敗も、果樹栽培の醍醐《だいご》味です。

果樹栽培の年間スケジュールと日々の管理作業

果樹を健全に育て、実つきをよくするためには、果樹の生育と作業の流れを把握することが欠かせません。

果樹の生育は、3月の萌芽《ほうが》（芽吹くこと）に始まり、新《しん》梢伸長《しょうしんちょう》（若い枝が伸びること）、開花などを経て収穫を迎え、休眠・生育停滞したのちに、翌春に再び萌芽するという、円状の生育パターンをもちます。一年生の野菜や草花のように1年でリセットする植物とは異なり、どこかで管理作業を失敗すると、翌年の生育や実つきに影響するため、一年中気が抜けませんが、それが醍醐《だいご》味でもあります。

果樹栽培は、左図の作業を一つでも多く行うことで、格段に実つきがよくなります。一方、植えつけ後に放任しても、野山に自生している果樹のように収穫できることがありますが（128ページ）、実つきは悪くなり、市販品のような美しくて大きく、おいしい果実は収穫できません。

果樹の種類ごとに、必要な管理作業の内容と管理作業の適期が異なるので、注意しましょう。

日々の管理

毎日見回り、果樹の状態を観察します。

置き場

鉢植えは、日当たりや風通し、温度など生育しやすい場所へと季節ごとに移動させる。

手入れ

剪定や誘引、枯れ枝の除去など、必要に応じて作業する

病害虫対策

病害虫は早期発見、早期対処が基本。

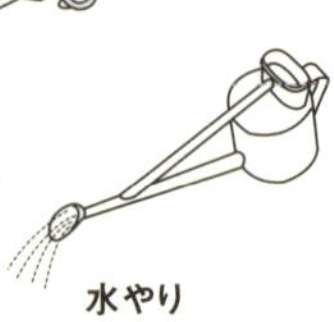

雑草取りなど

果樹の生育に影響を与えたり、病害虫の温床になる雑草は取る。下草程度ならそのままでもよい。

水やり

鉢植えは定期的な水やりが必要。庭植えは基本的に不要だが、夏季に晴天が続いた場合には必要。

果樹栽培の年間スケジュールと作業の流れ

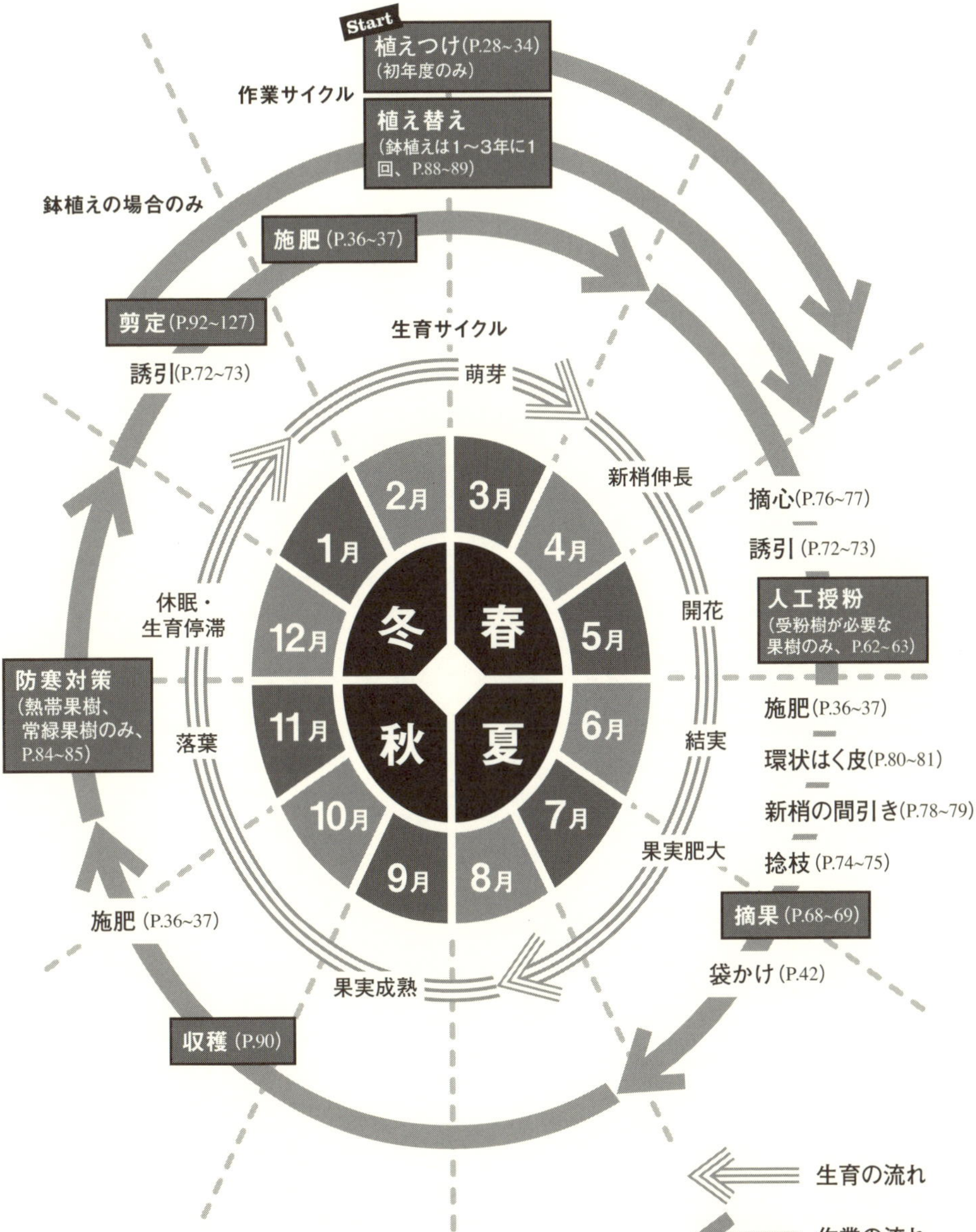

※上記のほかにも水やりなどの管理が必要
※生育時期や作業の適期は果樹によって異なる

Contents

果樹栽培 実つきがよくなる「コツ」の科学

Chapter 1 果樹とはどんな植物?

Chapter 2 実つきをよくするコツ

Chapter 3

実つきをよくする剪定の基本

Chapter 4
果樹別　実つきをよくする剪定などの作業のポイント

Column

Chapter 1

果樹とはどんな植物?

本章では、果樹がどのような植物なのかを説明しているほか、
果樹栽培を始める際に知っておくべき事柄を解説しています。
基本を理解すると、栽培の失敗が少なくなります。

Q. 果樹とはどんな植物をいうのですか？

A. 果樹とは、食用となる果実がなる木もしくは多年生の草になる植物です

「イチゴは果樹ですか？　それとも野菜ですか？」とよく聞かれます。イチゴのほかにも果樹か野菜かあいまいな植物がありますが、おいしい果樹を育てるために、果樹とは何かを理解することから始めましょう。

まずは野菜の定義です。『野菜園芸学の基礎』（篠原温ほか著／農山漁村文化協会）では、野菜を「野草なども含む範囲の広い草本植物を指す用語」、「食用栽培される草本植物」と定義しています。つまり、**野菜とは食用となる草本性（草）の植物**です。

次に果樹の定義です。『最新　果樹園芸学』（水谷房雄ほか著／朝倉書店）では、「果樹園芸は文字通り木本作物の果実を対象にしている」としています。つまり、**果樹とは、食用となる果実がなる木本性（木）の植物**です。加えて同書では、果樹について、「バナナやパパイヤのような多年生の草本性植物をも含む」としています。**木でなく草であっても、パイナップルなどの多年生（何年も生きる）で果実が食用の植物は、果樹として扱われる**ことが分かります。

さて、それではイチゴは果樹と野菜のどちらでしょうか。イチゴは多年生の草本なので、前述の定義を当てはめると果樹です。しかし、イチゴは多年生とはいえ、同じ株を何年も使うのではなく、ランナー（ほふくする茎）で分かれた新しい苗を毎年植えつけるので、一年生の草本と同様の形で利用されます。つまり、**イチゴは野菜**なのです。

木本か草本かに加え、**植えつけが毎年必要な植物は野菜、不要な植物は果樹**と覚えておくとよいでしょう。

イチゴは野菜

親株（大きな鉢植え）から伸びた茎がランナー。写真のようにポットに挿すと新しい苗になる。

Q. 果物と野菜の定義は何ですか?

A. 「デザート」か「おかず」かで分けられます

果樹と異なり、**果物の明確な定義は存在しません**。ただし、**一般的に認知されている果物の概念とは、「甘くてデザートとして食べる果実」**なのではないでしょうか。事実、果物店で見かける大半が甘い果実です。一方、**「甘みが少なく、おかず（副食）として食べる果実」は野菜と認知されています**。つまり、イチゴやメロン、スイカは果樹ではありませんが、甘いので果物として認識されています。農林水産省ではこれらの果実を「果実的野菜」とよんでいます。

他方、特殊なケースも存在します。パパイヤやバナナ、スイカ、メロンなどは、完熟した果実をデザートとして食べるときは果物ですが、**緑色の未熟な状態の果実を炒め料理や漬物などのおかずの材料として利用するときは、野菜として扱われます**。同じ植物でも収穫する状態によって、果物か野菜かという分類が異なるものもあるのです。

エキゾチックな花を咲かせるフェイジョアは、花弁（花びら）が多肉質で若干甘いので、サラダなどに利用されます。

また、バナナの雄花は、東南アジアでは炒め物料理などにされます。このように、**果実ではなく花を利用する場合は、果樹ではなく野菜として扱われます**。

Q. 果樹と野菜で、育て方の違いはありますか？

A. 栽培サイクルを、野菜は線、果樹は円で考えます

野菜は一年生の草であり、果樹は多年生の木もしくは草です。そのため、**果樹は何年も同じ植物を育てていくのが、野菜との最も大きな違いです。**

野菜の栽培サイクルは、例えば下図のトマトでいうと、4月ごろの植えつけから始まって、10月ごろに栽培が終わって枯れた株を引き抜くため、栽培カレンダーは始点と終点のある線になります。一方、果樹は、下図のブドウのように、その年の収穫が終わった後も木を枯らさずに育てるので、栽培カレンダーが途切れることなく、円状に何年も続きます。このように**野菜は線で、果樹は円で栽培サイクルを考えるのが、両者の違いといえます。**

栽培サイクルが円状だということは、例えば夏に根が乾燥して枝葉がしおれたり、病害虫で木が弱ったりした場合に、その影響が翌年の実つきなどにも関係するということでもあります。そのため**果樹は、翌年のために日頃の栽培管理を十分に注意する必要**があります。

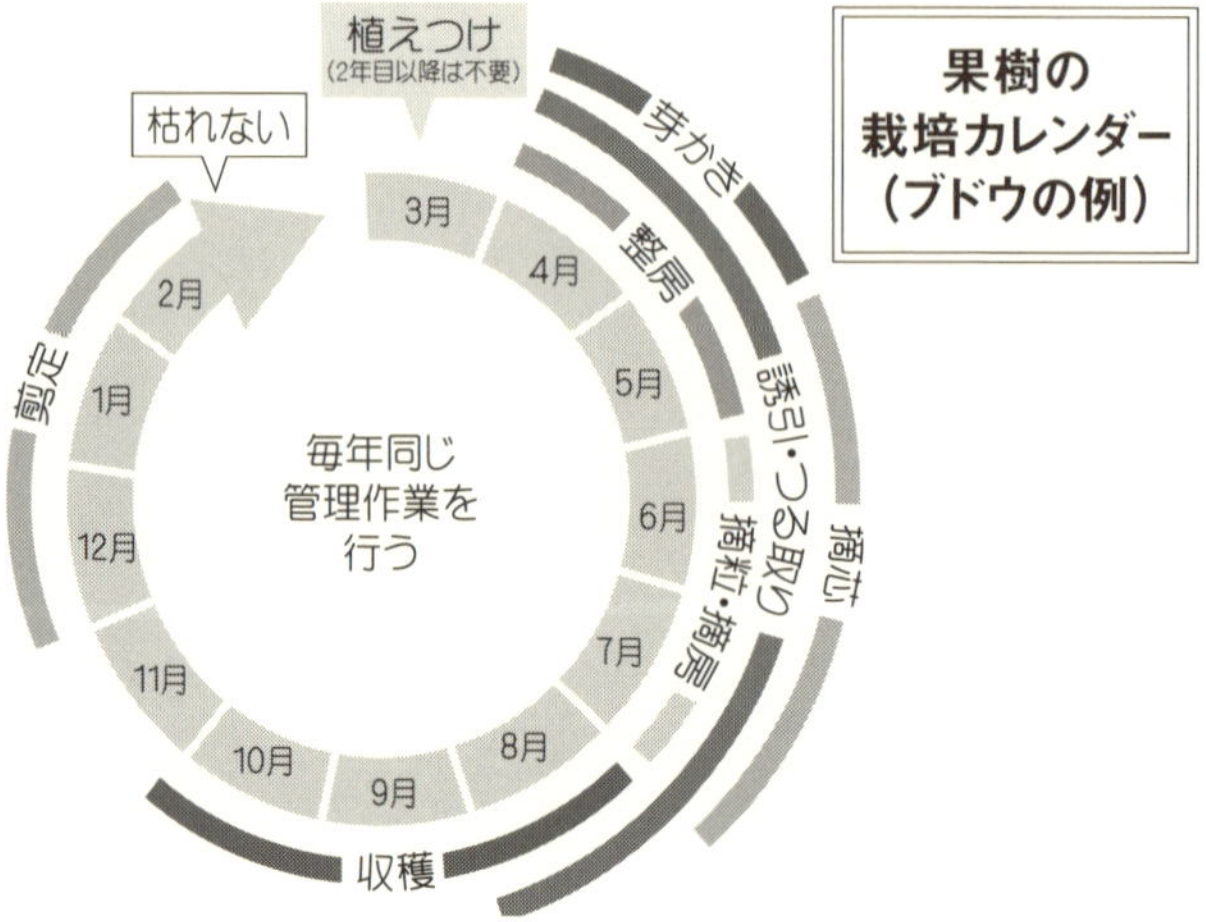

Q. 果樹のふるさとはどこですか?

A. 世界中から導入され、日本独自の改良がされています

現在、日本国内で栽培されている果樹は、リンゴ、ブドウなどといった主要な果樹が20種程度で、スグリやグミなどの**マイナーなものを加えると、100種以上になります。**これらの果樹のふるさと、つまり植物としての起源地である原産地はどこでしょうか。次ページの地図を見ると、世界中から導入されていることが分かります。

まずは、原産地が日本の果物ですが、これが実に少なく、生産量が年間1万トン以上の主要な果樹としてはクリ(ニホングリ)しかなく、後は、アケビ、グミ、サルナシ、スグリなどのマイナーな果樹しかありません。

一般的に「和」のイメージが強いカキやウメ、ニホンナシ、ビワ、モモは、中国から導入されたと推測され、ウメは弥生時代、カキは奈良時代に渡来して、日本の気候や文化に順応してきたといわれています。このように、**日本を原産地とする果樹は極めて少ないのです。**

なお、柑橘《かんきつ》類は相互に交雑して新しい種《しゅ》となる柑橘類を生み出せる果樹ですが、柑橘類の祖先となる種はインドが原産地といわれています。その後、周囲に広がり、交配などによってレモンやブンタン、ユズなどの多くの柑橘類が発生します。日本においても中国などを介して導入された果実(種子)を元にして、ウンシュウミカンやナツミカンなどの日本独自の柑橘類が生まれています。ただし、ウンシュウミカンなどの柑橘類は、かなり広い解釈をしないと日本原産の果樹とはいえません。

以上のように、**我々が現在利用している果樹の多くは、海外から導入されたもの**ですが、日本の先人たちは品種改良を行い、食味がよくて多収で、栽培しやすい品種を作出してきました。これらの中には、リンゴの'ふじ'のように現在、世界中で栽培されているものもあります。日本が原産地である果樹は少ないものの、**日本人は導入した果樹の品種改良を進め、栽培技術を改良することによって、果実の付加価値を高めてきたのです。**

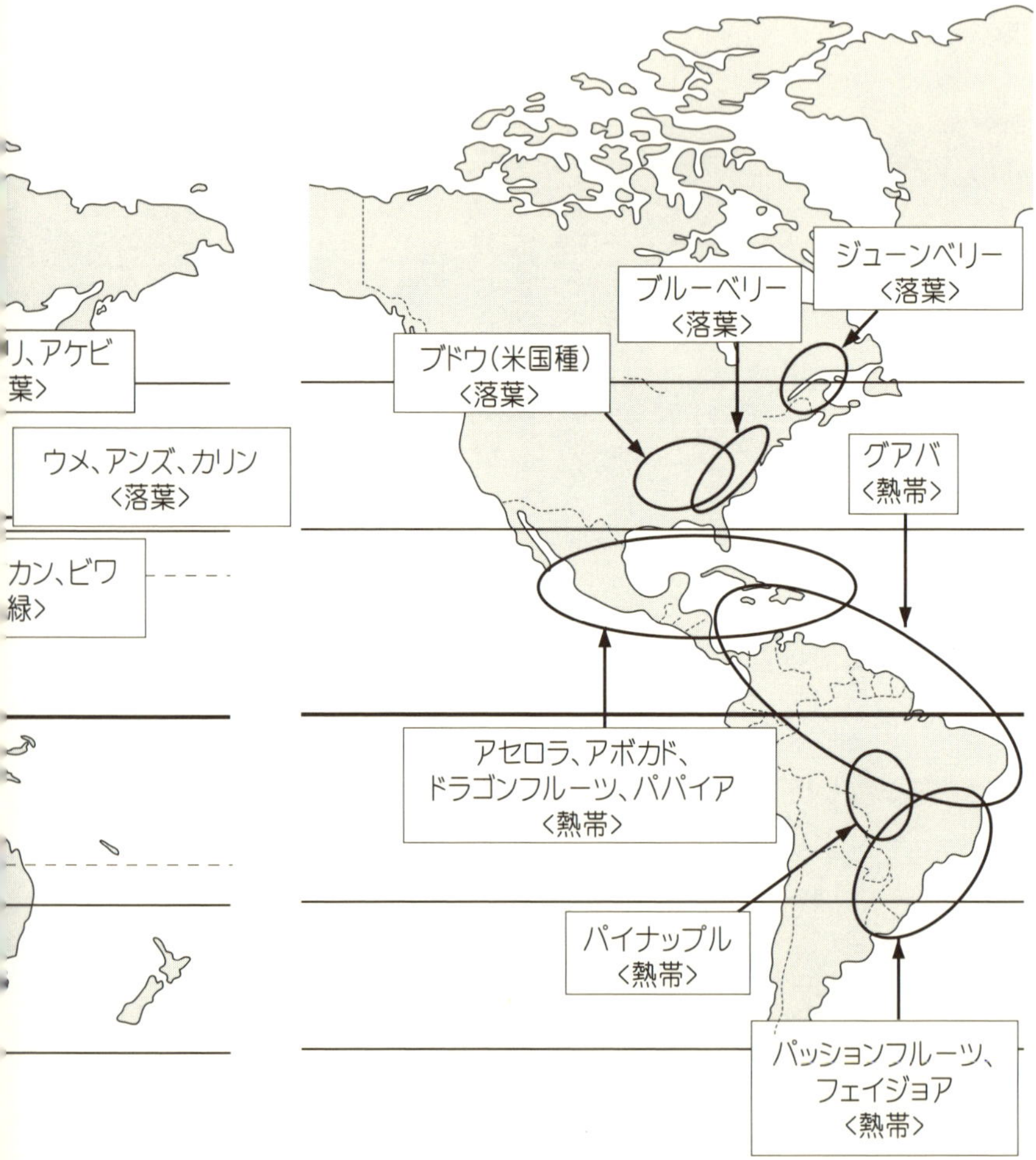

〈参考文献〉

『栽培植物の起源と伝播』星川清親／二宮書店
『果実の事典』　杉浦明ほか／朝倉書店

果樹の原産地

※原産地には諸説あります。

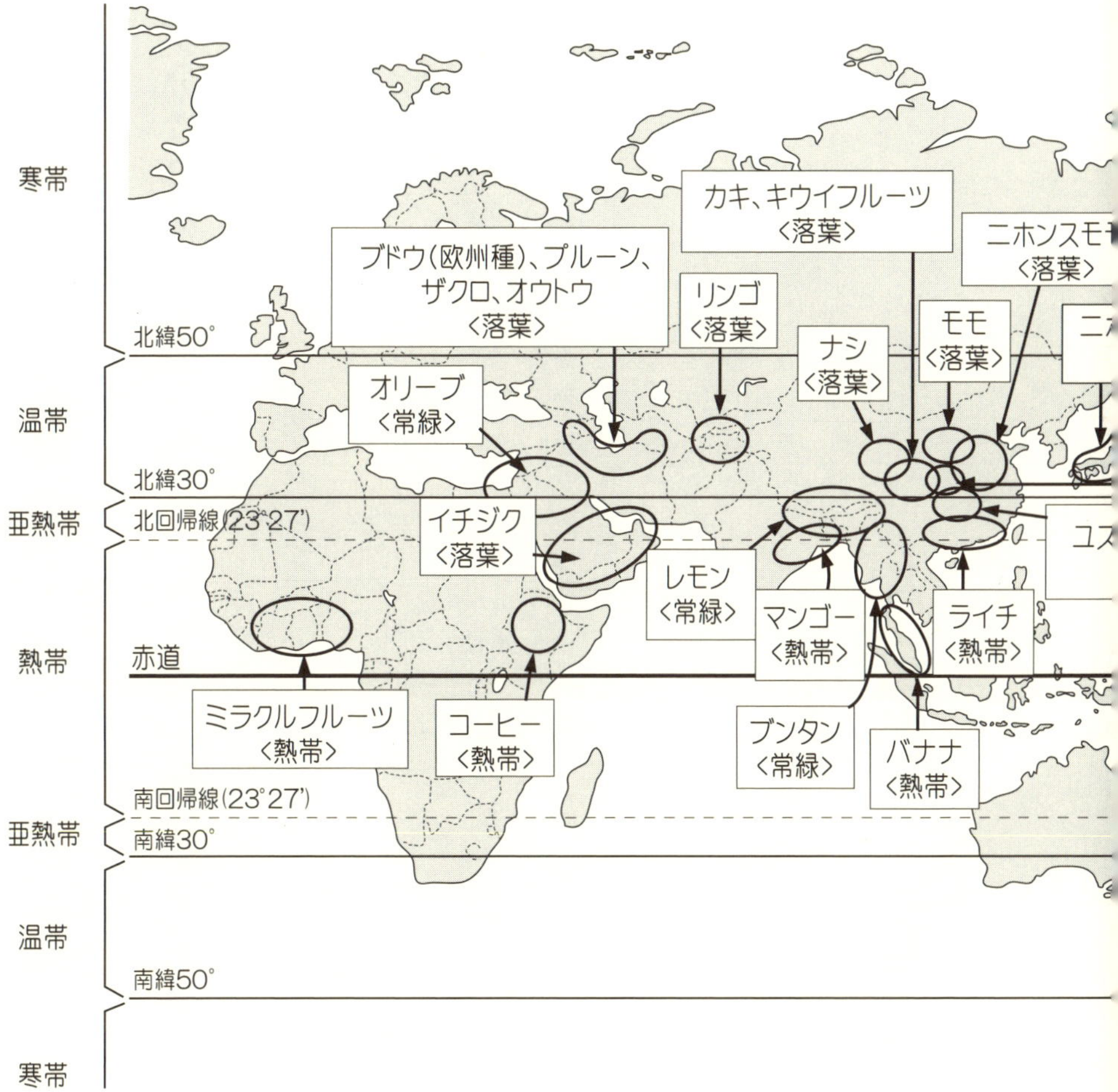

Q. 果樹にはどんなグループ分けがありますか？

A. グループ分けには、自然分類法と人為分類法があります

果樹には多くの種類がありますが、さまざまな方法でグループ分け（分類）することができます。グループによって、植えつけや剪定などの作業の時期や病害虫の対策などの栽培に関する情報をある程度はまとめることができます。そのため、**グループごとの傾向を把握すれば、個別の果樹の栽培方法をすべて覚える必要はなくなります。**

グループ分けには、「自然分類法」と「人為分類法」があります。自然分類法は、植物の構造や形態、もしくは遺伝子などにもとづいており、具体的には科や属などに分類されます。**自然分類法が植物側に立って注目している**のに対し、**人為分類法は栽培、利用する人間の立場や目的に応じて、明快かつ便利な形で分類する方法**です。具体的には、原産地や木の大きさ、果実の食べる部位などによってさらにいくつかのグループに分類されます。

果樹のグループ分け（分類法）

自然分類法　植物の構造、形態、遺伝子などから、門、綱、目、科、属、種、変種、品種などに分ける（17ページ）。

人為分類法　人間の利用目的などに応じて分ける。

原産地（13〜15ページ）
温帯果樹（落葉果樹）、亜熱帯果樹（常緑果樹）、熱帯果樹

木の大きさ（20〜21ページ）
高木性、低木性、つる性

食べる部位

液果類《えきかるい》
子房壁が肥大した中果皮と内果皮とよばれる部位を食べる、果汁が豊富な果樹
・カキ、柑橘類、ブドウなど

堅果類《けんかるい》
主に種子の内部の子葉とよばれる部位を食べる果樹。
・クリ、アーモンド、クルミなど

核果類《かくかるい》
種子が内果皮（核）によって覆われ、主に中果皮とよばれる部位を食べる果樹。
・ウメ、サクランボ、スモモ、モモなど

仁果類《じんかるい》
花のつけ根の花床とよばれる部位を食べる果樹。
・セイヨウナシ、リンゴ、ビワ、ニホンナシなど

その他　イチジク、ザクロなどがある。

Q. 植物の「科」や「属」を知ると、どんな役に立つのですか？

A. 科や属が分かれば、病害虫の発生の傾向などがつかめます

植物図鑑や栽培書を読んでいると「○○科」や「××属」といった記述を見かけます。これは、分類階級とよばれる自然分類法で、**すべての生物を、上位の階級順に、界、門、綱、目、科、属、種に分けることができます（下表）**。例えばウメは、植物界、被子植物門、双子葉植物綱、バラ目、バラ科、アンズ属のウメという種（和名）の植物です。さらに、種の下位に変種や品種があることもあり、ウメでは'南高'や'白加賀'などの品種があります。

すべてを覚える必要はありませんが、科や属を覚えると、得をすることがあります。**科や属が同じだと性質が近く、**例えば病害虫は特定の科や属の植物に発生することが多く、ミカン科ならアゲハチョウに気をつけたほうがよいなどと、**病害虫の発生の傾向をつかむことに役立ちます。**なお、野菜では同じ科の作物を続けて作ると生育が悪くなること（連作障害）がありますが、同様に果樹では、イチジク属ではネコブセンチュウによる連作障害が起こりやすいです。

主な果樹の分類階級

界	門	綱	目	科	属	種
植物	裸子植物	イチョウ	イチョウ	イチョウ	イチョウ	イチョウ
	被子植物	単子葉植物	ショウガ	バショウ	バショウ	バナナ
			イネ	パイナップル	パイナップル	パイナップル
		双子葉植物	バラ	バラ	サクラ	サクランボ（セイヨウミザクラ）
					アンズ	ウメ
						アンズ
					モモ	モモ
					リンゴ	リンゴ
					ナシ	ニホンナシ
						セイヨウナシ
				クワ	イチジク	イチジク
			ムクロジ	ミカン	ミカン	ウンシュウミカン
						レモン
				ウルシ	マンゴー	マンゴー
			クロウメモドキ	ブドウ	ブドウ	ブドウ
			カキノキ	カキノキ	カキノキ	カキ
			ツツジ	ツツジ	スノキ	ブルーベリー
				マタタビ	マタタビ	キウイフルーツ

〈参考文献〉『維管束植物分類表』米倉浩司／北隆館

Q. 落葉果樹や常緑果樹、熱帯果樹の違いは何でしょうか？

A. 生育サイクルが異なり、植えつけや剪定時期も異なります

果樹の原産地（14～15ページ）から、すべての果樹は人為分類法の温帯果樹、亜熱帯果樹、熱帯果樹の３つの形態に大別することができます。

温帯の植物は冬の寒さに耐えるために、すべての葉を落として耐寒性を高める仕組みを備えています。そのため、**温帯が原産地の果樹は一般に「落葉果樹」とよばれています。落葉果樹は寒さに強く、日本国内で広く栽培することができます。**亜熱帯が原産地の果樹は、冬の気温が温帯ほどは下がらないので冬の寒さとは無縁で、冬にすべての葉を落とす必要性がありません。そのため、**亜熱帯果樹の多くは「常緑果樹」とよばれます。**ただし、常緑果樹を日本で栽培すると寒さで傷む可能性があり、注意が必要です。**熱帯が原産地の果樹（熱帯果樹）の多くは、特に寒さに弱い**ため、関東以北では庭や畑に植えると冬越しできない場合があります。主に鉢植えで育てるとよいでしょう。

以上のように、果樹は落葉果樹、常緑果樹、熱帯果樹に分けることができますが、この分類は、植えつけ時期や剪定時期の目安になります。というのも、植えつけや剪定は枝や根の生育が停滞していて、寒さで傷まない時期に行うのが鉄則ですが、落葉果樹、常緑果樹、熱帯果樹ごとに、生育停滞期がおおよそそろっているからです。

例えば、寒さに強い落葉果樹は、落葉期で枝や根が休眠している11～2月がおおよその植えつけ、剪定の適期です。常緑果樹の生育停滞期は落葉果樹とほぼ同じく11～3月ですが、寒さに弱いので、寒さが緩んだ3月ごろのみが植えつけ、剪定の適期になります。熱帯果樹はさらに寒さに弱いので、気温が上昇した3～6月に、植えつけ、剪定を行います。常緑果樹よりも適期が拡大しているのは、熱帯果樹の苗木の流通のピークが、遅霜が終わった4月以降になることも影響しています。

ただし、これらの適期はあくまで目安であり、果樹によって例外もあることを覚えておきましょう。

	落葉果樹	常緑果樹	熱帯果樹
株の様子			
原産地	主に温帯	温帯と亜熱帯の一部	熱帯、亜熱帯
葉	冬にすべて落ちる	冬にすべて落ちない	冬にすべて落ちない
耐寒性	強い	弱い	特に弱い
果樹名	ウメ、アンズ、サクランボ、モモ、スモモ、リンゴ、ニホンナシ、セイヨウナシ、イチジク、ブドウ、カキ、クリ、ブルーベリー、ラズベリー・ブラックベリー、キウイフルーツなど	柑橘類、ビワ、オリーブ、ヤマモモ、フェイジョア、ムベなど	パイナップル、マンゴー、バナナ、パッションフルーツ、ライチなど
植えつけや剪定の適期の目安	11～2月	3月ごろ	3～6月

Q. 果樹ごとの木の大きさの目安を教えてください

A. 植えつけ場所や目的に応じたサイズの果樹を選びましょう

果樹はその樹高から**「高木性果樹」と「低木性果樹」に分けることができます。**高木と低木を明確に区別することはできませんが、放任しておくと5m以上になる木を高木性果樹、5m未満で枝が株元で数本に分かれて株仕立て（165・166ページ）になるものを低木性果樹とするケースが多いです。また、**枝がつる状に伸びて自立しないものについては、「つる性果樹」とよばれます。**

庭のシンボルツリーにする場合や大木に仕立てて多くの果実を収穫する場合、庭に木陰をつくる場合などは、高木性果樹が向きます。

一方、栽培スペースが広く取れない場所や木をコンパクトに維持したい場合などには、低木性果樹がおすすめです。ただし、高木性果樹であっても鉢植えにするか、毎年のように剪定すれば、コンパクトに仕立てられます。

棚やフェンス、アーチ、オベリスクなどに枝を絡ませて楽しみたい場合には、つる性果樹を選ぶとよいでしょう。

果樹のタイプ

つる性果樹

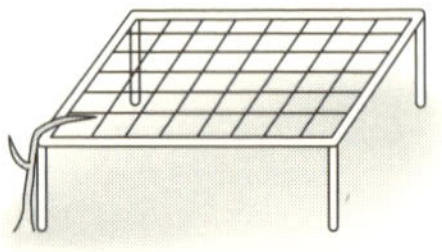

自立できないので、棚やフェンスなどの支えが必要
枝がつる状に伸びる。

低木性果樹

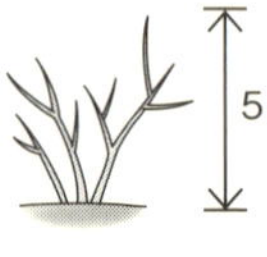

高木性果樹

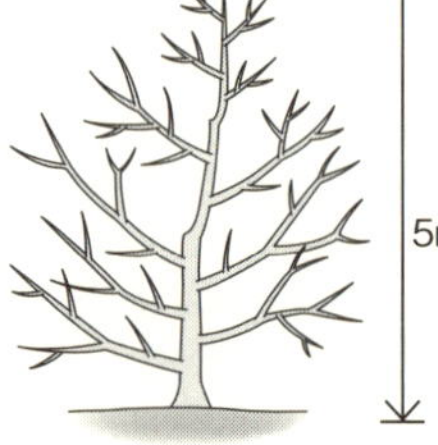

樹高の目安

タイプ	果樹名	放任の樹高の目安	理想の樹高の目安
高木性果樹 (放任で 5 m以上が目安)	クリ	13 m	3.5 m
	クルミ	10 m	3.5 m
	カキ	10 m	3.0 m
	サクランボ	10 m	3.0 m
	モモ	10 m	3.0 m
	リンゴ	10 m	3.0 m
	ビワ	10 m	3.0 m
	ウメ	8 m	3.0 m
	スモモ	8 m	3.0 m
	ニホンナシ	8 m	棚の高さ
	セイヨウナシ	8 m	3.0 m
	柑橘類	8 m	3.0 m
	イチジク	8 m	3.0 m
	ザクロ	8 m	2.5 m
	オリーブ	8 m	2.5 m
低木性果樹 (放任で 5 m未満が目安)	ブルーベリー	3 m	1.5 m
	ラズベリー	2 m	1 m
	ブラックベリー	枝の伸びる長さ	支柱の高さ
	クランベリー	0.3 m	0.2 m
つる性果樹 (枝がつる状に伸びる)	ブドウ	枝の伸びる長さ	支柱の高さ
	キウイフルーツ	枝の伸びる長さ	支柱の高さ
	アケビ	枝の伸びる長さ	支柱の高さ
	ムベ	枝の伸びる長さ	支柱の高さ
	パッションフルーツ	枝の伸びる長さ	支柱の高さ

※上記の樹高は筆者の経験をもとにしたもので、あくまで目安とするとよい
※上記は、庭に植えた場合の樹高の目安である
※放任せず、毎年のように剪定や誘引などをすることで、上記の理想の樹高以下に仕立てられる

Q. 失敗しない果樹選びのポイントは何ですか？

A. 果樹の性質を知ると、果樹選びの失敗が少なくなります

新たな果樹の苗木を植えつけて育てる場合、数ある果樹の種類からどれを選ぶかはとても重要です。**以下の6つのポイントを総合的に考慮してから、育てる果樹を選ぶと失敗が少なくなります。**育ててから手に負えなくなったり、枯らしてしまったりして、「こんなはずではなかった……」と後悔しないようにしましょう。

ポイント1 食べたい、育てたい果樹を選ぶ

まずは食べたい果実や食べるのが好きな果実、育ててみたい果樹を選ぶというのはいうまでもありません。**興味のある果樹を育てることで、その分、日常の管理作業を熱心に行う動機となります。**ぜひとも関心のある果樹を選んでみてください。果実の味以外に、葉や花、果実の様子や香りなどから多面的に判断するのがおすすめです。

また、**一般に市販されていない珍品種や新品種がある果樹もおすすめです。**

ポイント2 木の形態を意識する

果樹には落葉果樹、常緑果樹、熱帯果樹があります（18ページ）。

常緑果樹は冬でもすべての葉が落ちないので、年間を通して目隠しとして利用できます。人目が気になる場所の植栽におすすめです。

一方、**落葉果樹は、夏は日光を枝葉が遮り、冬は葉が落ちて日光を通して暖かさや明るさをもたらします。**耐寒性が強いのもポイントです。

熱帯果樹は冬でも葉が残っていますが、寒さに弱く、強いものでもマイナス2℃程度、弱いものだと10℃以下になると枯れてしまいます。**日本では戸外の越冬がむずかしい地域が多いので、鉢植えにして冬季は室内に取り込むことが前提となります。**

ポイント 3 植えるスペースに合った果樹を選ぶ

果樹は樹種ごとに樹高の目安が明らかになっています（20〜21ページ）。**植える場所のスペースに応じた種類を検討する必要があります。**

また、**受粉樹の要不要についても考慮する必要があります。**果樹の中には自身の花粉では受粉・受精ができず、結果として1本では果実がつきにくいものがあります。そのような果樹は、実つきをよくするために、2本（2品種）以上を近くで育てる必要があるので、**その分のスペースが必要です。**受粉させるために植える別の品種を「受粉樹」といい、受粉樹が必要な果樹にはリンゴやブルーベリーなどがあります。

一方、ブドウやラズベリーなど、**自身の花粉で受粉・受精できる果樹は、受粉樹がなくても実つきがよい**ことが多いので、**スペースが広くない場合には、これらの果樹がおすすめです。**

ポイント 4 耐寒性に注意する

「適地適作（その地域の環境などに適した作物をつくるとよい）」という言葉があるように、**居住地に合った果樹を選ぶことはとても重要です。**気温や降水量、土壌などのさまざまな条件を考慮する必要がありますが、**なかでも最優先**

果樹ごとの受粉樹の要不要

受粉樹	果樹名
受粉樹が必要	ウメ、サクランボ、リンゴ、ニホンナシ、セイヨウナシ、カキ（品種による）、ブルーベリー、クリ、キウイフルーツ※、イチョウ※、アケビ、ハスカップ、オリーブ、ヤマモモ※、フェイジョア、パッションフルーツ（品種による）など
受粉樹が不要	柑橘類（種類による）、モモ（品種による）、ブドウ、ラズベリー、ブラックベリー、ジューンベリー、ビワ、ムベ、パイナップル、パパイア、バナナ、マンゴー、グアバなど

※雌木と雄木が必要。

受粉樹の要不要と
耐寒性が
特に重要です!

すべきなのが、冬の寒さ、つまり耐寒性だと筆者は考えています。なぜなら、各果樹の耐寒気温（下図）を最低気温が下回ると枝葉が枯れ始め、木が弱って最悪の場合には枯れることがあるからです。特に下図で上部に位置する果樹ほど耐寒性が弱いので、注意が必要です。

気象庁がインターネットなどで公表している過去の気象データなどをもとに、あらかじめ、居住地の最低気温を把握しておくとよいでしょう。**戸外で果樹を育てる場合は、居住地の最低気温を下回らない耐寒性をもつ果樹を選び、育てたい果樹の耐寒気温が居住地の最低気温を下回るようなら、鉢植えにして冬季は防寒対策をします。**特に寒冷地では防寒対策が重要です。

ちなみに、後述する耐暑性（夏の高温）は、水やりさえしっかり行えばそれほど恐れる必要はありません。暑さで枯れる可能性は冬の低温ほどは高くないからです。

ポイント5 耐暑性、耐乾性、耐湿性に注意する

耐寒性のほかに、暑さに対する強さ（耐暑性）や根の乾燥に対する強さ（耐乾性）、根の過湿に対する強さ（耐湿性）にも注意します。これらは科学的な評価がむずかしく、適切なデータがないので、筆者の経験をまとめました（次ページ上図）。目安として参考にしてください。

九州以南の温暖地では耐暑性にやや注意する必要があります。また、植えつける場所の水はけに応じて、果樹の耐乾性や耐湿性を考慮すると失敗が少なくなるほか、事前に知っておくことで対策が取りやすくなります。

各果樹の耐寒気温

（枝が枯れ始める気温）

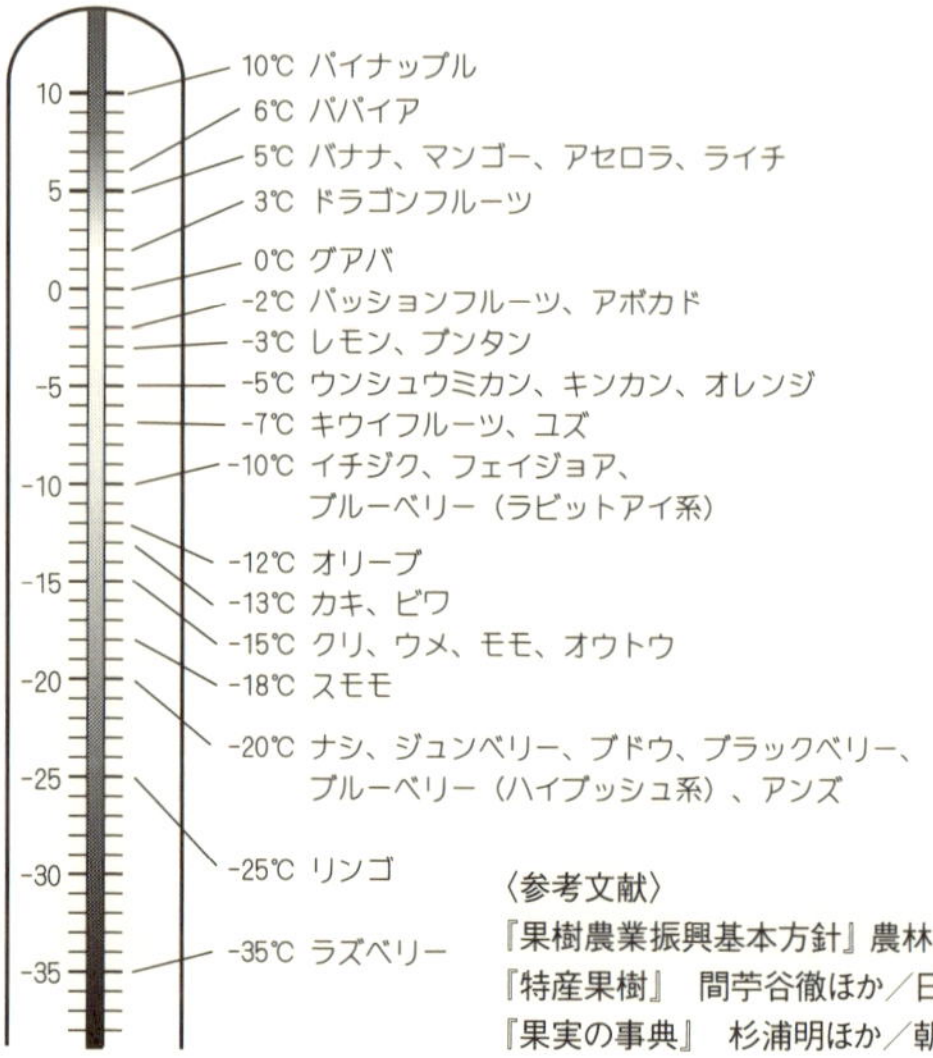

〈参考文献〉
『果樹農業振興基本方針』農林水産省
『特産果樹』　間苧谷徹ほか／日本果樹種苗協会
『果実の事典』　杉浦明ほか／朝倉書店

ポイント6 低温要求性に注意する

落葉果樹は冬の寒さに備えるためにすべての葉を落として休眠しますが、**おおよそ7・2℃以下になる時間の合計が一定時間を超えないと、休眠が解除（打破）されない仕組みになっています。**

休眠が打破されないと、春になっても開花せず、収穫量が激減することがあります。例えば、温暖地の沖縄県などで、7・2℃以下になる時間を長く必要とするリンゴなどの果樹を育てると、収穫があまり期待できない場合があるのです。

耐暑性、耐乾性、耐湿性

	強い	弱い
耐暑性	熱帯果樹全般、常緑果樹全般	リンゴ、オウトウ
根の耐乾性	モモ、スモモ、オウトウ、アンズ、ブドウ、柑橘類、オリーブ	リンゴ、ニホンナシ、カキ、ブルーベリー、ラズベリー、ブラックベリー
根の耐湿性	ニホンナシ、カキ、ブドウ、ブルーベリー、ビワ、イチジク	モモ、スモモ、オウトウ、ウメ、アンズ

果樹ごとの低温要求量

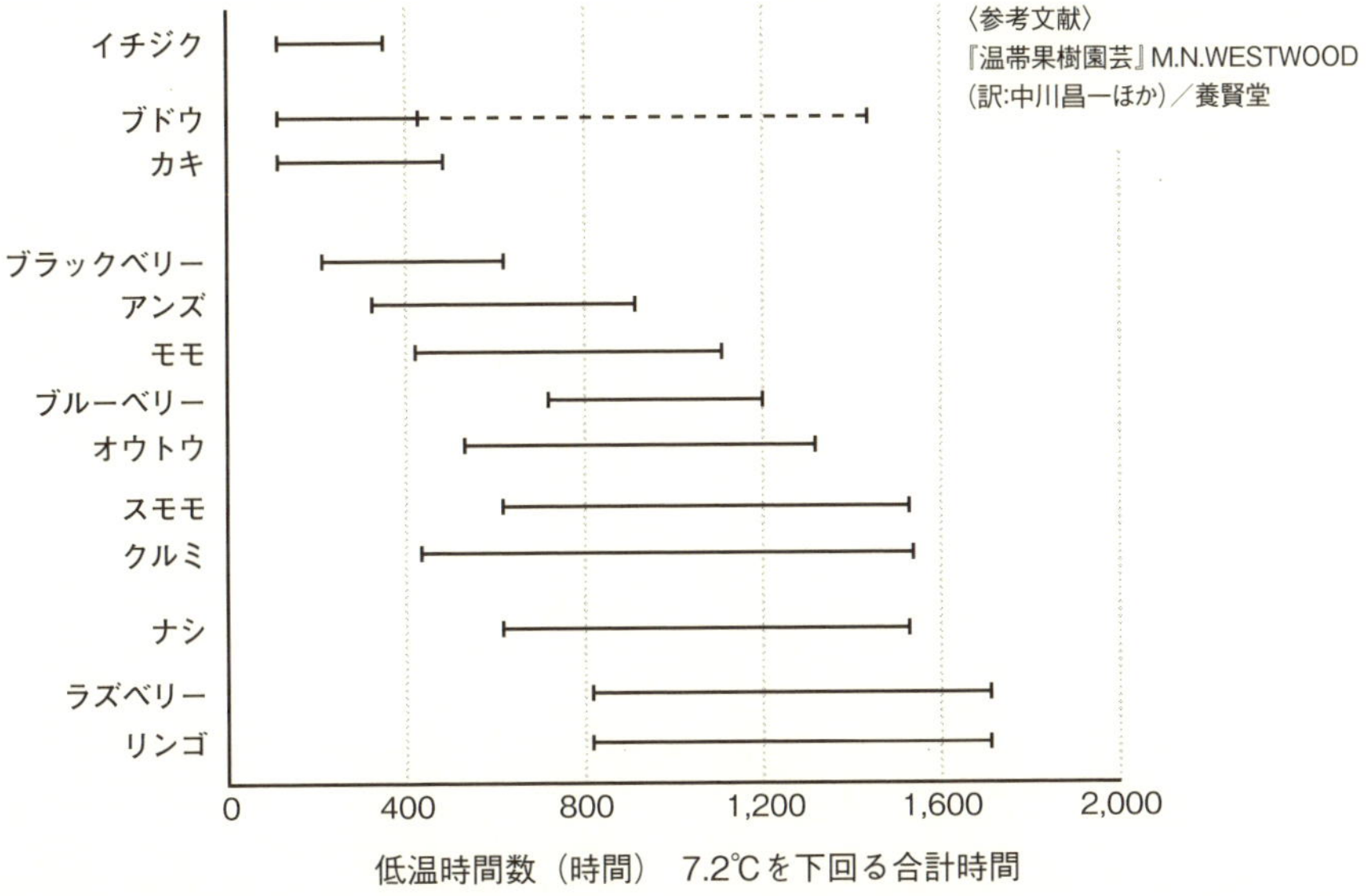

〈参考文献〉
『温帯果樹園芸』M.N.WESTWOOD
(訳:中川昌一ほか）／養賢堂

Q.よい苗木を選ぶポイントを教えてください

A.苗木の樹齢、状態、ラベルの確認が大切です

果樹は、悪い苗木を植えると、木の状態が改善するまでに何年もかかります。苗木を選ぶ目を養って、よい苗木を入手しましょう。

珍しい果樹や品種が欲しい場合や、台木（55ページ）にこだわる場合は、苗木専門の業者に注文するとよいでしょう。通信販売では事前に苗木を確認できませんが、専門業者は一定の信頼がおけます。

家庭で果樹を育てる場合におすすめしたいのが、店頭での苗木の直接購入です。業者に任せるのではなく、自身で納得した苗木を選ぶことができるからです。**その場合は以下の3つのポイントを重視して選びましょう。**

ポイント1 棒苗か大苗を選ぶ

果樹は永年性の植物なので、苗木の樹齢も1年のものから10年以上のものまでさまざまです。栽培方法や好みなどに応じて、入手すべき苗木の樹齢や形状も異なります。

樹齢1～2年で1～3本の棒状の枝が伸びている苗木が「棒苗」です。安価で流通量が多く、開心自然形仕立て（136ページ）などの低い樹高に仕立てたい場合に、特におすすめです。ただし、植えつけから収穫までに3年以上かかります。

樹齢3年以降で、たくさん枝分かれしたものを「大苗」といいます。すぐに収穫でき、実つきの状態で販売されているものもあるほか、多少の悪条件でも枯れにくいです。一方、棒苗に比べて高価で、低樹高の仕立てには向いていません。

ポイント2 元気な状態の苗木を選ぶ

まず、**葉がついている状態の苗木なら、葉の数が多くて緑色が濃いことが最優先です。**葉が病害虫の被害にあっているものや、黄色く変色した苗木はなるべく避けます。果実がついている苗木を購入する場合も、果実ではなく葉に

注目して選ぶと、翌年以降も実つきがよいでしょう。

落葉果樹を葉のない時期（11～2月ごろ）に購入する場合は、枝が太すぎず細すぎず、節間（芽と芽の間）が詰まっているものがよいでしょう。株元の枝を指でつまんでグラグラするものは、根がコガネムシ類の幼虫（40ページ）の被害を受けている可能性があるので控えます。

苗木の種類

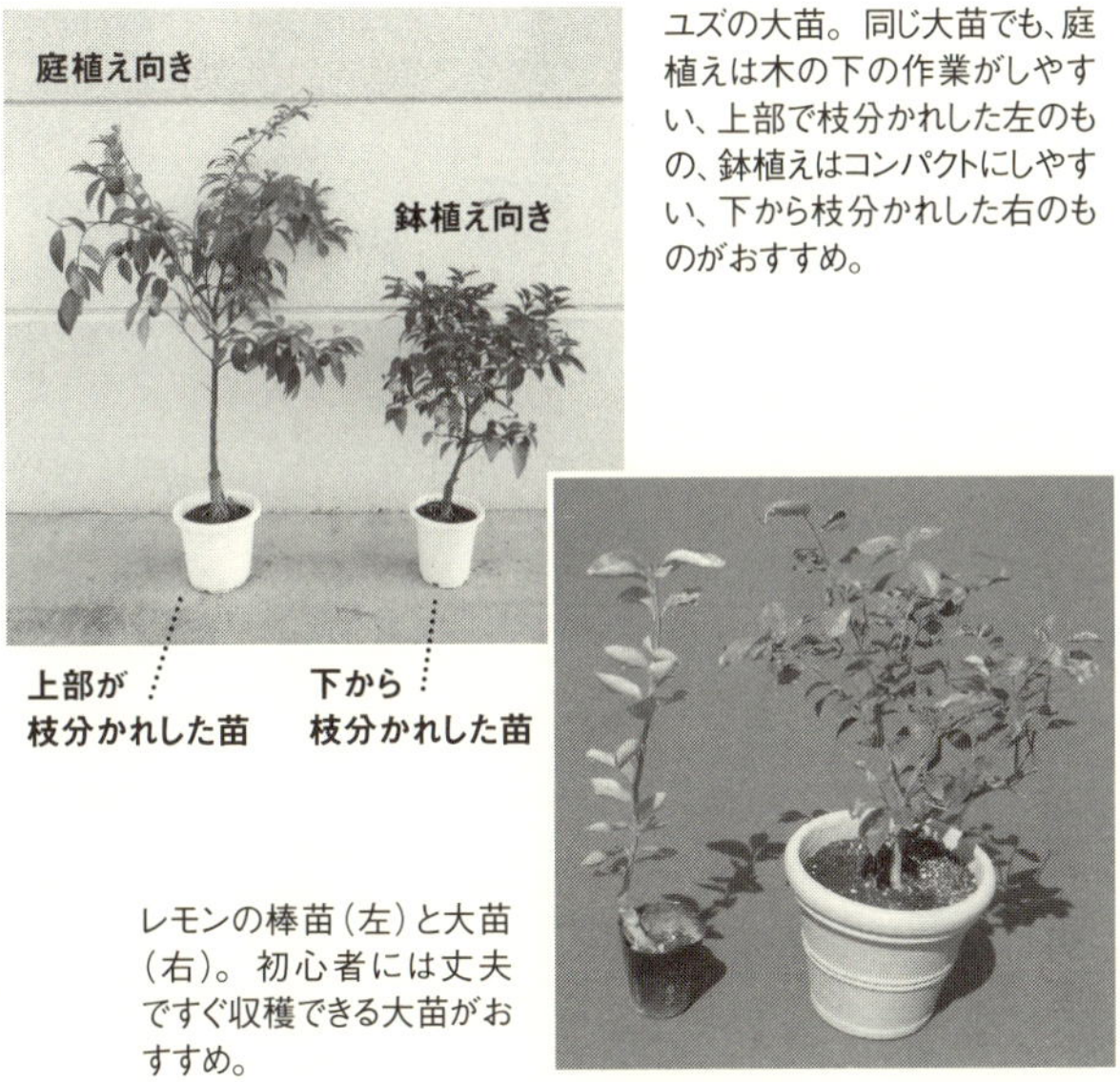

ユズの大苗。同じ大苗でも、庭植えは木の下の作業がしやすい、上部で枝分かれした左のもの、鉢植えはコンパクトにしやすい、下から枝分かれした右のものがおすすめ。

レモンの棒苗（左）と大苗（右）。初心者には丈夫ですぐ収穫できる大苗がおすすめ。

ポイント 3 品種名がラベルに明記してある苗木を選ぶ

品種名が分からない果樹の苗木の購入は控えるべきです。

例えばリンゴなら'ふじ'、ブドウなら'巨峰'といった品種名がラベルなどに明記してある苗木を購入しましょう。特に、受粉樹が必要な果樹では、品種間の相性を検討する際に品種名の把握が必須となります。また、同じ樹種でも品種により育ち方や収穫適期が異なる場合があります。**ラベルは保管するか品種名を記録しておき、分からなくならないようにします。**

苗木の見分け方

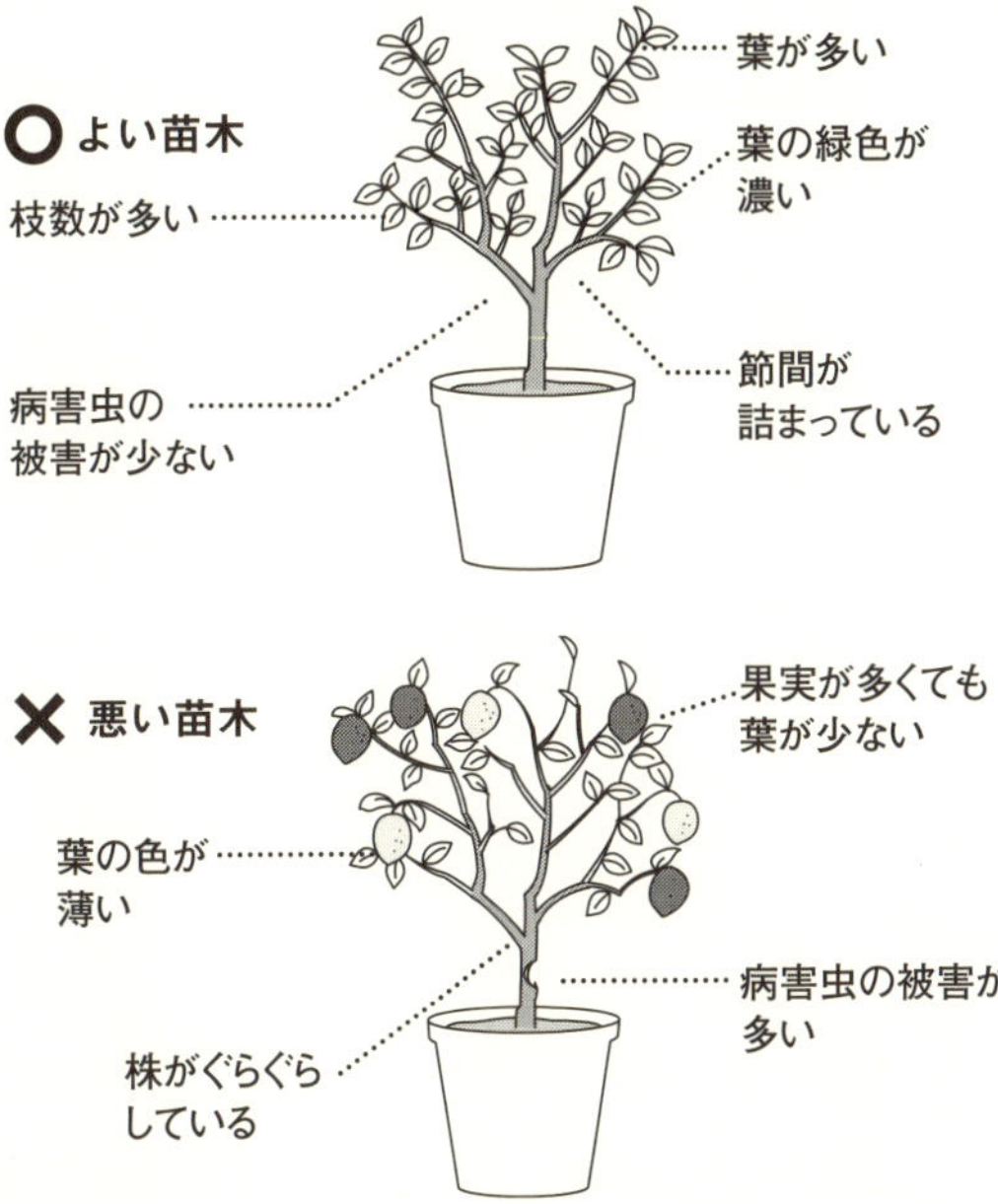

Q. 庭への植えつけのポイントを教えてください

A. 植えつけの1～2ヵ月前に酸度を調整し、有機物を混ぜておきます

まず植えつけの適期に行うことが重要です（19ページ）。**植えつける場所は、なるべく日当たりがよく、風通しがよい場所で、水はけのよい土が理想的です。**

果樹は植えつけが一度きりなので、植えつけ前の土づくりが特に重要です。**腐葉土などの有機物を掘り上げた土に混ぜて、根が伸びやすいふかふかの土に改良しておきましょう。**

また、**果樹は適した土壌酸度でないと、根が弱り、水や肥料が十分でも葉の色が薄くなって木が弱ります。**特に**ブルーベリーは酸性で水もちのよい土を好み、庭や畑の土にそのまま植えると枯れることもあるので、必ず掘り上げた土の1/3程度の体積のピートモスを混ぜ込みます。他の果樹は基本的には酸度調整が不要ですが、**なかには合わない場合もあるので、市販の酸度測定液などで庭や畑の土の酸度を測り、石灰や硫黄末（ピートモス不可）を混ぜて適正酸度にすると安心です。酸度が落ち着くには時間がかかるので、これらは植えつけの1～2ヵ月前までに行います。

果樹別の適正土壌pH

pH	果樹名
6.5～7.0	イチジク、オリーブ
6.0～7.0	ブドウ、アンズ
6.0～6.5	ナシ、カキ、キウイフルーツ、ユズ
5.5～6.5	ウメ、リンゴ
5.5～6.0	モモ、オウトウ、ウンシュウミカン
5.0～5.5	クリ
4.5～5.5	ブルーベリー

〈参考文献〉『土壌診断によるバランスのとれた土づくり』／日本土壌協会

酸度測定液が園芸店などで広く市販されている。安価で比較的正確に測定できるのでおすすめ。

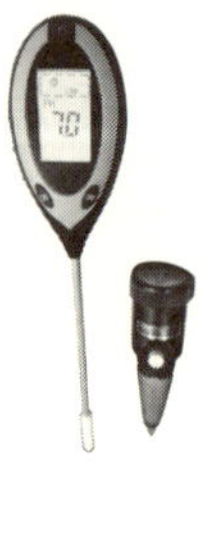

アナログもしくはデジタルの土壌酸度計が家庭用にも市販されているが、精度が低い場合もあるので注意。

苗木の植えつけの準備

土壌改良

※ブルーベリーの場合
掘り上げた土の1/3(体積比)の量のピートモス(酸度未調整)を混ぜる。

一般の果樹
1 酸度を測定し、適正な酸度に調整する。
2 腐葉土14～28ℓを掘り上げた土によく混ぜる。

掘り上げた土
植えつけの1～2ヵ月前に、土壌改良をするとよい。

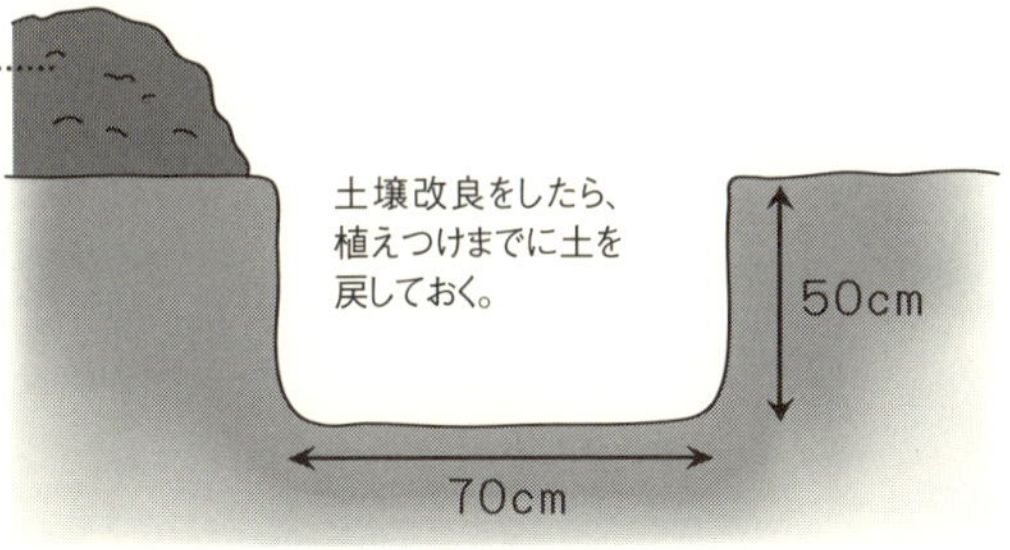
土壌改良をしたら、植えつけまでに土を戻しておく。
50cm
70cm

植え穴の大きさは、直径70cm、深さ50㎝が目安。

庭への植えつけ

(レモンの例)

1 苗木の根鉢が埋まる程度の植え穴を掘る。土壌改良をしていなければ植えつけ直前でも行う。

2 根をほぐしてある程度土を落とし、太い根は3cm程度切る。根の乾燥に気をつけ手早く作業する。

根鉢の上部のライン

3 つぎ木部(指で指した部位)が埋まらないように注意。埋まるとつぎ木部から発根して実つきが悪くなることも。

4 苗木の根鉢の上部のライン(**3**)が地際と同じ高さになるように、苗木を植え穴に植える。

ひもを8の字に

5 根が張るまでは支柱を立て、ひもで苗木を固定する。ひもを8の字にするとよい。

6 植えたらたっぷり水やり。水やり後、土が沈んだら再び土をかぶせ、地面を平らにして水やりする(水ぎめ)。

Q. どんな果樹も、鉢植えで育てられますか？

A. どんな果樹でも例外なく鉢植えで栽培でき、メリットもあります

果樹といえば、庭に植えて育てるイメージが強いですが、**どんな果樹でも例外なく鉢植えで楽しむことができます。**大木になるクリやカキのほか、バナナも鉢植えで育てることができます。しかも、鉢植えにすることで以下の4つのメリットがあり、家庭では鉢植えのほうがうまく育てられることも少なくありません。**庭がなくても栽培をあきらめることなく、ぜひとも果樹を鉢に植えて楽しんでください。**

メリット 1 木がコンパクトになる

果樹を鉢に植えると、地下部の根の生育が鉢の中だけに制限されるため、おのずと地上部の枝葉の生育も制限され、木がコンパクトになります。庭植えだと10m以上にもなるカキも鉢植えだと樹高2m程度に抑えられます。鉢植えの樹高は根の量と比例するので、剪定に加え、鉢の大きさで樹高を制御することが可能です。

メリット 2 実つきがよくなる

鉢植えにすることで枝葉の伸びが適度に抑えられると、花や果実をつくるための養分が十分に行き渡り、実つきがよくなります。鉢植えは庭植えよりも木が小さいとはいえ、少ない枝葉で効率的な収穫ができます。

メリット 3 初結実までの年数が短くなる

昔から「桃栗3年、柿8年」といわれるとおり、果樹は初結実までに年数がかかります。若木のうちは、果実（種子）をならすよりも自身の体を充実させることを優先して、栄養の大部分を枝葉に消費することが原因の一つとして考えられます。しかし、**鉢植えの場合は若木であっても、根とともに枝葉の生育が抑えられ、実つきがよくなり、庭植えよりも1～3年程度、初結実が短縮される傾向にあります。**鉢植えのほうが、庭植えよりも短い年数で収穫できるかもしれないのです。

庭植え

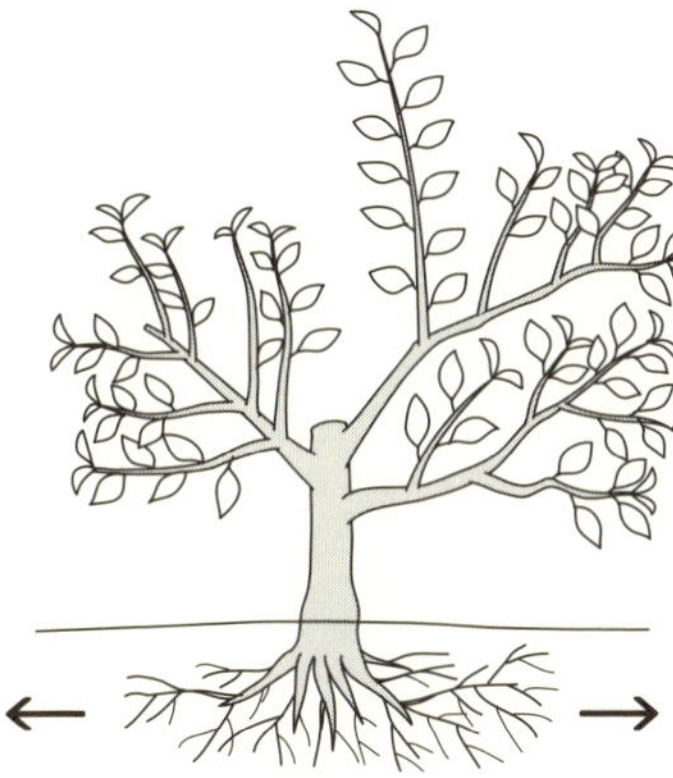

- 根が伸び続ける
- 枝が伸び続ける
- 花や果実に養分が届きにくい
- 鉢植えに比べて、実つきが悪く、初結実は1～3年遅い

鉢植え

- 根の伸びが止まりやすい
- 枝の伸びが止まりやすい
- 花や果実に養分が届きやすい
- 庭植えに比べて、実つきがよく、初結実は1～3年早い

メリット4 置き場を移動できる

果樹は、春から秋に日当たりがよい場所で育たないと実つきや果実の品質が悪くなり、雨がよく当たる場所や風通しが悪い場所だと病害虫が発生しやすくなります。さらに、常緑果樹や熱帯果樹は、冬に耐寒気温（24ページ）を下回ると枯れることがあります。

庭植えの場合は、植える場所を選ぶことしかできませんが、**鉢植えは季節や時間帯に応じて鉢を移動させることができ、より果樹が好む環境で育てられます。**

レモンの置き場のイメージ

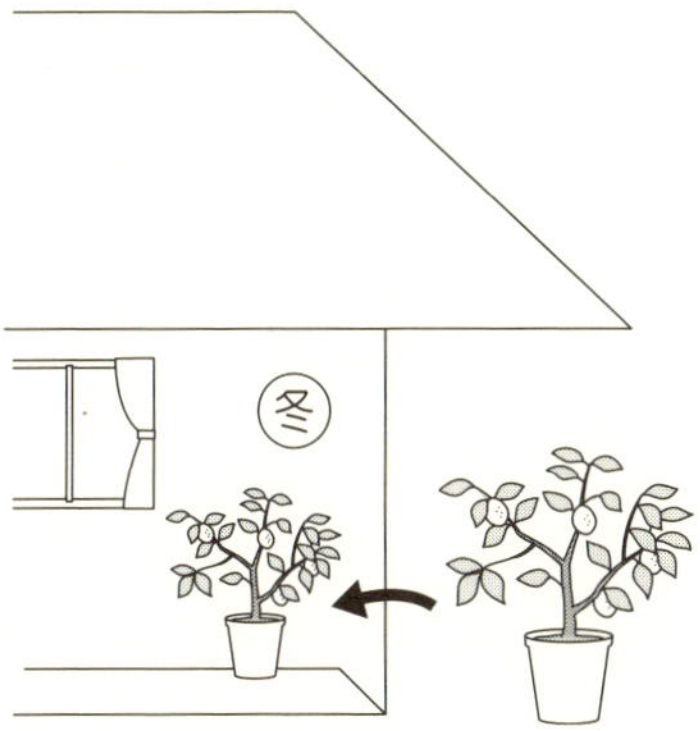

耐寒性のない果樹でも、
防寒対策を立てれば育てられる。

Q. 鉢への植えつけのポイントを教えてください

A. 適した用土で植えつけることが最大のポイントです

【植えつけ時期について】

果樹のタイプごとに植えつけ適期が異なるので、なるべく適期に植えつけます（19ページ）。

【鉢（コンテナ）について】

鉢の大きさは、苗木の根鉢（根と土の塊）よりも一回り（直径6㎝程度）大きなサイズを選びます。季節に応じて置き場を移動させるなら、軽くて持ち運びしやすいプラスチック製か樹脂製の鉢がおすすめです。

鉢の形は問いませんが、果樹は根の生育が旺盛で深く根を張るので、浅い鉢より普通鉢か深鉢（次ページ）のほうが、植え替え頻度が少なくなります。

最近では、鉢の底に切れ込みが入って根が不必要に巻きにくいスリット鉢が人気です。切れ込みのおかげで水はけがよく、安価なのもうれしい特徴です。

【鉢底石について】

鉢底石を鉢の底に3㎝程度敷き詰めると、水はけがよくなり、鉢底から用土がこぼれるのを防ぐことができます。ぜひとも鉢底石を使用しましょう。なお、スリット鉢では鉢底石は不要です。

【用土について】

鉢植えでは、なるべく市販の培養土を用いましょう。庭や畑の土を用いると、雑草が大量に発生したり、水はけの悪い土であったりすることがあります。

市販の培養土の種類は豊富で、最近では「果樹用の土」もしくは「果樹・花木用の土」といった果樹に向いた培養土が販売されています。これらには適度に**有機物や粒の大きな土（鹿沼土など）がブレンドされ、水はけがよく果樹栽培に最適化**されています。肥料分を含むものが多く、植えつけの際の施肥が不要となります。

果樹用の土が入手できない場合は、「野菜用の土」と「鹿沼土（小粒）」を7：3で混ぜます。果樹のほうが野菜よりも根が太いので、鹿沼土を混ぜて水はけをよくします。「果樹用の土」と同様に肥料分を含んでいる培養土は、植えつけの際の施肥が不要です。

なお、市販の培養土のpHは、多くの果樹に適したpH6・0前後に調整済みです。ただし、**ブルーベリーは、植物の中では強い酸性土を好み、通常の培養土で育てると、肥料がうまく吸収できずに木が弱って枯れることもあります。必ず専用の「ブルーベリーの土」を用いましょう。**

鉢の選び方

鉢の深さが直径以上の深鉢。クリやカキなど根が深く張る果樹におすすめ。

直径と深さが同程度の普通鉢。根の張るスペースが適度で倒れにくいのでおすすめ。

スリット鉢。底面にスリット(切れ目)が入り、水はけがよく生育がよい。根が巻きにくい。

培養土の選び方

「果樹用の土」や「果樹・花木用の土」がよい。ブルーベリーは専用の培養土を使用するか自分で酸度調整をする。

鉢底石

鉢底石の使用は用土の鉢底からの流出を防止する。集合住宅のベランダでは必須。

「野菜用の土」を果樹用の培養土にする

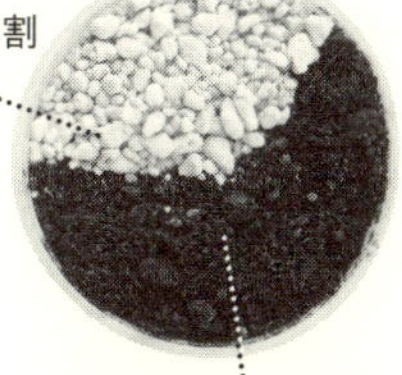

「果樹用の土」はそのまま使用する

鉢への植えつけ

（ユズの例）

1 苗木を倒し株を抜き出す。抜きにくい場合は、鉢底から飛び出ている根を切り、鉢をたたきながら引き抜く。

2 根鉢の土を落とし、ほぐして太い根が出てきたら、3cm程度切る。適期に切れば株が傷むことはない。

3 水はけをよくして土の流出を防ぐために、苗木より一回り大きな鉢の底に、鉢底石を3cm程度敷き詰める。

4 鉢底石の上に培養土を少し入れ、苗木の高さを調整して再び用土を入れる。ウォータースペースを3cm程度確保する。

ウォータースペース
3cm
程度

5 つぎ木部（指で指した部位）が隠れないように注意する。つぎ木部から発根して、実つきが悪くなることがある。

6 鉢底から水が出るまで、たっぷり水をやる。土が沈んだら培養土を加え、再び水やりする。

家庭では、気軽に始められてメリットが多い鉢植えがおすすめです。

Q. どんな場所で育てたらよいですか?

A. なるべく日当たりのよいところで育てます

植物は葉の葉緑体で日光を浴びて光合成し、糖分（グルコースなど）を合成してエネルギー源にします。**果樹は特に葉で合成された糖分を花や果実に送って実つきをよくし、果実を肥大させて甘くなるので、例外なく日なたを好みます。**なるべく日陰になる時間が少ない場所で育てましょう。

日当たりをよくするには、庭植えの場合は植えつける場所を吟味するほかに、日陰の原因が周囲の別の樹木であれば、光を遮る枝を剪定するなどします。鉢植えであればなるべく長時間、日光に当たるように置き場をこまめに移動することが重要です。

さらに、白色の園芸用シート（「タイベック700AG」など）を7～11月に木の下に敷くと、シートに反射した光が葉や果実に当たって、果実の品質や翌年の実つきを向上させ、除草効果も期待できます。

ただし、**果樹は多少の日陰でもそれなりに育ちます。**実つきをよくするには、他の原因を改善することも重要です。

日当たりを改善する工夫

白色の園芸用シート「タイベック700AG」などを7～11月に敷く（12～6月は外して、雨水を地面にしみこませる）

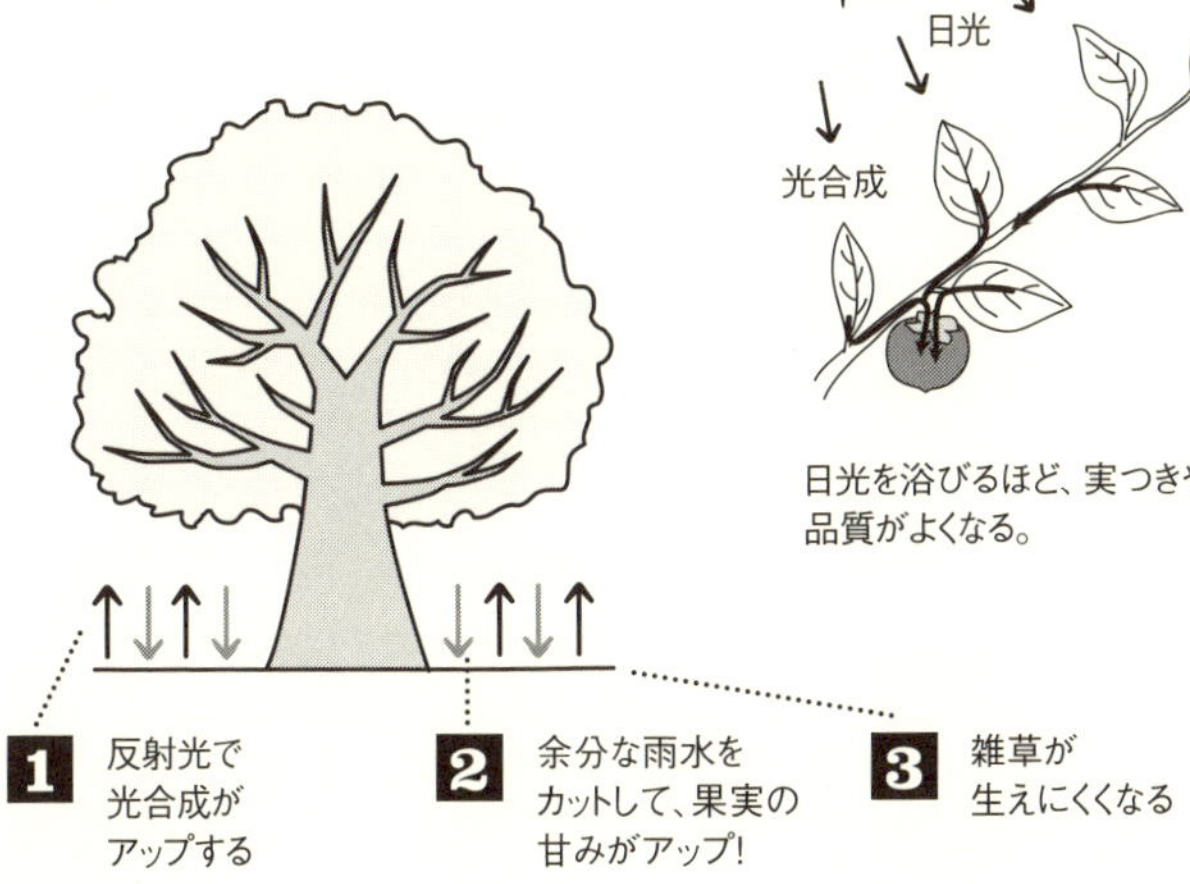
1 反射光で光合成がアップする
2 余分な雨水をカットして、果実の甘みがアップ!
3 雑草が生えにくくなる

光合成の基本

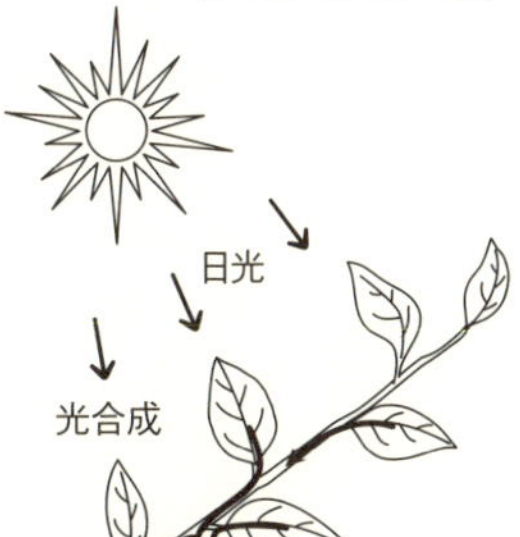
日光
光合成

日光を浴びるほど、実つきや品質がよくなる。

Q. 肥料の与え方が分かりません。多いほどよいですか？

A. 肥料は、適期に適量を与えましょう

【肥料のやりすぎは実つきを悪くする】

明治時代以降、化成肥料を中心とした肥料の安定生産、普及が実現すると、作物の収量が飛躍的に増大したといわれています。つまり、実つきをよくして、大きな果実を収穫するには、肥料が重要な役割を果たしているといえます。

一般論として、肥料が足りないと花芽の形成に必要な新梢が発生せず、発生した新梢も極端に短くなって葉の数が少なくなり、果実の結実・肥大のために必要な養分が足らず、実つきが悪くなることがあります。

そのため、「肥料をたくさんやると果樹の実つきがよくなる」「実つきが悪い場合は肥料が足りない」と考えている方が多いようです。しかし、**肥料のやりすぎは実つきをよくするどころか、実つきを悪化させる場合が多いです。特にチッ素、リン酸、カリの三大要素のうち、チッ素分が多い場合は、新梢が必要以上に伸びて実つきを悪くする要因となります**（70ページ）。肥料は、「適期に適量を与える」ことが大切です。

肥料を与える場所

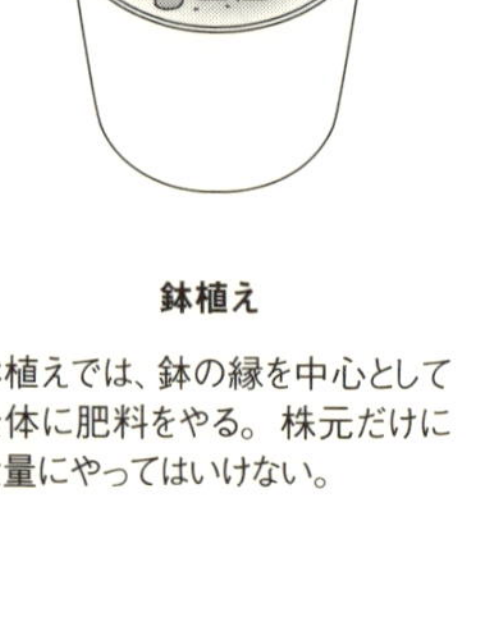

鉢植え

鉢植えでは、鉢の縁を中心として全体に肥料をやる。株元だけに大量にやってはいけない。

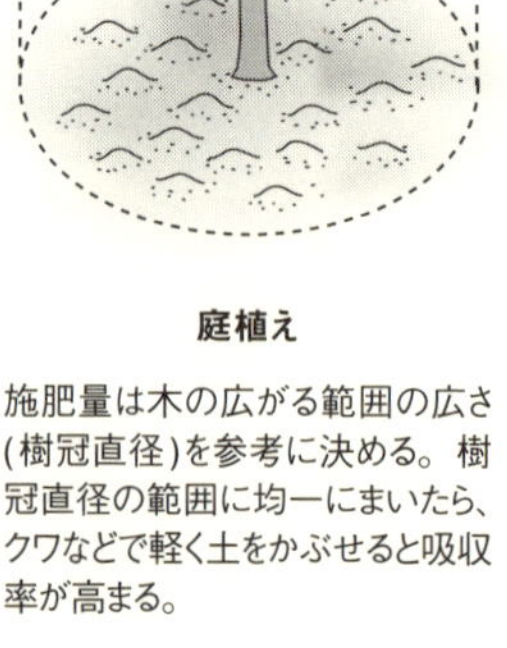

庭植え

施肥量は木の広がる範囲の広さ（樹冠直径）を参考に決める。樹冠直径の範囲に均一にまいたら、クワなどで軽く土をかぶせると吸収率が高まる。

施肥の目安

	木の大きさ	元肥 （12～3月に1回）	追肥 （6～7月に1回）	お礼肥 （収穫完了後に1回）
庭植え	樹冠直径 1㎡未満	油かす  ×5	化成肥料  ×1	化成肥料  ×1
	樹冠直径 2㎡程度	油かす  ×20	化成肥料  ×4	化成肥料  ×4
鉢植え	8号鉢 (直径24cm)	油かす  ×1	化成肥料  ×3	化成肥料  ×2
	10号鉢 (直径30cm)	油かす  ×1	化成肥料  ×5	化成肥料  ×3

※果樹の種類や栽培環境によって異なるので上記はあくまで参考とする
※上記を参考に施肥をしてみて、木の生育状況に応じて調整するとよい
※ （一握り）=30g　（一つまみ）＝3g

【肥料の与え方】

与える肥料の種類は、物理性（ふかふか度＝土がよくなる）、化学性（栄養面）が満たされているのであれば、どんな肥料でもかまいません。近年は物理性の改善に役立ち、安心感が強い有機質肥料（油かすなど）の人気が高まっていますが、無機質肥料（化成肥料）には、においが少ない、高濃度で緩効性・速効性の両タイプが存在する、などのメリットがあります。果樹の種類や栽培条件によっても異なりますが、**筆者は元肥に有機質肥料の油かす、追肥とお礼肥に無機質肥料の化成肥料を用いるといった施肥方法を推奨しています（上表）。**さまざまな肥料が販売されているので、自分流の肥料の与え方を突き詰めていくのも楽しみといえます。

なお、**一度に大量の肥料を与えると、実つきが悪くなったり根が傷んだりするので、元肥（12～3月）、追肥（6～7月）、お礼肥（収穫完了後）の3回の時期に分けて与えるとよいでしょう。**

施肥量は育てている果樹の種類や気候・土壌条件によって大きく異なるので、上表の数字はあくまで目安とし、生育状況に応じて調整します。また、肥料ごとに注意点が異なることがあるので、説明書をよく読んでから使用します。

Q. 水やりがむずかしいです。適切な水やりを教えてください

A. 「鉢土の表面が乾いたらたっぷり」が基本です

水は果樹の生育に必要不可欠なものです。**樹木は水分が不足すると、花や果実を優先的に落とし、枝葉を守ろうとします。**枝葉についてはただちに枝先が曲がってしおれ、傷み始めます。**一度しおれると、その後、樹勢が回復したように見えても、その年は実つきが極端に悪くなります。**しおれた期間が長いほど木へのダメージは大きく、**翌年以降にも影響が続き、継続して実つきが悪くなることもあります。**

水のやりすぎにも注意が必要です。根が常に水につかっていると、根が腐って枯れることがあります(根腐れ)。また、常に根の周囲に水分が十分にあると根が伸びず、正常な根なら耐える短期間の乾燥でも、しおれることがあります。

庭植えは、基本的に水やりは不要です。ただし、7～8月に2週間ほど降雨がない場合は、高温乾燥で水切れを起こす恐れがあるので、水やりします。根が深いので、1㎡当たり20ℓ程度を目安に与えます。

鉢植えは、常に適切な水やりが必要です。**「鉢土の表面が乾いたらたっぷり」を念頭に、根の乾燥具合を把握して、水を与えるタイミングを見極めるのがポイントです。**この見極めがむずかしいため、「水やり3年」という言葉があるほどです。ただし、習得する前に枯れると困るので、**慣れるまでは春と秋は2～3日に1回、夏は毎日、冬は7日に1回を目安として水やりするとよいでしょう。**

鉢植えの水やり

水が足りなくてもやりすぎてもよくない。

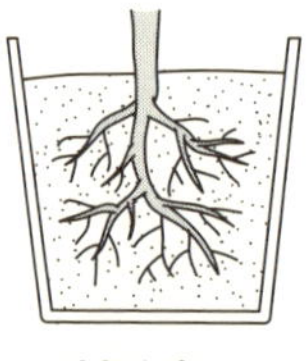

適度なしめりぐあいだと、根がたくさん発生して、短期間の乾燥にも耐える。

適切な水やり

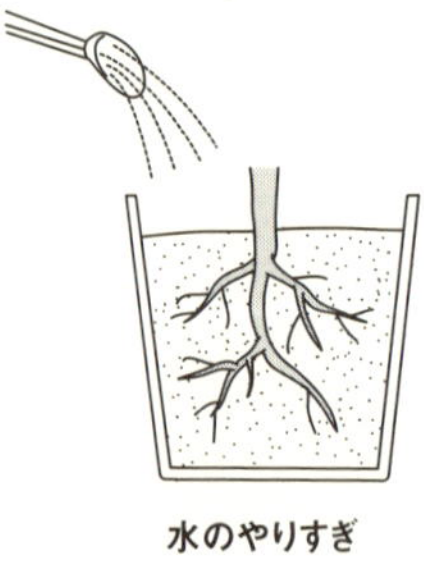

常にびしゃびしゃで、水分がある状態になると根の発生が少なく、短期間の乾燥でもしおれ、枯れやすい。

水のやりすぎ

Q. 病害虫にはどう対処したらよいでしょうか?

A. 予防と処置を組み合わせることが基本です

病害虫から果樹を守るためには予防と処置を組み合わせると効果的です。

予防のためには、剪定や誘引、摘心などの作業で日当たりや風通しをよくすることが重要です。肥料(特にチッ素)については、やりすぎると枝葉が軟弱になり、病害虫が発生しやすくなります。また、鉢植えの置き場を軒下などにし、袋がけ(次ページ)を行って、枝葉や果実に雨が当たらないようにすることで、カビの一種が原因菌となるべと病や黒点病などの病気や害虫の被害を低減することができます。

処置は、まずは専門書やインターネットなどを活用して病害虫の名前を特定しましょう。その後、病気の発生部位や害虫をなるべく取り除き、被害の拡大を抑えます。毎年のように大発生する場合は、予防や処置を目的として薬剤の散布を検討したほうがよい場合もあります(42ページ)。

病害虫を防ぐポイント

植えつけ場所や鉢の置き場は、育てる果樹に適した場所とする。日頃から果樹を見回り、異変に気づいたらすぐに対処することが大切。

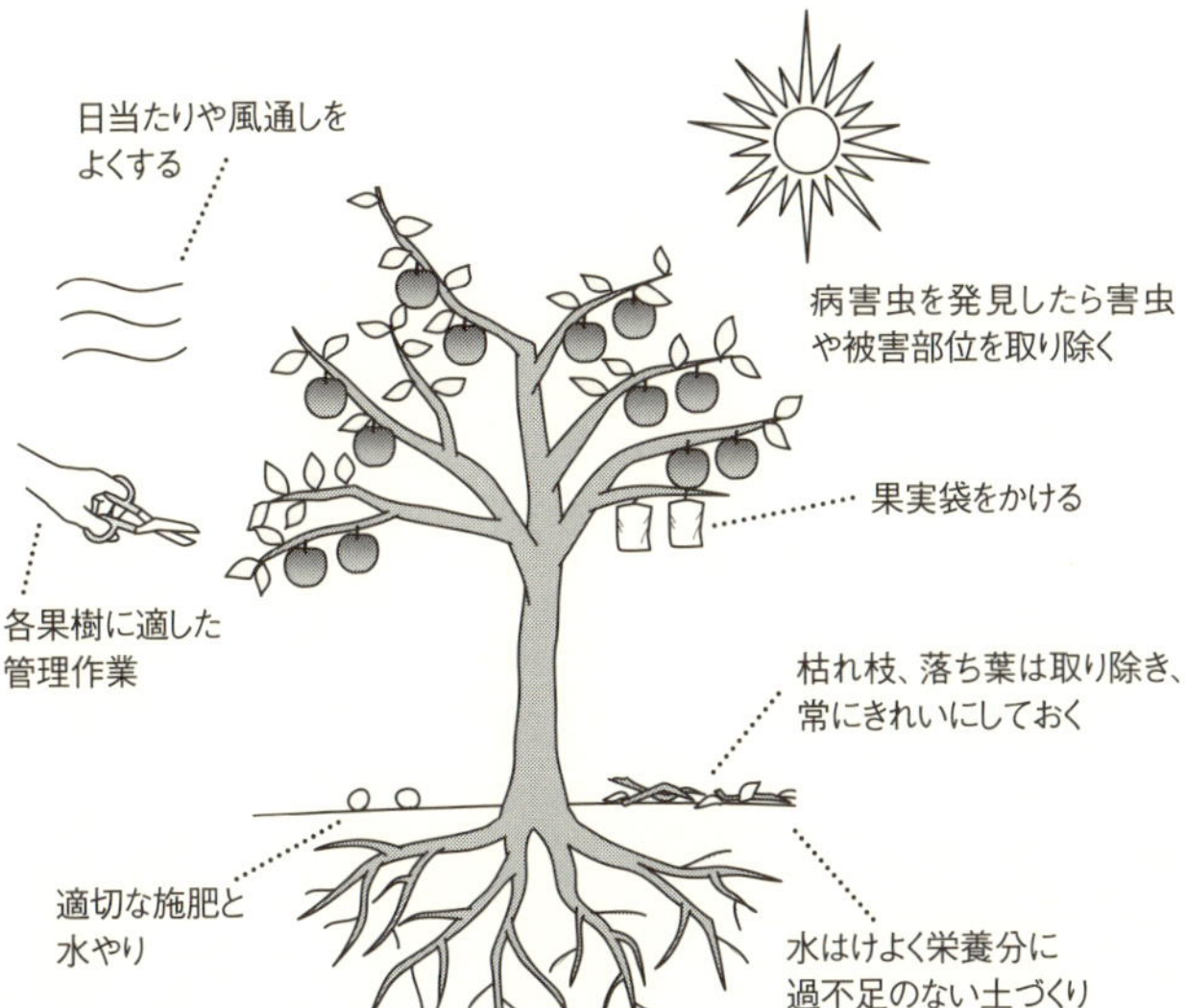
日当たりや風通しをよくする
病害虫を発見したら害虫や被害部位を取り除く
果実袋をかける
各果樹に適した管理作業
枯れ枝、落ち葉は取り除き、常にきれいにしておく
適切な施肥と水やり
水はけよく栄養分に過不足のない土づくり

主な害虫

成虫や幼虫が、果実、葉、枝、幹、根を吸汁、もしくは食害する。

被害果

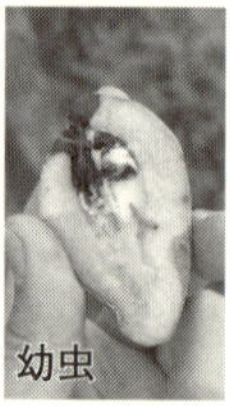
幼虫

シンクイムシ類

発生時期…… 5〜9月
症状………… モモシンクイガ、モモノゴマダラノメイガなどの幼虫が果実や枝の先端を食害する。
対処法……… 果実袋をかけ、予防する。枝の先端を観察し、見つけ次第、取り除く。

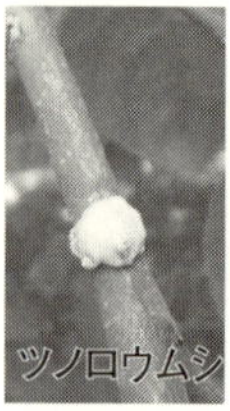
ツノロウムシ

ウメシロカイガラムシ

カイガラムシ類

発生時期…… 6〜10月
症状………… 枝、果実に貝殻のような虫が群生し、吸汁する。排泄物で枝葉、果実が黒く汚れ、「すす病」の原因になる。
対処法……… 見つけ次第、歯ブラシなどでこすり落とす。冬季にマシン油乳剤を散布すると効果的。

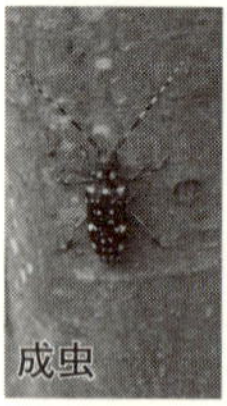
成虫

木くず

カミキリムシ類

発生時期…… 6〜9月
症状………… 成虫が地際付近の幹に産卵。孵《ふ》化《か》幼虫が幹の内部を食害する。
対処法……… 株元に木くずやふんがあったら、穴に針金を刺して中の幼虫を刺殺すか、薬剤を注入する。イチジク、柑橘類、ナシ、ビワなどに発生しやすい。

成虫(左)と幼虫(右)

コガネムシ類

発生時期…… 6〜12月
症状………… 成虫は葉を網目状に食い荒らす。幼虫は根を食害し、鉢植えで被害がひどいと枯死することがある。
対処法……… 庭植えは土壌に薬剤を散布する。鉢植えは植え替え時に幼虫がいないか確認し、いたら捕殺する。古い土は廃棄する。

養分欠乏

対象果樹…… すべての果樹
症状………… 葉に退色や黄化などの異常が見られる。
対処法……… 栄養分の過不足がないように、肥料を施す。液体肥料を葉に散布すると、症状が改善することがある。

主な病気

カビやウイルス、細菌などが植物に侵入し、株を衰弱させる。

灰星病

発生時期…… 5～9月
症状………… 収穫直前の果実に褐色の斑点が発生し、放置すると灰色で粒状の胞子のかたまりが果実全体を覆い、やがてミイラ化する。
対処法……… 果実袋をかけ、果実に雨が当たらないようにする。被害果はすぐに取り除いて廃棄する。放置すると翌年の発生源になる。

黒とう病

発生時期…… 5～9月
症状………… 梅雨前後に発生する。枝、葉、果粒に黒褐色の斑点が発生し、収穫量が激減する。
対処法……… 発生初期に、見つけ次第被害部を取り除く。放置すると胞子が周囲に拡散する。

すす病

発生時期…… 年間を通して発生
症状………… アブラムシ類やカイガラムシ類の排泄物などが葉や果実にかかり、カビが生えて黒く変色する。
対処法……… アブラムシ類やカイガラムシ類の防除を徹底する。摘果直後の袋かけで果実の被害は防げる。

黒点病

発生時期…… 5～9月(果実)
症状………… 果実、枝、葉の表面に黒い小さな斑点が出て、表面がざらざらになる。黒星病とは異なる病気。
対処法……… 梅雨や秋雨後に感染しやすい。雨に当たって病原菌が広がるので、庭植えは春の剪定で風通しをよくし、鉢植えは軒下などに移動させる。

主な生理障害

病気ではないが、環境などにより病気と同じような症状が出る。

日焼け

対象果樹……… すべての果樹
症状…………… 果実や葉、幹が強い日差しで傷む。
対処法………… 強い直射日光が果実や幹に直接当たらないように、剪定・誘引で枝を配置する。水切れしないように気をつける。

薬剤散布時の注意点

病害虫の種類を特定し、早期対処をしても症状が改善しない場合や、すでに症状が進行している場合は、農薬の散布を検討する。散布に当たっては、農薬の使用法を守り、自分や他人の被害や迷惑にならないよう気をつける。

農薬の散布は、ゴーグル、マスク、手袋、全身を覆えるカッパなどを着用して、晴天無風の午前中に行うのが基本。

果実袋をかける

果実がまだ小さい時期に果実袋をかぶせることで、病害虫の発生を抑えることができる。園芸店などに家庭果樹用の果実袋が市販されているので利用するとよい。「ブドウ用」「リンゴ用」などと表記してあるが、サイズさえ合って殺菌剤（適用果樹が異なる）処理をしていなければ、他の果樹に流用してもよい。

袋かけの適期は、基本的には果樹の種類によって異なるが、摘果や摘粒を行う果樹に関しては、それらの作業の直後に行うことが多い。摘果などを行わない場合は梅雨前後に行う。果実袋を果実にかぶせたら、付属の針金を果梗（果実の軸）や枝にかけて、雨水などが中に入らないようにしっかりと固定する。

1 果実に果実袋をかぶせる。

2 付属の針金で固定する。

Chapter 2

実つきをよくするコツ

果樹栽培の一番大きな目的は果実を収穫することです。
木がいくら元気に育っても、
まったく収穫できないのでは意味がありません。
本章では、実つきをよくするテクニックを解説します。

Q. 実つきが悪い場合には、まず何をすべきですか?

A. 開花や結実の状態などを把握して、実つきが悪い原因を突き止めましょう

筆者は、大学や市民講座、雑誌、テレビなどで、果樹の栽培に関する質問を受ける機会がありますが、その中で最も多い声が、「実つきに関する相談」です。「植えつけから10年以上たっても結実しない」「昨年までたくさん収穫できたのに、今年はまったく収穫できない」など、状況はさまざまですが、実つきに困っている人はとても多いようです。

実つきが悪い場合は、46ページの「図式で解決！　あなたの木の実つきをよくするには？」をもとに原因を突き止め、対策を施す必要がありますが、まずは以下の2点について注意しましょう。

注意 1 果樹の状態をできるだけ細かく把握する

原因を突き止めるためには、育てている果樹の状態をできるだけ細かく把握する必要があります。なかでも開花の有無と開花後の結実の有無と落果時期については、原因究明のための最初の手がかりとなるので、必ず把握しておきます。他には、植えつけからの年数、受粉樹の有無、果樹の状態（左図）なども重要な手がかりになります。

注意 2 原因が1つとは限らない

果樹の種類にかかわらず、実つきが悪いのは、例えば「日当たりが悪い」のような**1つの原因だけではなく、複数の問題が影響している可能性が高いです。**

当てはまる項目が一つしかなかった場合でも、その原因だけだと決めつけないで、他の原因についても知識を深め、防止策を講じます。また、実つきのよい状態が続いていても、ある年から急に実つきが悪くなることがあるので、本章に書かれている原因と対策について、常に頭に入れて管理作業を行うことが重要です。

原因究明のために把握すべき果樹の状態

開花後の結実の有無と落果時期

開花後に小さな果実がついたかついていないかと、
果実が落ちた時期、もしくは落ちた果実の大きさ

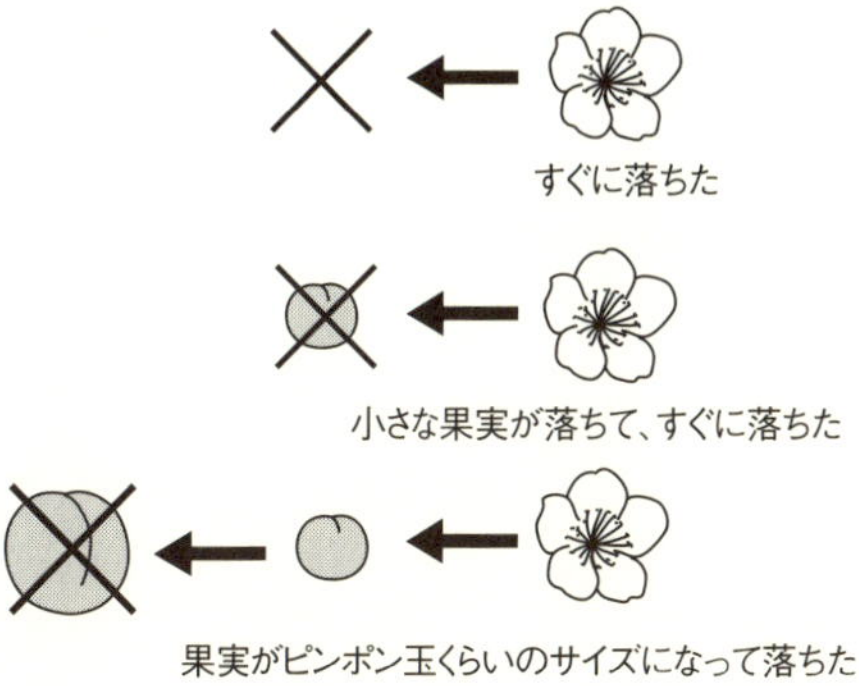

開花の有無

花が咲いたか、咲いていないか

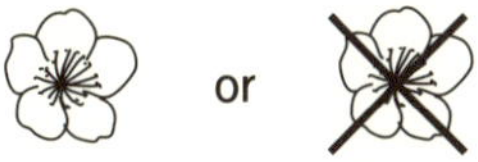

その他の手がかり

苗木を入手して育てたか、種子からふやしたかどうか？

植えつけからの年数は何年か？

受粉樹（56ページ）があるかどうか？

日当たりがよいかどうか？

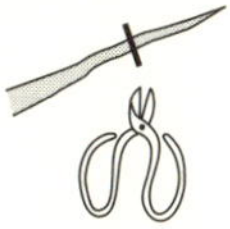

昨年は剪定したのか？　どんな切り方をしたのか？

生育期の天候状態（気温や降雨、降霜、降雪など）はどうだったか？

肥料を与えたかどうか？　どれくらい与えたか？

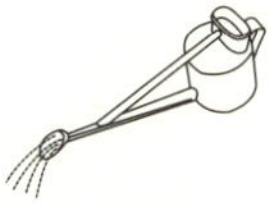

水切れしたことはないかどうか？

株の状態はどうなのか？　枝葉の伸び方はどうなのか？

図式で解決！

あなたの木の実つきをよくするには？

果樹に関する悩みで最も多いのが、「果実がならない」「収穫ができない」というトラブルです。次の設問に答えて、まずは原因を突き止め、対策を立てましょう。

ここがスタート！
あなたが育てている果樹の状態は次のA～Cのどれ？

A
花が咲かなかった

次のどれに当てはまりますか？ ➡48～49ページ

・種子から育てた……❶へ
・小さい苗木を植えて1～5年以内である……❶へ
・最近、落葉が多い……❷❸❾へ
・貧弱な枝葉が多い……❷❺❾へ
・黄色い葉が多く木の元気がない……❷❸❾へ
・常緑果樹や熱帯果樹を育てている……❸へ
・木の生育が旺盛で太くて長い枝が多い……❹❻へ

B
花は咲いたがすぐ落ちた

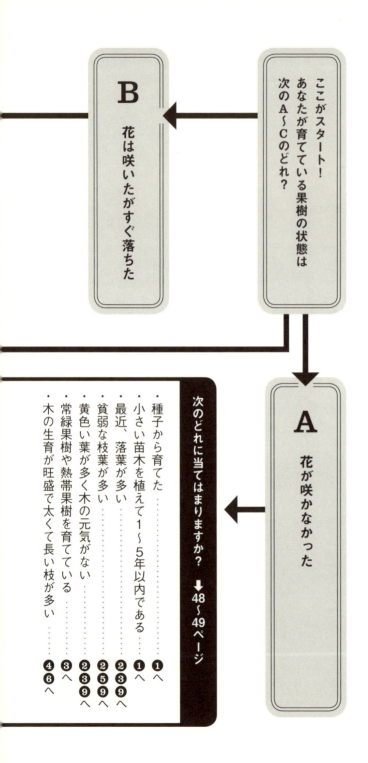

次のどれに当てはまりますか？ ⬇48～49ページ

- 高層階のベランダで栽培している……❽へ
- 最近、落葉が多い……❷❸❾へ
- 貧弱な枝葉が多い……❷❺❾へ
- 黄色い葉が多く木の元気がない……❷❸❾へ
- 常緑果樹や熱帯果樹を育てている……❸へ
- 木の生育が旺盛で太くて長い枝が多い……❹❻へ
- 昨年はたくさん収穫できた……❺へ
- 剪定で邪魔な枝をたくさん切った……❻へ
- 受粉樹が必要な果樹を育てている……❼へ
- 鉢植えで植え替えを何年もしていない……❾へ
- 昨年、果実を木にならせっぱなしにした……❿へ

- 昨年はたくさん収穫できた……❺へ
- 剪定で邪魔な枝をたくさん切った……❻へ
- 鉢植えで植え替えを何年もしていない……❾へ
- 昨年、果実を木にならせっぱなしにした……❿へ

C 果実はなったが、やがて落ちた

次のどれに当てはまりますか？ ⬇48～49ページ

- 最近、落葉が多い……❷❸❾へ
- 貧弱な枝葉が多い……❷❺❾へ
- 黄色い葉が多く木に元気がない……❷❸❾へ
- 常緑果樹や熱帯果樹を育てている……❸へ
- 木の生育が旺盛で太くて長い枝が多い……❹❻へ
- 昨年はたくさん収穫できた……❺へ
- 剪定で邪魔な枝をたくさん切った……❻へ
- 鉢植えで植え替えを何年もしていない……❾へ
- 昨年、果実を木にならせっぱなしにした……❿へ

原因と対策

❶開花する樹齢に達していない

種子から育てた場合や小さな苗木（棒苗）は植えつけから初開花、初結実するまでに時間がかかります。木が大きくなるまで管理作業をしっかりして待ちましょう。

詳しい原因は……………26、50～51ページ
対策は……………52～55ページ

❷日頃の管理に問題がある

以下の日常管理を見直し、問題点を改善します。

詳しい原因と対策
日照不足……………35ページ
肥料の過不足……………36～37ページ
水やりの過不足……………38ページ

❸寒さで木が傷んだ

常緑果樹や熱帯果樹は寒さに遭遇すると、葉がパリパリになり木が傷み、実つきが悪くなります。

詳しい原因は……………82～83ページ
対策は……………84～85ページ

❹枝が伸びすぎた

施肥や剪定などの原因によって枝（新梢）の生育が旺盛になりすぎて、花や果実にいくはずの養分が枝に奪い取られた可能性があります。

詳しい原因は……………70～71ページ
対策は……………36～37、70～71、122～123ページ

❺前年、果実がなりすぎた

前年の実つきがよすぎて木に負担がかかり、養分が不足したために隔年結果しています。摘果すると効果的です。

詳しい原因は……………66～67ページ
対策は……………68～69ページ

❻ 剪定で枝を切りすぎた

剪定時の枝の切りすぎのせいで、太くて長すぎる枝が発生しているか、花芽を切り取ってしまった可能性があります。

詳しい原因と対策は……70〜71、100〜107、122〜123ページ

❼ 受粉樹がない

適切な受粉樹がないと果実がなりません。受粉樹の要不要と有無を確認しましょう。また、品種間の開花期や遺伝的な相性についても確認しましょう。

詳しい原因と対策は……56〜59ページ

❽ 受粉がうまくいっていない

開花期の天候や置き場の問題から、受粉が失敗した可能性があります。人工授粉をすると効果的です。

詳しい原因と対策は……60〜61ページ
対策は……62〜63ページ

❾ 植え替えをしていない

鉢植えは定期的に植え替えないと、根が詰まって生育が悪くなります。適期に植え替えましょう。

詳しい原因と対策は……86〜87ページ
対策は……88〜89ページ

❿ 収穫時期が遅すぎて、木が傷んだ

果実を木にならせっぱなしにすると、養分をロスして木が弱ることがあります。すぐに食べきれないくらい結実したとしても、果実は適期の範囲で収穫するように心がけましょう。収穫適期を守ることで、果実の食味が向上するメリットもあります。

詳しい原因と対策は……90ページ

原因は一つとは限りません。いろんな対策を講じましょう。

Q. 種子から育てた木に、果実がなりません

A. 種子から育てると、初結実まで年数がかかります

種子をまいてふやした苗木を「実生苗《みしょうなえ》」といいます。**実生苗は、タネまきから収穫まで5年以上、場合によっては10年以上かかることも珍しくありません。**一方、すでに収穫が可能な木の枝を使って**「つぎ木」や「さし木」でふやした苗木は、植えつけから3年程度で実つきがよくなり、初結実までの年数が短縮できます。**

また、実生苗は、種子を取った木とは異なる性質の木に育つ可能性があります。例えば、リンゴ'ふじ'から取った種子をまいて育てた実生苗の果実は、ほとんどの場合、'ふじ'とは異なった性質をもちます。他方、'ふじ'の枝からふやしたつぎ木苗やさし木苗は、いわゆる「クローン苗」なので、'ふじ'とまったく同じ性質をもった木となり、同じ果実がなります。そのため、果樹では主につぎ木苗やさし木苗などが用いられます。

以上のように、種子から育てると、収穫までにかなりの年数を要するとともに、親とは異なる性質の木になるため、一般的にはつぎ木苗やさし木苗を入手して育てるとよいでしょう。あえて実生苗を育てる場合の対策としては、置き場（35ページ）や肥料（36〜37ページ）などの本章のコツを守ることで、初結実に至る年数の短縮が期待できます。

実生苗とつぎ木苗の収穫までの年数

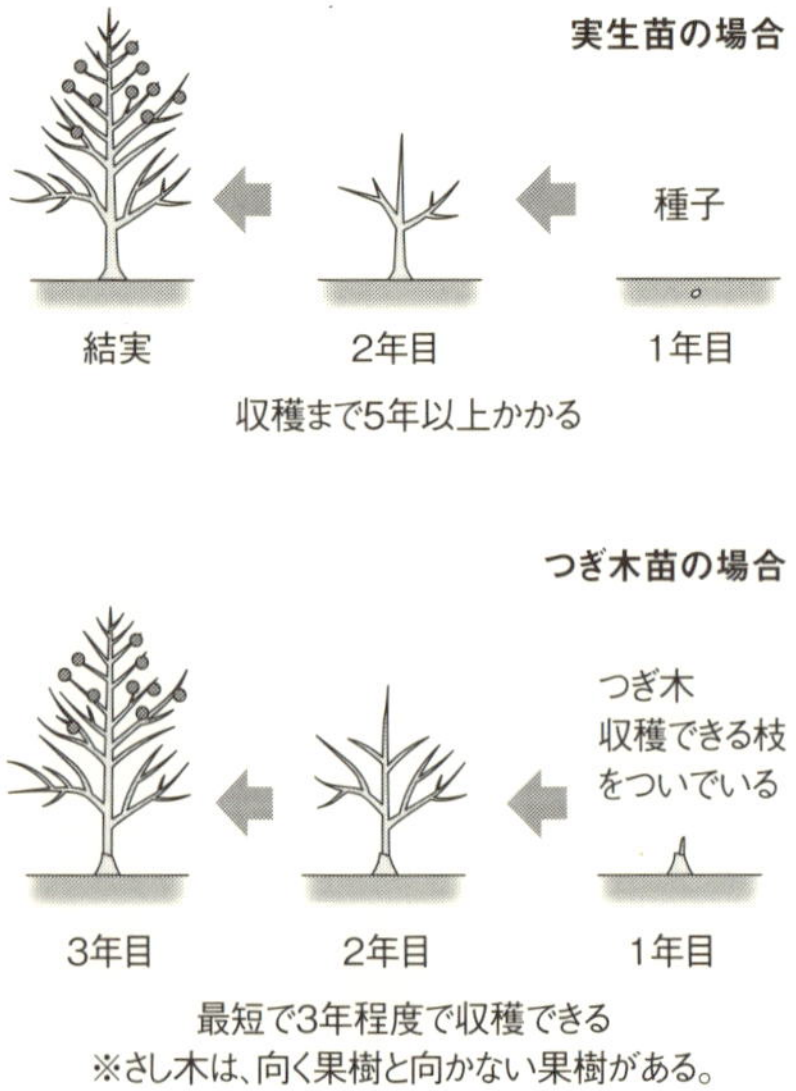

※さし木は、向く果樹と向かない果樹がある。

Q. 苗木を植えつけてから収穫まで、何年くらいかかりますか？

A. 植えつけから3年ほどは開花・結実しないことが多いです

つぎ木苗やさし木苗の棒苗（26～27ページ）を植えつけても、植えつけから3年ほどは開花・結実しないことが多いです。なぜなら、若木のうちは次世代となる果実（種子）をつけるより、自身の体となる枝を充実させることに養分の大半を使おうとして枝が徒長気味になり、養分不足などから花芽がつかず、結実はおろか開花すらしないのです。この期間を「幼木相（juvenile phase）」といいます。その後、木が生育して枝が落ち着く、つまり徒長した枝が減ると「成木相（adult phase）」となり、花芽が多くついた枝がふえることで、花つきや実つきがよくなります。なお、鉢植えのほうが庭植えよりも根の生育が緩慢なため、枝が落ち着く年数が短く、結果として初結実も早い傾向にあります。

以上のように、植えつけからの年数が3～5年未満の場合は、木が若く結実しないことがあるので、肥料や置き場、剪定などのコツを守りながら、少し様子を見るとよいでしょう。**枝が落ち着いてくると結実し始めます。**

若木と成木の生育の違い

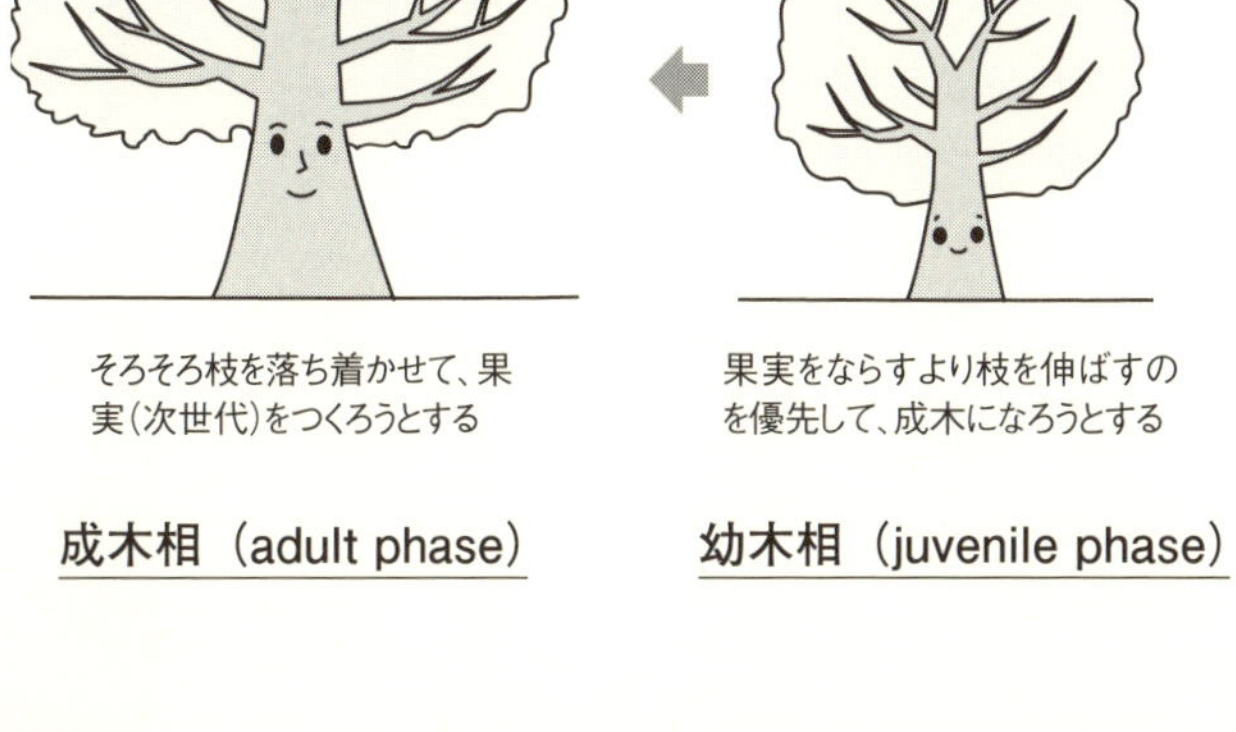
植えつけから3～5年以上の成木
植えつけから3～5年未満の若木
そろそろ枝を落ち着かせて、果実（次世代）をつくろうとする
果実をならすより枝を伸ばすのを優先して、成木になろうとする
成木相（adult phase）
幼木相（juvenile phase）

Q. さし木の方法を教えてください

A. さし木には2つの方法があり、樹種ごとに適期が異なります

さし木とは、枝など植物の一部を切り離して、土などに差し込み、発根させて苗木や台木（つぎ木の根になる部分）をつくることです。**方法が非常に簡易で、大量に増殖できるのがメリットで、発根しやすい果樹（下表）に向いています。**冬季に休眠した枝をさす「休眠枝ざし」と生育中の新梢をさす「緑枝ざし」があります。

なお、発根しやすくてさし木に向く樹種（イチジクなど）と、発根しにくくてさし木に向かない樹種（カキなど）があります。さし木しても発根しにくい果樹は、つぎ木（54～55ページ）で苗木をつくります。

さし木やつぎ木による増殖は、基本的に自由に行えますが、法律により、権利者の許可なく苗木をふやして販売してはいけない品種と、権利者の許可なく苗木をふやすこと自体を禁止している品種があるので注意しましょう。

さし木の適期とさし床の用土の例

果樹名	適期		さし床の用土の例
	休眠枝ざし	緑枝ざし	
ウメ	3月	不向き	鹿沼土（細粒）
ブドウ	3～4月	不向き	鹿沼土（細粒）
キウイフルーツ	3月	7～8月	鹿沼土（細粒）
イチジク	3月	不向き	鹿沼土（細粒）
ブルーベリー	4～5月	6～7月	ピートモス7：鹿沼土3
ラズベリー	3月	6～7月	鹿沼土（細粒）
ブラックベリー	3月	6～7月	鹿沼土（細粒）

さし木（休眠枝ざし）の手順

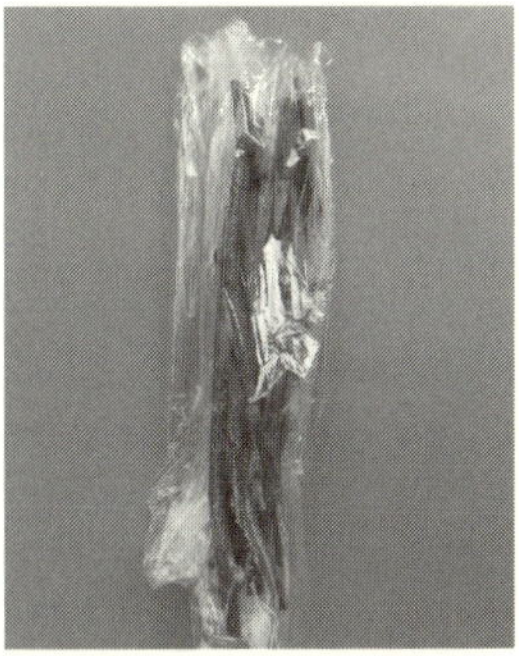

1 休眠枝ざしは、さし穂を12～2月に採取し、ポリ袋に入れて冷蔵庫の野菜室で保存する。緑枝ざしは、さし木の適期の時点でさし穂を調達する。

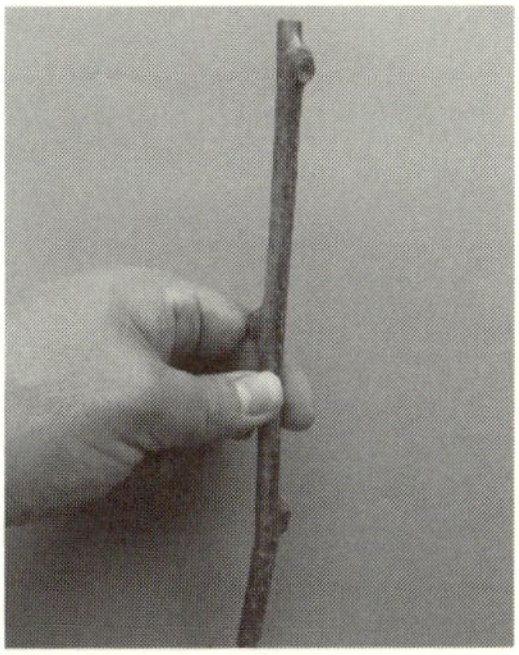

2 さし木の適期になったら（右表）、保存したさし穂（休眠枝ざし）や生育中の枝（緑枝ざし）を2～5節（10～15cm）に調節してさし穂とする。

3 さし口側となるさし穂の下部を写真のようにくさび形に切る。よく切れるナイフを使ってきれいな切り口になると発根率が高まる。

4 さし穂のさし口側を2時間間程度水につけるとさし穂の水不足が解消され、発根を阻害する物質が洗い流されて発根しやすくなる。

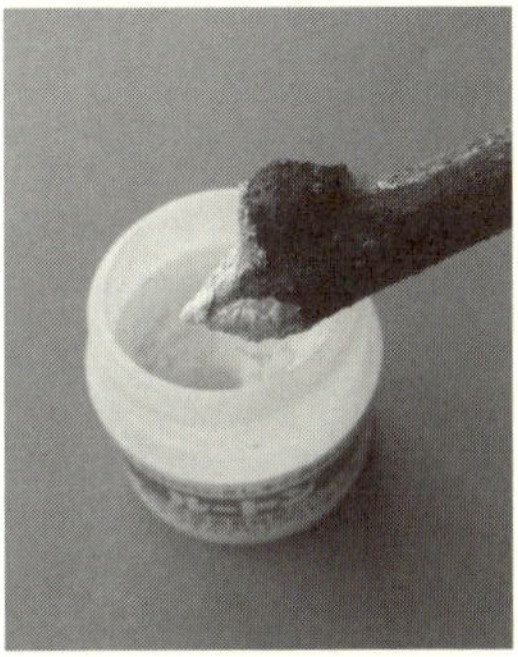

5 さし口に市販の発根促進剤（「ルートン」など）をつける。発根促進剤には植物ホルモンのオーキシンが含まれている。

6 水をたっぷり与えたさし床に、さし穂を1/2～2/3隠れるようにさす。1～3日に1回水をやる。芽の部分も隠れるようにさすとよい。

発根のメカニズム

植物体から切り離された枝（さし穂）は、切断面をふさぐためにカルスとよばれる細胞の塊（写真）を形成します。その後、カルスには根のもととなる細胞（根原基）が形成されますが、カルスや根原基の形成には植物ホルモンのオーキシンが深く関与しています。そのため、さし木の際にはさし口に合成オーキシンである発根促進剤を塗布することが推奨されています。

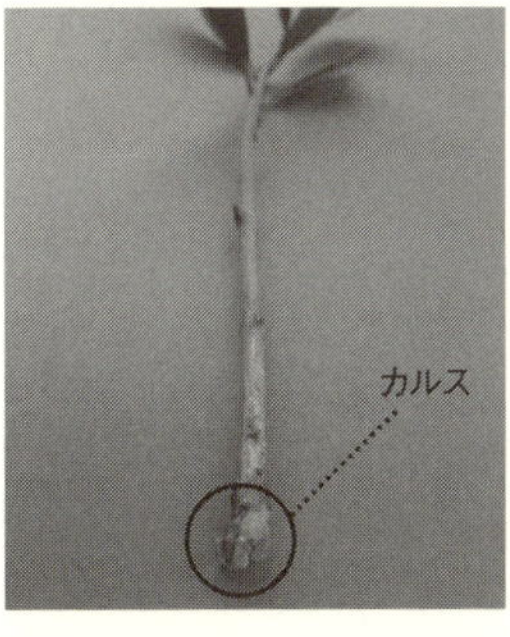

さし口に発根促進剤をつけると、発根しやすくなる。

Q. つぎ木の方法を教えてください

A. 経験と技術が必要。さし木が失敗しやすい果樹で行います

つぎ木とは、「穂木」とよばれる枝や芽などの植物の一部を切り離して、「台木」とよばれる別の個体につなぎ合わせて増殖するテクニックです。ほぼすべての果樹で行えるため、発根しにくく、さし木がむずかしい果樹（52ページに掲載がない果樹）は、一般的につぎ木で増殖します。台木がもつ「矮性《わいせい》（樹高が低い）」や「耐虫性」などの有用な性質を苗木に付加できるのも、大きなメリットです。

つぎ木はつなぎ合わせる穂木の状態と、つなぎ合わせる方法によって分けられます（下図）。初心者には枝つぎの中の切りつぎが向いています。休眠している枝を切りつぎする場合の適期は、樹種を問わず、2月下旬から4月上旬です。

つぎ木は経験や技術が必要ですが、「形成層どうしをしっかり合わせる」、「切り口を乾燥させない」ことを守れば、初心者でも成功率が飛躍的に上昇します。

なお、さし木同様、増殖には権利上の注意が必要です。各果樹の台木を購入する際は、果樹苗専門店を利用しましょう。

つぎ木の種類

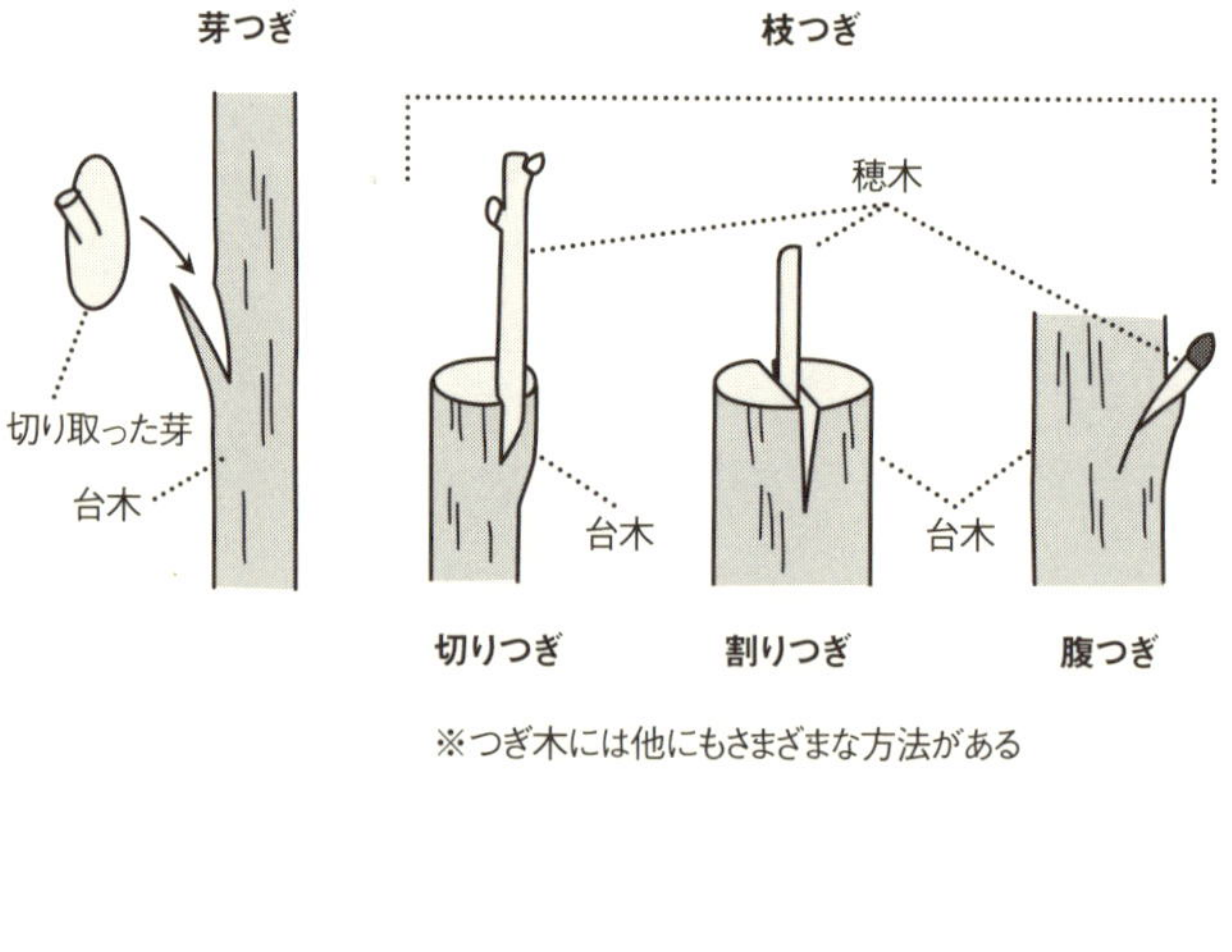

※つぎ木には他にもさまざまな方法がある

つぎ木（休眠枝の切りつぎ）の手順

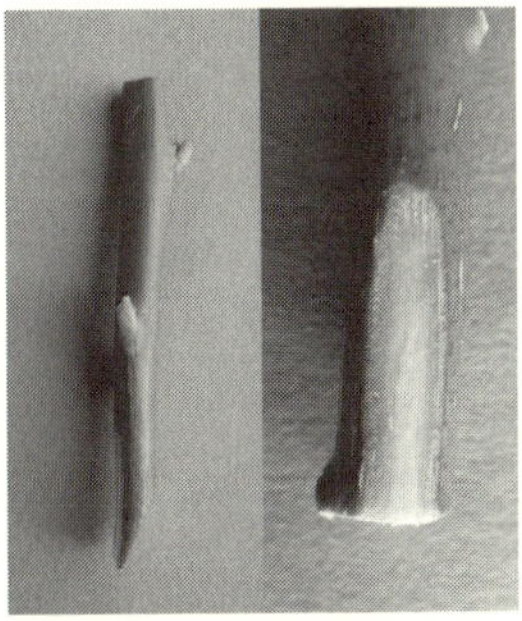

1 53ページの**1**と同様の方法で保存しておいた穂木を使用する。穂木を1〜2芽に調整し、片面を1.5cm程度に薄くそぎ、もう片面は30度程度に切る。

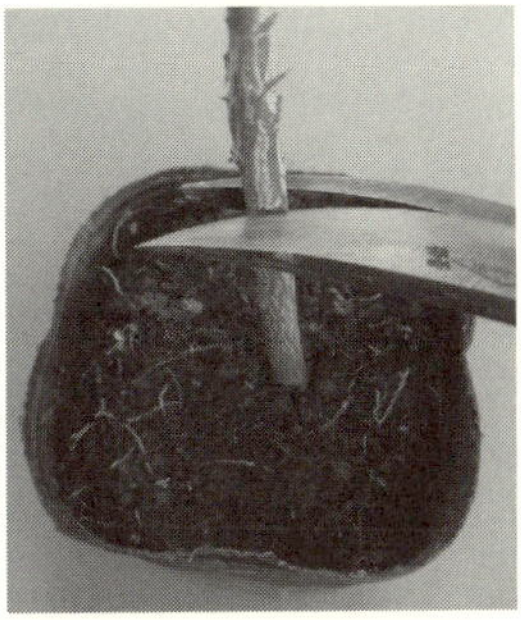

2 台木はつなぎ合わせやすい位置で切り詰める。切断面が潰れると失敗しやすいので、よく切れるハサミを用いて切り詰めるようにする。

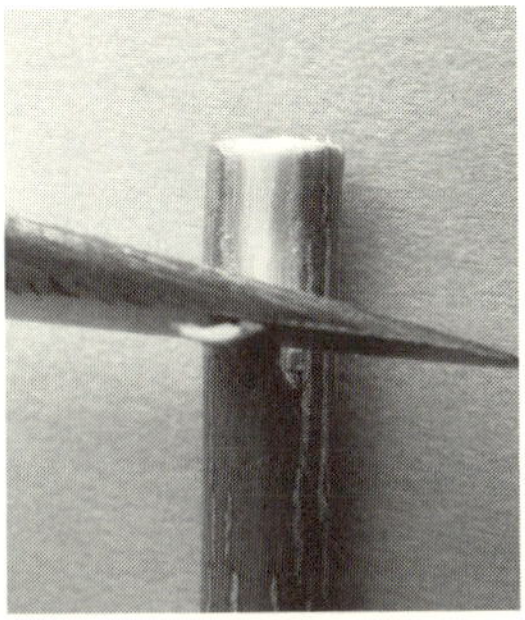

3 台木のつなぎ合わせる部分を1.5cm程度薄く切り下げる。形成層をきれいに露出させるのと、切断面が平らになるように切るのがポイント。

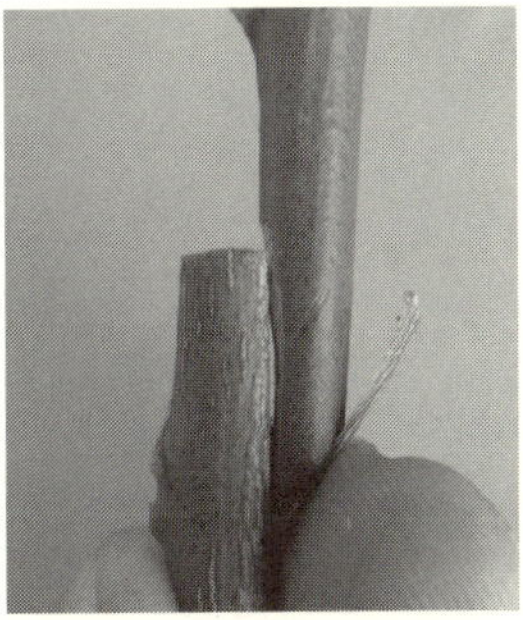

4 調整した穂木と台木の切断面が乾燥しないように素早くつなぎ合わせる。この際、接合面を透かしてすき間があるようなら、穂木や台木を切り直す。

5 形成層どうしがすき間なく合ったら、ついだ部分をしっかり支えたまま、専用のつぎ木テープでしっかりと固定する。

6 乾燥防止のため、ポリ袋をかぶせて固定する。ポリ袋は萌芽2週間後に外す。萌芽しても、枝には半年間は触れないようにする。

形成層…枝や根において、木部と師部の間で活発に細胞分裂している組織。

つぎ木を成功させるポイント

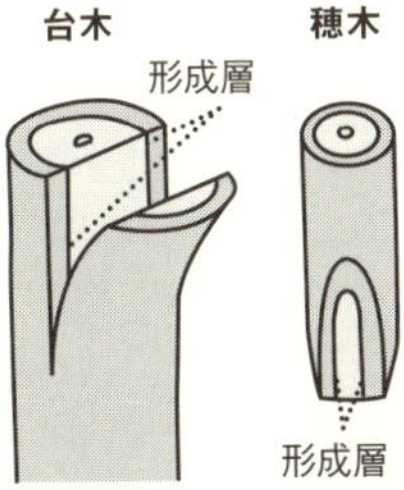

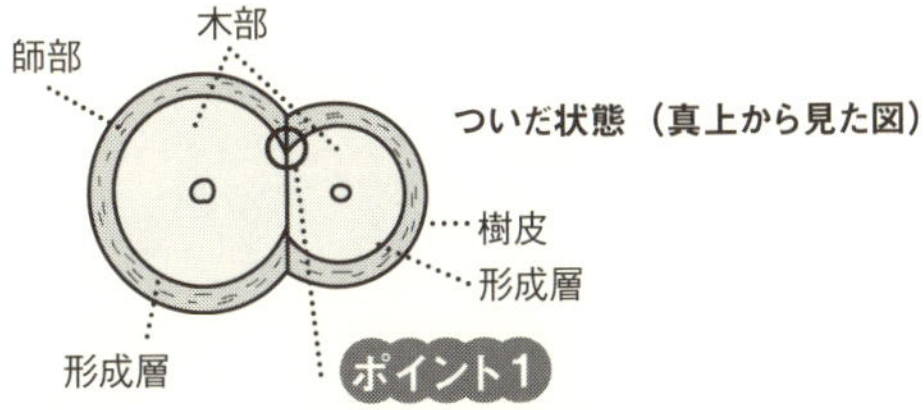

ポイント1 少なくとも片側の形成層は合わせる

ポイント2 切り口を乾燥させないように、素早くつなぎ合わせる。

Q. 花は咲くのに結実しません。どうしてでしょうか？

A. まずは受粉樹を確認しましょう

果樹には、ブドウなどのように木が1本（1品種）だけでも実つきがよいものと、リンゴなどのように、異なる品種の木が2本以上ないと実つきが悪いものがあります。

前者は基本的に「受粉樹」が不要です。一方、後者は実つきをよくするための受粉樹を近くに植えるか花粉を入手する必要があります。２本以上の木が必要な理由は、「雌雄の花が異なる木に咲く」、「遺伝的な相性の問題」など、果樹によってさまざまなので、理由に応じた対処をしなければなりません。なお、自身の花粉で受粉しにくい性質を「自家不和合性《じかふわごうせい》」といいます。

受粉樹が不要

同じ花の中に雌しべと雄しべがあり※1、両者の相性かよいので受粉樹がなくても結実しやすい。種子ができなくても結実する場合もある

柑橘類※4、イチジク、ブドウ、モモ※4、ビワ※4、ジューンベリー、ラズベリー、ブラックベリー、スグリ、フサスグリなど

受粉樹が必要

雌花と雄花の区別があり、それぞれ雌木と雄木に分かれて咲く※3ため、雌木と雄木が必要	雌花と雄花の区別があり、両者が同じ木に咲くが※2、雄花が咲かない品種がある。受粉樹として雄花が必要な場合もある	同じ花の中に雌しべと雄しべがあるが※1、S遺伝子（59ページ）などの遺伝的な要因で、同じ品種や遺伝子が似た品種では受精できず、結実しにくい
		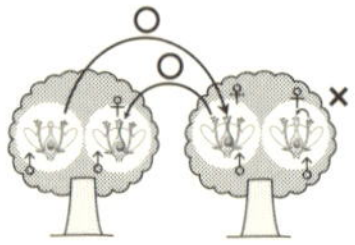
キウイフルーツ、ヤマモモ、イチョウ	カキ※4の雌花はすべての品種で咲く。雄花は‘禅寺丸’‘太秋’などに限られる。	リンゴ※4、ナシ※4、サクランボ※4、スモモ※4、ウメ※4、クリ※4、ブルーベリー※4、フェイジョア※4など

※1 雌雄同花同株という　※2 雌雄異花同株という　※3 雌雄異花異株という
※4 品種によって例外あり

Q. 受粉と受粉樹のことを教えてください

A. 果樹ごとの受粉の仕組みを知っておきましょう

育てている果樹の受粉樹の要不要は、品種によって異なり、受粉できるかどうかは、環境などに左右されることがあります。果樹にとって受粉はとても重要なので、詳しく知っておきましょう。

【受粉樹が不要な果樹にも例外がある】

56ページにおいて柑橘《かんきつ》類は受粉樹が不要とされていますが、例外的にブンタンやハッサク、ヒュウガナツなどは自家不和合性（56ページ）が強く、受粉樹として異なる種類の柑橘類を植える必要があります。同様にビワ'麗月'も、自家不和合性が強いので、異なる品種を受粉樹として植えます。

また、モモの'白桃'、'川中島白桃'、'浅間白桃'、'おかやま夢白桃'、'西尾ゴールド'、'砂子早生'などの品種は、花粉自体が少ないか、その発芽能力が低いことが原因となって、木が1本では実つきが悪くなります。そのため、受粉樹として、花粉が多い'大久保'や'あかつき'のようなモモの品種を近くに植え、結実を安定させます。

【受粉樹が必要とされている果樹にも例外】

受粉樹が必要とされている果樹にも、多くの例外が存在します。突然変異や育種によって、自家不和合性が低く受粉樹が不要な品種（左表）が生み出され、利用されています。植えつけ場所や鉢を置くスペースの都合上、苗木を1

受粉樹がなくても結実しやすい品種

果樹名	品種名
リンゴ	恵
ニホンナシ	おさ二十世紀、おさゴールド、なるみ
サクランボ	紅きらり、さおり、ステラ、暖地桜桃
ウメ	甲州最小（甲州小梅）、竜峡小梅
スモモ	ビューティー、メスレー
ブルーベリー	デューク、サンシャインブルー
オリーブ	ルッカ
フェイジョア	アポロ、クーリッジ

本しか育てられない場合は、これらの品種をおすすめします。ただし、これらの品種でも年によっては実つきが悪く、相性のよい受粉樹を植えることで実つきが安定する傾向にあるので、可能であれば受粉樹を植えましょう。

受粉樹を選ぶポイント 1 同じ果樹の中の異なる品種

受粉樹を選ぶ際は、同一果樹の異なる品種でなければなりません。例えばリンゴ'ふじ'の受粉樹を'ふじ'にすると、同じ遺伝子をもったクローンのため、受粉樹として機能しません（左図）。つまり、品種が同じであれば、自家受粉したのと同じことなのです。そのため受粉樹には、'つがる'などの異なる品種を選びます。

受粉樹は異なる品種で

リンゴはつぎ木でふやしているので、'ふじ'の受粉樹に同じ品種である'ふじ'を選んでも意味がない。

'ふじ'と'つがる'のように異なる品種で、開花期や遺伝的な相性がよければ受粉樹として機能する。

受粉樹を選ぶポイント 2 開花期が重なる品種にする

育てている品種と受粉樹の開花期は、同時期である必要があります。例えば千葉県では、開花の早いリンゴ'王林'は4月20日～25日ごろに咲き、開花の遅い'国光'は5月1日～5日ごろに咲きます（左表）。このように開花期が大幅にずれていると受粉できません。このため、開花期の近い品種を受粉樹として選ぶことが重要なポイントとなります。

リンゴの開花時期の目安

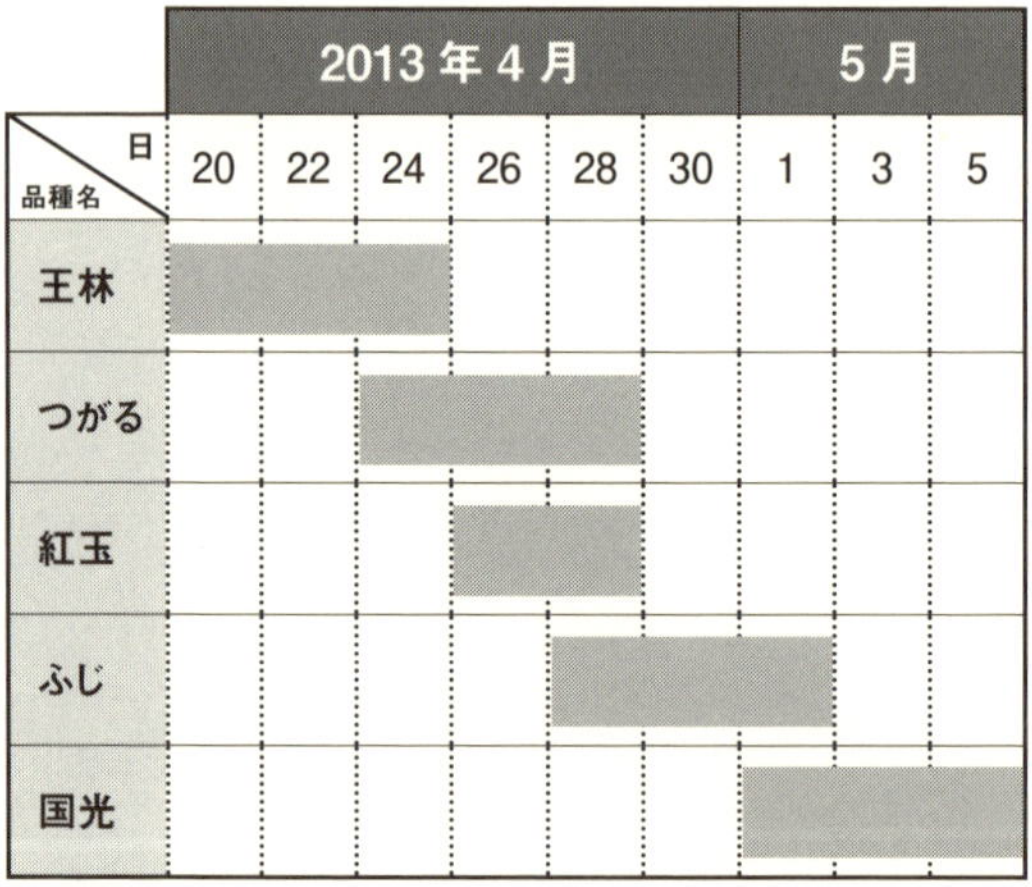

※中心に咲く中心花のみの開花時期
※観測地:千葉県柏市　千葉大学

なお、開花期が異なる場合は、61ページの手順で花粉を取り出し冷凍庫で保存し、人工授粉（63ページ）をする方法もあります。

受粉樹を選ぶポイント 3 遺伝的に相性のよい品種を選ぶ

異なる品種で開花期が合っていても、受粉樹として機能しない場合があります。リンゴやナシなどバラ科の多くの果樹では、S遺伝子（左図）が同じ場合は、受粉しても花粉管が伸びないため受精できず、種子ができないので結実しません。例えば、リンゴ'ふじ'と'アルプス乙女'は同じS遺伝子のS1とS9をもつため、受粉樹としては機能しないのです。このように異なる品種間でも受粉樹として機能しない性質を「他家不和合性《たかふわごうせい》」といいます。

左表のような遺伝的な相性については、書籍やインターネットなどを参考に調べましょう。

リンゴのS遺伝子

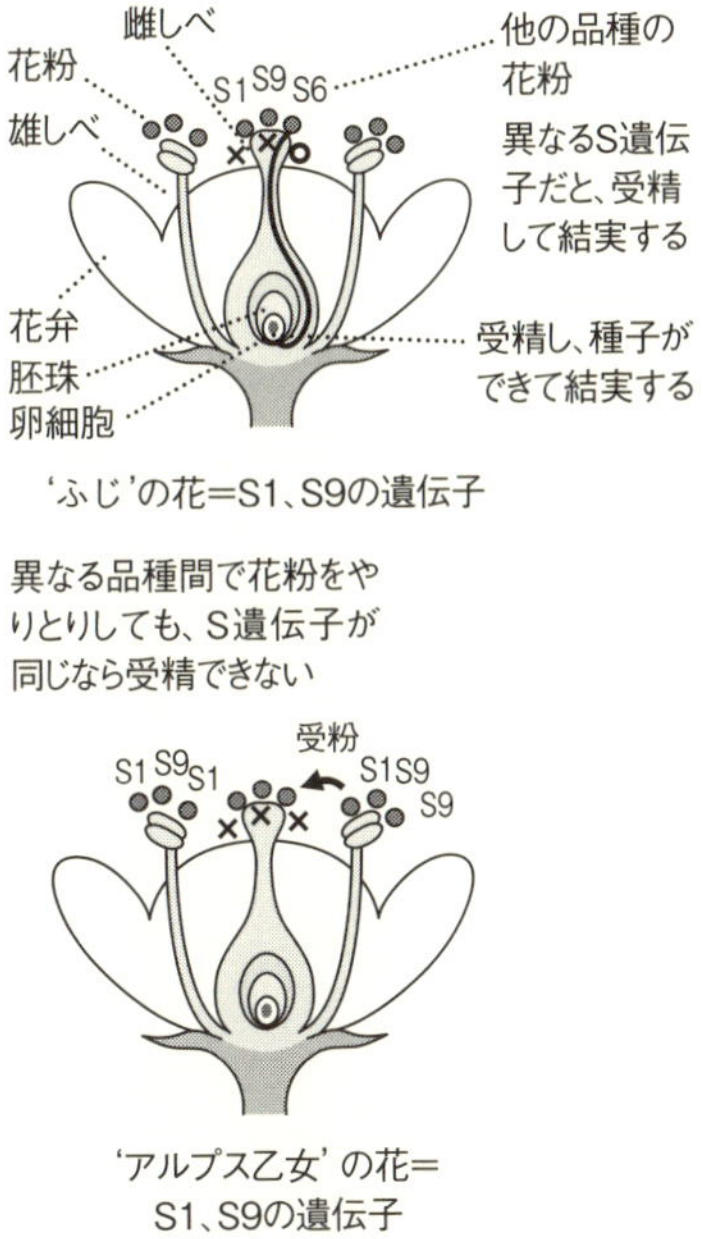

'ふじ'の花＝S1、S9の遺伝子
異なる品種間で花粉をやりとりしても、S遺伝子が同じなら受精できない

'アルプス乙女' の花＝S1、S9の遺伝子

リンゴの品種間の遺伝的な相性

雄しべ＼雌しべ	つがる	世界一	秋映	アルプス乙女	ジョナゴールド	シナノゴールド	ふじ
つがる	×	○	○	○	×	○	○
世界一	○	×	○	○	×	○	○
秋映	○	○	×	○	×	×	○
アルプス乙女	○	○	○	×	×	○	×
ジョナゴールド	○	○	○	○	×	○	○
シナノゴールド	○	○	×	○	×	○	○
ふじ	○	○	○	×	×	×	×

※○は結実しやすい、×は結実しにくい
〈参考文献〉『よくわかる栽培12か月　リンゴ』　小池洋男著／NHK出版
『果樹園芸大百科2　リンゴ』　農山漁村文化協会編／農山漁村文化協会

Q. 確実に受粉させるには、どうしたらよいですか？

A. 人工授粉をすれば、確実に受粉できます

多くの果樹は、果実の中に種子ができないと、着果・肥大に必要な植物ホルモン（オーキシンやジベレリン、サイトカイニンなど）が合成されないため、自然に落果してしまいます。つまり、実つきをよくするためには、種子を形成させることが必須となります（ウンシュウミカンやイチジクのようにタネがなくても結実する果樹を除く）。

種子を形成させるためには、雄しべの花粉が雌しべの柱頭について受粉が成功し、その後、花粉の精細胞が雌しべの胚珠の卵細胞と合体する必要があります。この合体する行為を「受精」といいます。

実つきが悪い要因として、そもそも受粉が失敗している可能性があります。通常、受粉は風やミツバチなどの昆虫によって行われますが、それらは天候や置き場など、環境の影響を受けます。例えば、開花期間中に雨が多かったり低温が続くと、昆虫が飛びにくくなります。また、マンションの高層階などには昆虫が訪れにくくなります。

育てている果樹の開花期が分からない、もしくは開花に気づかないのでは、実つきを改善できません。**まずは育てている果樹の開花期を把握し、開花期に受粉しているかどうかを観察することが、実つき改善の第一歩となります。**

雌しべに花粉が届いていない時の解決策で、最も効果的なのが「人工授粉」です。人の手で受粉を行えば、環境の影響を受けず、受粉を確実に成功させられます。実つきが悪いと感じたら、とりあえず手が届く範囲だけでも人工授粉をします。人工授粉をした年に実つきが向上するようなら、受粉樹の数をふやしたり、今後も人工授粉を検討します。人工授粉をした年にも実つきが悪いようなら、受粉以外の原因を探し、対処法を講じます。

なお、受粉樹が必要な果樹の人工授粉で、品種間の開花期が大きく異なる場合は、次ページのように花粉を回収して冷凍庫で保存するとよいでしょう。

花粉の回収と冷凍保存

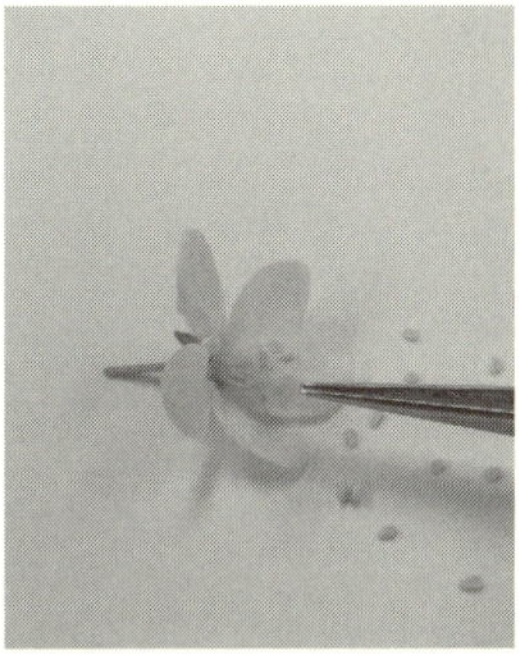

1 開花したばかりの花を多く摘み取り、室内に持ち帰る。紙の上に雄しべの先端についたやくを取り出し、室温で12時間放置する。

2 生産農家では、やくを取り出す作業を**1**のようにピンセットを用いず、採やく器という器具を使って効率的に行う。

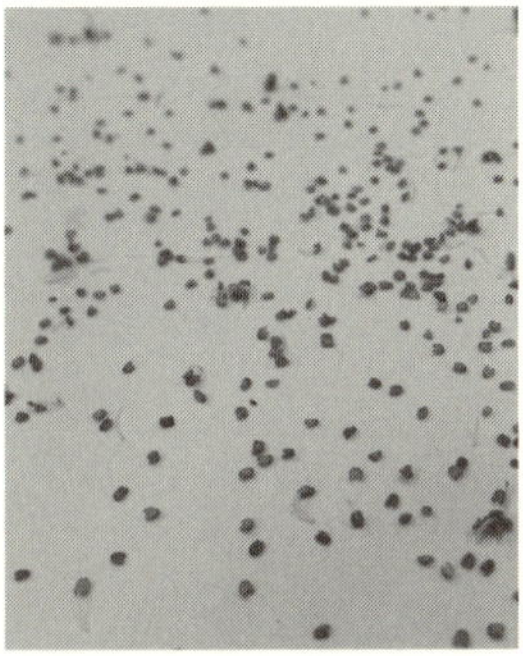

3 紙の上に取り出したやくは、12時間後には反転して内部の花粉が飛び出る。

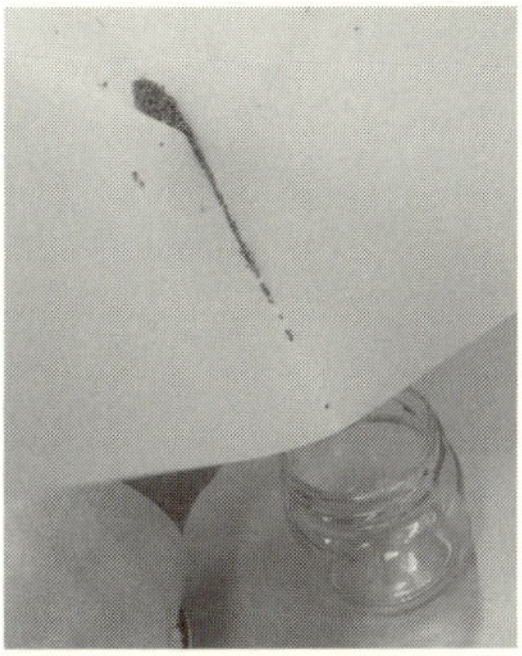

4 飛び出した花粉をやくごと乾いた瓶などに回収する。花粉がぬれると発芽率が激減するので注意。

5 人工授粉まで期間が空くようなら冷凍庫で保存する。状態がよければ1年間程度は保存できる。

6 冷凍庫から取り出し、結露した水が花粉につかないように、瓶が常温になるまで放置してから開封し、使用する。

木が大きい場合は、上写真のように花粉を回収して人工授粉に使うとよいでしょう。

Q. 人工授粉の方法を教えてください

A. 人工授粉には3つの方法があります

雄しべの花粉が雌しべにつくことを「受粉」といい、人の手で受粉させる行為を「人工授粉」といいます。以下のいずれかの方法で行います。

受粉 1 絵筆などで雄しべと雌しべを交互に触れる

受粉樹が不要な果樹や、受粉樹がなくても結実しやすい品種に有効です。乾いた絵筆や梵天《ぼんてん》（次ページ）を用いて、1つの花の中の雄しべと雌しべを交互に触れます。

受粉 2 花を摘んで他の花にこすりつける

受粉樹が必要な果樹に有効で、受粉させる花の数が少ない場合に向いています。花を摘んで、異なる品種の花の雌しべの先端（柱頭）に花粉がつくようにこすりつけます。1花で10～50花を受粉できます。

受粉 3 取り出した花粉を絵筆などでこすりつける

取り出した花粉を、絵筆や梵天でこすりつけます。受粉樹が必要な果樹で、たくさんの花を受粉させたいときや、受粉樹間の開花時期が合わない場合に、非常に有効です。

人工授粉の手順1

絵筆などで雄しべと雌しべを交互に触れる

雄しべ
（雌しべを取り囲むように何本もある）

雌しべ
（写真のレモンは1本だが、先端が複数に分かれている果樹もある）

1つの花の中の雄しべと雌しべを乾いた絵筆などで交互に触れて受粉させる方法。受粉樹が不要な果樹などでは最も手軽にできる受粉の方法。

人工授粉の手順 2
花を摘んで他の花にこすりつける

受粉させるために他の品種の花を摘んで、雌しべの先端（柱頭）に花粉がつくようにこすりつける。

人工授粉の手順 3
取り出した花粉を絵筆などでこすりつける

取り出した花粉（61 ページ）を梵天などにたっぷりつけて、異なる品種の花の雌しべにこすりつける。

開花状況と人工授粉の適期

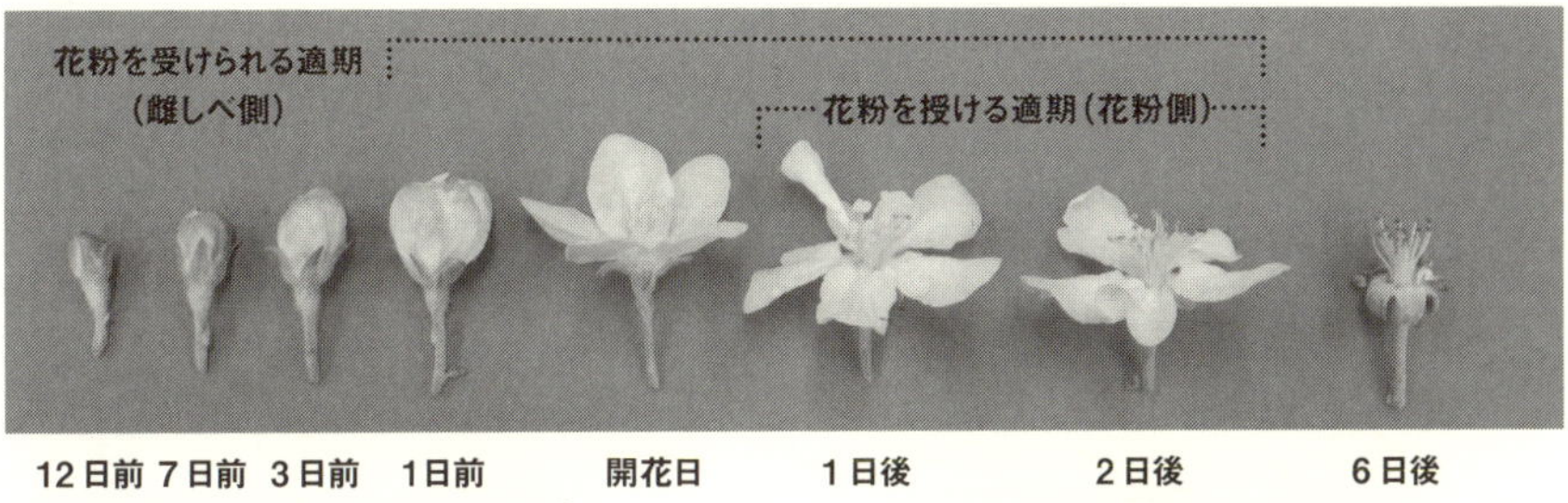

開花日は雄しべの先端（やく）が白くてふっくらしていて、花粉がまだ出ていない。

開花1～3日程度すると、やくが変色して花粉が出てくる。

上写真はリンゴの開花状況。人工授粉の際に花粉を授けられる側（雌しべ側）として適しているのは花弁（花びら）が開き始めてから、茶色に変色し始めるまで。一方、花粉を授ける側（花粉側）の適期は、開花から1～3日程度経過して、雄しべの先端（やく）から花粉が出る時期。果樹によって開花の状態は異なるが、主に上記の状態を参考に受粉適期を見極めるとよい。

Q. ジベレリン処理って何ですか？

A. タネなしにしたり、実つきをよくする効果があります

ブドウの'巨峰'や'デラウェア'、'シャインマスカット'など、多くの品種がタネなしブドウとして販売されていますが、これらの品種は本来種子ができます。**種子ができるブドウをタネなしにするには、「ジベレリン」という植物ホルモンの一種を水に溶かし、開花期前後の2回、花の蕾や小さな果実につけます。** 市販のタネなしブドウは、ブドウ農家が毎年この作業を行うことで生産されます。このジベレリンは植物細胞の肥大や分裂などを促進する植物ホルモンで、一般向けには「STジベラ錠5」などといった商品名で販売されており、園芸店や農協などで入手可能です。

ジベレリンには、ブドウのタネをなくすほかに、実つきをよくする効果があります。 他にも、下表のように柑橘類、スモモ、アセロラといった果樹の開花前後にジベレリン処理をすると、実つきをよくする効果（落果防止・着果安定）が期待できます。

実つきをよくする目的でジベレリン※1が用いられる例

果樹名	目的	処理濃度	処理時期
柑橘類※2	落果防止	25～50 ppm	開花始め～ 満開10日後
ワシントンネーブル	落果防止	500 ppm	満開 10～20日後の 幼果期
ヒョウガナツ	無種子化、 落果防止	300～500 ppm	満開 7～10日後
スモモ（貴陽）	着果安定	100～200 ppm	1回目：満開 20～30日後 2回目：満開 50～60日後
アセロラ	着粒安定	25 ppm	開花期

※1「STジベラ錠5」など
※2ワシントンネーブル、ヒョウガナツを除く
※3ブドウにおいては種子をなくす以外に着粒を安定させる目的でジベレリンが用いられる場合もある

ジベレリン処理の手順（ブドウ‘デラウェア’の例）

1 ブドウ‘デラウェア’の1回目の処理の適期。満開の約14日前、1枝当たりの葉が9～10枚程度になったら行うとよい。

2 ‘デラウェア’ならジベレリンをコップなどに100ppmになるように溶かし、花房全体をつける。

3 1回目の処理が終わり次第、分岐した花の蕾（岐肩）を切り取って、処理した目印とする。‘巨峰’などでは不要。

4 満開から10日前後に2回目の処理を行う。75～100ppmになるように溶かし、果房全体をつける。

5 収穫時期の様子。ジベレリンを処理することで、ブドウでは無種子になるほか、実つきがよくなる。

ジベレリン処理はむずかしく見えますが、案外、簡単です。ぜひチャレンジしましょう。ジベレリンの使用に際しては、取扱説明書の記載を遵守することが重要です。また、農薬取締法により、取扱説明書に記載がない果樹にはジベレリンの処理が認められていません。なお、ジベレリンは人体への影響（発がん性をふくむ）がないことが検証されています。

Q. 昨年は豊作だったのに、今年は極端な不作です

A. 隔年結果です。養分の不足や植物ホルモンの影響かも

【栄養不足で花の数が減る場合】

果実がたくさん収穫できるのは喜ばしいことですが、あまりに多くの果実をつけると、その翌年、実つきが極端に悪くなることがあります。このように豊作と不作の年を交互に繰り返す現象を「隔年結果」といいます。**前年が豊作だったのに、実つきが悪くなった場合は、隔年結果を疑うとよいでしょう。隔年結果を起こしやすい果樹には、柑橘《かんきつ》類、カキ、リンゴ、オリーブなどがあり、注意が必要です。**

隔年結果が起こる原因として、まずは養分不足があげられます。多くの果樹は春に開花して、夏から秋に果実が肥大し、養分の大半を果実の生育に使います。同時に、夏から秋にかけては、葉のつけ根に翌年のための花芽ができつつあり、花芽も養分を必要としています。しかし、果実がなりすぎると、翌年用の花芽に養分が行き渡らず、花芽の形成が不十分になって開花数が激減します。そのため、たくさん果実をつけた翌年の実つきが悪くなるのです。

養分不足で翌年の実つきが悪くなる仕組み

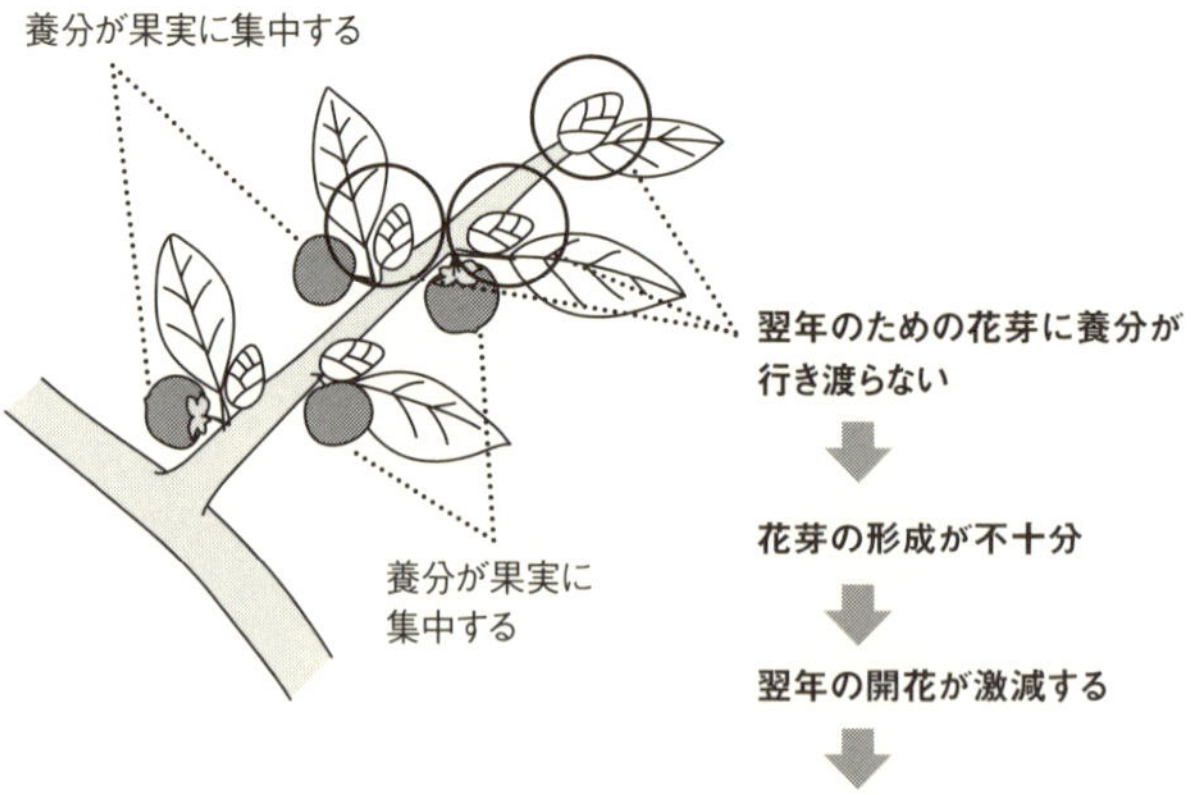
養分が果実に集中する
養分が果実に集中する
翌年のための花芽に養分が行き渡らない
花芽の形成が不十分
翌年の開花が激減する
実つきが悪くなる

果樹自身が合成したジベレリンで、翌年の実つきが悪くなる仕組み

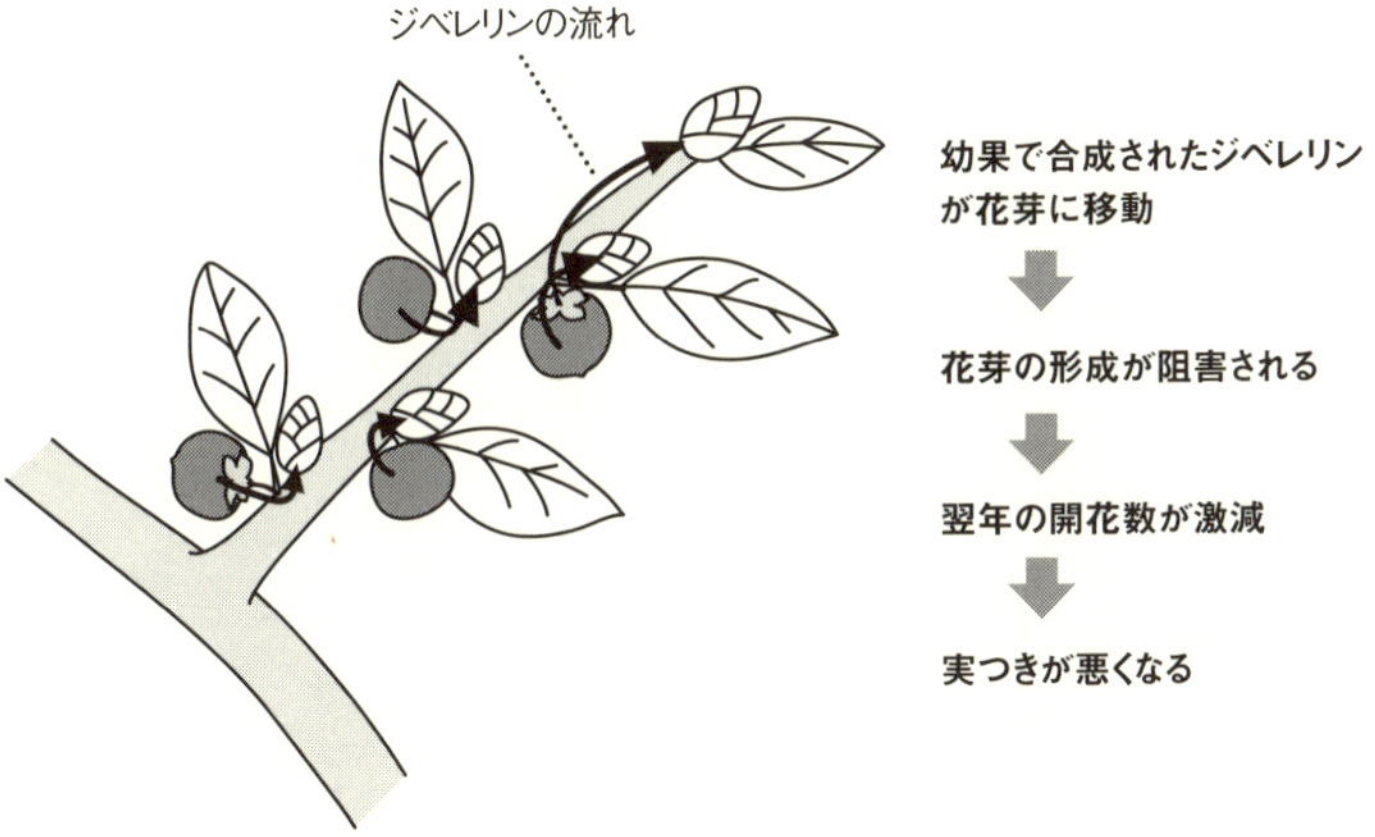

【植物ホルモンの影響で花の数が減る場合】

養分の不足のほかに、**植物ホルモンが実つきに関係している場合があります。**タネなしブドウをつくるにはある種の菌が合成したジベレリン（64ページ）を使いますが、果樹の果実（種子）自体がジベレリンを合成しており、それが花芽に移動して実つきに悪影響を及ぼすことがあります。

例えば、隔年結果を起こしやすいカキは、翌年用の花芽の形成を7月ごろから開始します（102ページ）。その時期に小さな果実（幼果）が枝にたくさんついていると、幼果が盛んに細胞を肥大化し、ジベレリンが次々と合成され、翌年用の花芽になるはずの芽にもジベレリンが移動します。

すると、ジベレリンが花芽の形成を抑制し、翌年の開花数が減少して実つきが悪くなります。ジベレリンは、果実の落果を防止する効果がある一方で、時期によっては、花芽の形成を阻害することがあります。

以上のように、**果実がなりすぎると養分不足やジベレリンの合成過多で、翌年用の花芽形成が阻害され、開花数が激減することで実つきが悪くなることがあります。その改善方法として最も効果的なのが、「摘果（68ページ参照）によって果実数を減らす」ことです。**

Q. 小さな果実がたくさんつきました。このままでよいですか？

A. 摘果しないと、翌年は不作になるかもしれません

「摘果《てきか》」とは、まだ小さな状態の果実（幼果）を間引くことです。果実をならせすぎると隔年結果（豊作と不作をくりかえすこと）をすることがありますが、**適期に摘果することで、毎年安定した収穫が期待できます。**

さらに、摘果によって、果実の品質が高まります。摘果で1個当たりの果実に届く養分が多くなることで、果実のサイズが大きくなり、糖度が高くなるのです。「果実を間引くのはもったいない」という声を耳にしますが、翌年の実つきの面でも今年の品質の面でも、**「摘果しないほうが断然もったいない」**ので、ぜひとも適期に摘果しましょう。

果実を間引く際には、「葉果比」を目安にします。葉果比とは果実1個を大きく甘くし、そして隔年結果させないために必要な葉の枚数です。葉の枚数をおおざっぱに数え、下表の葉果比で割って、残す果実の数を算出します。例えば、ウンシュウミカンは葉果比25枚なので、100枚の葉がついた木なら4果残して他の果実はすべて間引きます。

摘果の適期と葉果比

果樹名	適期	葉果比
ビワ	3～4月	25枚（葉）:1（果）
ニホンナシ	5～6月	25枚（葉）:1（果）
モモ	5～6月	30枚（葉）:1（果）
スモモ	5～6月	16枚（葉）:1（果）
リンゴ	5～6月	40枚（葉）:1（果）
キウイフルーツ	5～6月	5枚（葉）:1（果）
カキ	7月	25枚（葉）:1（果）
ブドウ	6～7月	25枚（葉）:1（果）
ウンシュミカン	7～9月	25枚（葉）:1（果）
レモン	8月	25枚（葉）:1（果）
キンカン	9～10月	8枚（葉）:1（果）

※葉果比とは、果実1個をならすために必要な葉の枚数

摘果の手順1（キウイフルーツの例）

葉5枚に1果になるようにさらに間引く

2 次に葉果比を目安に残す果実を決めて摘果する。写真の枝には葉が10枚ついているが、葉5枚に1果になるように、2果残してほかの果実は間引く。この作業を仕上げ摘果といい、キウイフルーツなら6月下旬までに行う。

1ヵ所1果になるように間引く

1 キウイフルーツ、ニホンナシ、リンゴなどのように1ヵ所に何個も果実がついている場合は、まずは1ヵ所1果になるように間引く。この作業を予備摘果という。キウイフルーツなら予備摘果は6月上旬までに行う。

摘果の手順2（カキの例）

葉25枚に1果になるようにさらに間引く

2 葉25枚に1果になるようにさらに間引く。右写真では2枝で25枚程度の葉があるので、1果に間引く。この仕上げ摘果は7月下旬までに行う。

1枝に1果に間引く

1 1枝に何個も果実がつくので、1枝1果に間引く。傷がなく下向きで形がよいものを優先的に残す。この予備摘果は7月上旬までに行う。

Q. 枝は伸びれば伸びるほど、実つきがよくなるのでしょうか？

A. 枝が伸びすぎると実つきが悪くなります

葉では光合成が行われ、それによって生み出された糖などの養分が果実の肥大や木の生育に使用されます。そのため、枝が伸びて葉がふえるのは果樹にとってよいことです。

しかし、**あまりに枝葉が伸びすぎると、果実の肥大や木の生育よりも枝葉を伸ばすために養分を使うようになり、花や果実への養分が不足して花や果実が落下し、その年の実つきを悪くする原因となります。**加えて、枝葉が伸びすぎて混み合うことで周囲の日当たりが悪くなり、効率的な光合成を妨げたり病害虫の発生を助長することがあります。

枝葉の伸びすぎによる影響はその年に限りません。葉のつけ根で形成されている「翌年のための花芽」への養分が不足すると、翌年の開花数や収穫量が激減します。

枝葉が伸びるほど実つきがよくなる、と勘違いされやすいですが、**実つきのためには、枝葉は適度な長さが好ましく、伸びすぎた枝葉は「徒長枝」とよばれ、不要とされる果樹**が多いのです。

枝の伸び方

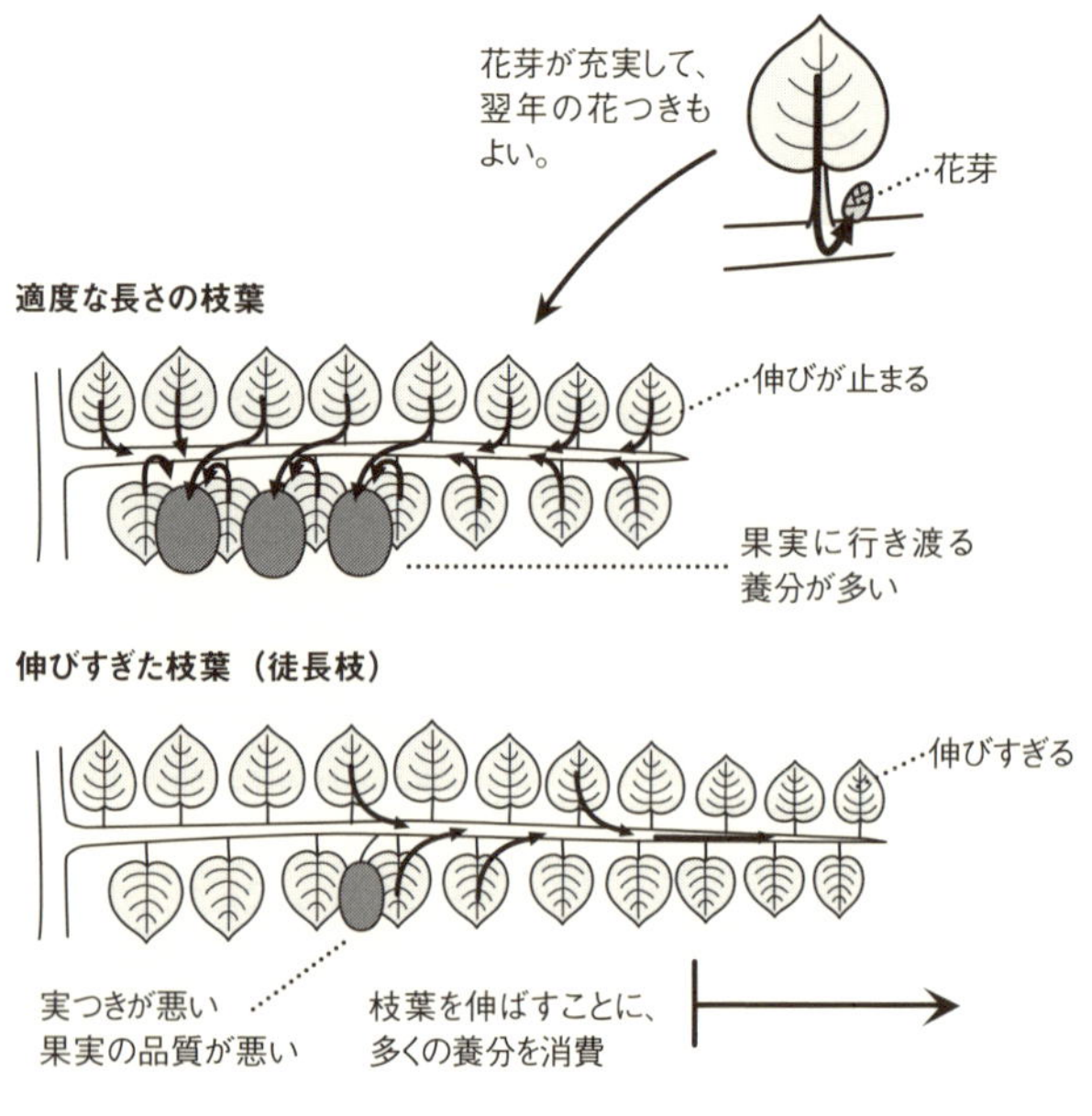

枝の徒長を防ぐポイント

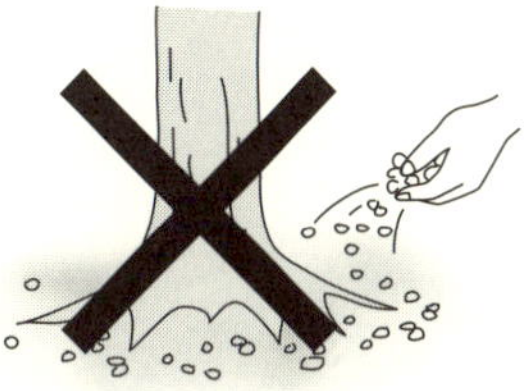
肥料のやりすぎはNG。

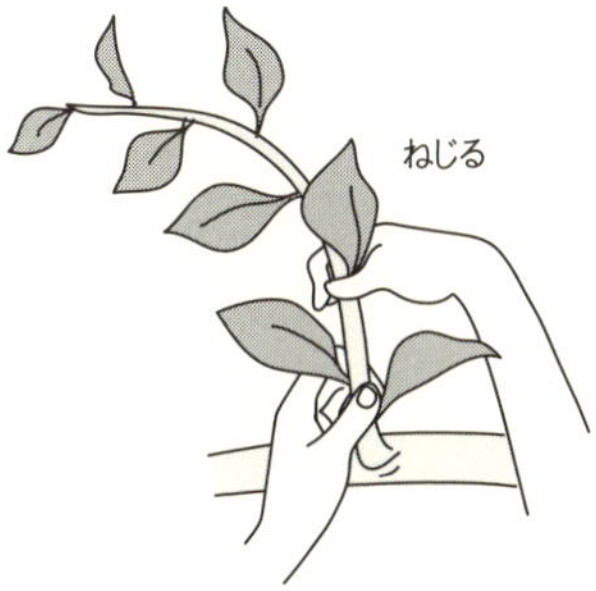

枝をねじって斜めの向きにする（捻枝）。

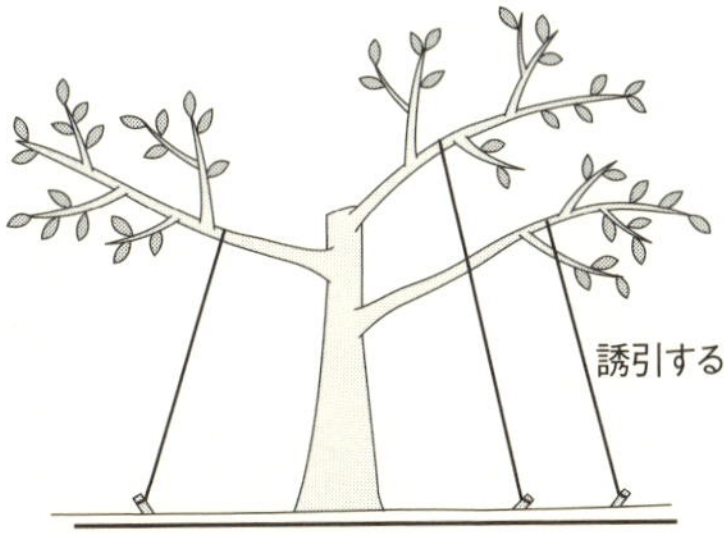

枝葉を斜めに誘引する。

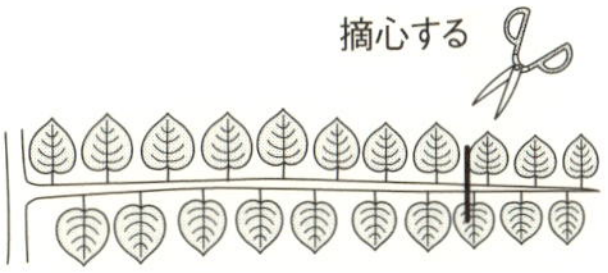

枝の先端を摘んで、生育を止める。

【枝の徒長の防ぎ方】

枝の徒長を防ぐには、管理作業を見直す必要があります。

まずは、「肥料（36ページ）のやりすぎ」を控えましょう。枝葉の伸びすぎで養分が不足すると聞くと、肥料をたくさんやれば解決するように思うかもしれませんが、多くの場合、肥料をやりすぎると逆効果です。特にチッ素肥料を必要以上に施すと、枝葉の伸びすぎを助長して枝自体が軟弱になり、花芽（１００ページ）がつきにくくなります。肥料は適度な量を施しましょう。

また、「枝を斜めや水平に寝かせて誘引（72ページ）する」ことで、枝葉の伸びを抑えられます。冬～早春の剪定時のほか、それ以外の時期であっても、周囲の太い枝や支柱、地面に打った杭などにひもを通して、枝葉を斜めに誘引するとよいでしょう。ひもを使わず枝葉を斜めにする方法には、「捻枝《ねんし》（74ページ）」があります。

他にも、「摘心（76ページ）をする」ことによって、枝葉の伸びを止めることができます。

以上に加えて、「剪定（92～１２７ページ）での枝の切りすぎ」も厳禁です。

なお、すでに徒長枝になってしまった新梢は、見つけ次第、つけ根から切り取る（78ページ）とよいでしょう。養分のロスを防ぎ、周囲の日当たりや風通しを改善できます。

Q. 誘引とは何ですか？

A. 枝を斜めから水平に倒して、ひもなどで固定することです

【誘引はテクニック】

「誘引」とは、棚や支柱などに枝を固定することです。発生したばかりの緑色の枝や落葉した茶色の枝を誘引すると、外観を美しく整え、光合成や風通しをよくすることができるので、特につる性の果樹では重要な作業といえます。

つる性以外の果樹でも、枝を誘引すると翌年の実つきを向上させることができます。というのも、枝を誘引する角度によって、春以降の若い枝（新梢）の伸び方が異なるためです。まっすぐに立てた枝（図A）からは、先端付近から1～2本の非常に長く太い枝が伸びます。斜めに誘引した枝（図B）からは、先端～中央付近までAより短い枝が発生します。そして水平に誘引した枝（図C）からは、枝のほぼ全域から、A、Bに比べて短い枝がたくさん発生します。

徒長枝は実つきが悪いことが多い（70ページ）ので、放置や剪定・誘引後、春～秋に立てた枝（A）ばかりになると、徒長枝が多く発生し、収穫量に影響します。そこで、果樹

誘引した枝の角度と、その後発生する新梢の様子

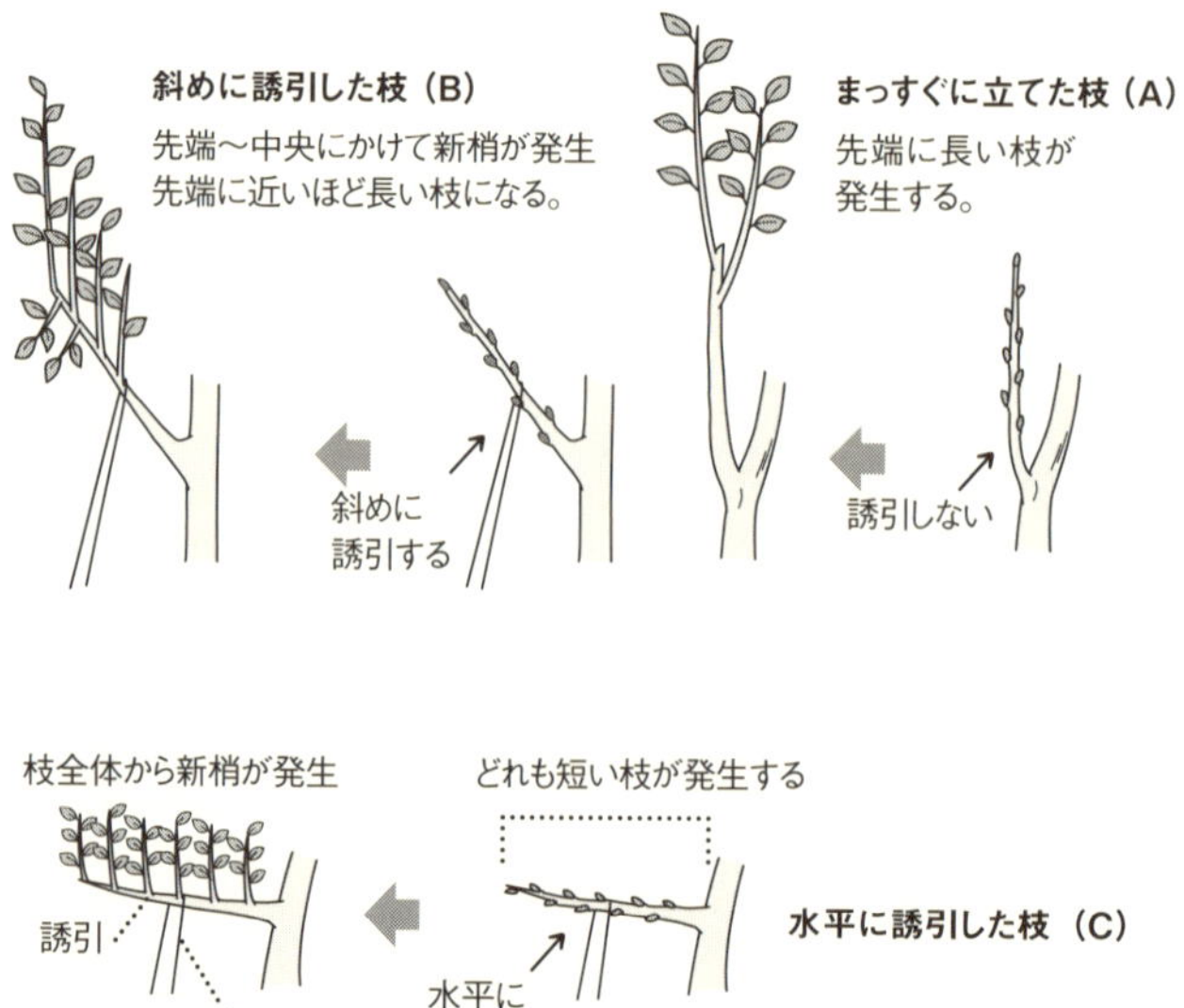
まっすぐに立てた枝（A）
先端に長い枝が
発生する。
誘引しない
斜めに誘引した枝（B）
先端～中央にかけて新梢が発生
先端に近いほど長い枝になる。
斜めに
誘引する
水平に誘引した枝（C）
どれも短い枝が発生する
水平に
誘引する
枝全体から新梢が発生
誘引
ひも

ではBやCのように斜めから水平に枝を誘引して、新しく発生する枝の伸びを抑えることが効果的です。なかでも、リンゴ、ニホンナシ、柑橘《かんきつ》類、ウメ、モモ、サクランボなどの果樹は、中くらいから短い枝にたくさん果実がつく傾向にあるので（123ページ）、剪定後の枝を斜め〜水平に誘引することで、実つきの改善効果が期待できます。

【枝の誘引方法】

枝を斜めから水平に誘引するには、枝を固定する場所を確保する必要があります。ブドウやキウイフルーツ、ニホンナシなどを棚で栽培する場合は、ひもなどで棚に直接、枝を誘引しましょう。フェンスや棒状の支柱を設置してある場合も同様です。また、周囲に太い枝がある場合もひもなどを引っかけて誘引できます。周囲に太い枝がない場合は、地面に杭を打ってひもで引っ張ります（71ページ）。

実つきを改善するための誘引作業は、冬〜早春の剪定と同時に行います。枝の発生前に誘引したほうが、効率的かつ計画的に枝の配置ができ、枝の無駄な伸びを抑えられます。

ブドウやキウイフルーツなどつる性の果樹は、次々に伸びる枝を固定しないと外観が乱れるので、新梢が伸び次第、誘引します。

なお、**枝を同じ場所に何年も固定し続けると、ひもなどが枝に食い込み、枝が枯れる原因になります。毎年、剪定の際にはひもなどを交換し、誘引し直すとよいでしょう。**また、園芸用ビニールタイなど、針金の入った素材を使用すると、枝に食い込むのでなるべくひもを用います。

誘引の様子

ブドウの例

春〜秋に伸びた新梢は伸び次第、棚などに誘引する。冬の落葉した枝についても、剪定後にバランスよく配置して誘引する。

サクランボの例

ひもを使って剪定後のサクランボの枝を斜めに誘引すると、新しく発生する枝が短くなり、翌年や翌々年の実つきがよくなる。

誘引資材のいろいろ

麻ひも（左）や紙ひも（中央）を使って誘引するとよい。園芸用ビニールタイ（右）は針金が入っているので、枝が太い果樹には不向き。

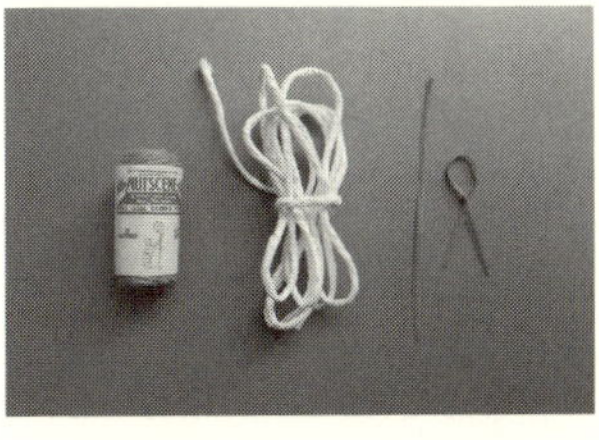

Q. 実つきをよくする「捻枝」というワザがあるそうですね

A. 誘引しなくても新梢を倒すことができる、上級者向けのテクニックです

「捻枝《ねんし》」とは、その年に伸びた緑色の枝（新梢）のうち、真上に伸びた枝のつけ根をねじり、枝の向きを斜めから水平にすることです。真上に伸びると徒長枝になりますが、**向きが変わることで無駄な伸びが抑えられ、花芽（100ページ）がつきやすくなり、翌年以降の実つきが改善します。**誘引とは異なり、周囲にひもを結ぶ場所がなくても枝の向きを変えることができます。ただし、正しく行うには知識と経験が必要なので、上級者向けの作業といえます。

捻枝を行う際に、夏以降の茶色になった枝は硬いので、ねじって水平の向きに直すことは容易ではありません。そのため、伸び始めの緑色の枝（新梢）が柔らかいうちに行うのが理想的で、5〜7月が適期といえます。

捻枝の作業に慣れるまで、枝を折ったり、何度ねじっても枝の向きが変わらないこともありますが、実つきをよくするためには、チャレンジする価値があります。重要なのは「折るのではなく、ねじる」という感覚です。

捻枝の仕組み

捻枝前

このまままっすぐ伸びると徒長枝になり、今年も翌年も実つきが悪いので、ねじって斜めから水平に枝の向きを変え、花芽をつきやすくする。

捻枝後

矢印の部分で新梢が曲がって、徒長しにくくなり、花芽がつきやすくなる。捻枝によって空いたスペースに枝を配置することもできる。

捻枝の手順（カキの例）

新梢

1 指している新梢が真上に伸びているが、このままだと徒長枝になる可能性が高い。周囲に誘引する場所がないので、捻枝する必要がある。

2 片方の手で新梢のつけ根をしっかり支え、もう片方の手でその上を持つ。

ねじる

3 新梢の一部が柔らかくなるまで何度もねじる。成功するとかすかに「パキッ」という手応えがある。

4 手を離しても写真のように枝が斜めから水平の向きになれば成功。この枝には花芽がつきやすくなり、翌年に結実する可能性が高まる。

折れている
切る

失敗例 感覚をつかむまでは写真のように折れて失敗することがある。折れた枝はつけ根で切ってあきらめる。

新梢を折るのではなく、何度もねじるように回転させるのがコツです。

Q. 実つきをよくするには、摘心をするとよいと聞きました

A. 実つきがよくなり、他にもよいことがたくさんあります

「摘心《てきしん》」とは、若い枝（新梢）の先端を手で摘むか、ハサミなどで枝の先端を軽く切り詰める作業のことです。新梢の先端を軽く切り詰めることで枝の生育が一時的に停止し、残った枝や果実に養分を十分に行き渡らせて、実つきを向上させます。加えて、新梢が伸びて枝が混み合うことを予防し、日当たりや風通しをよくして病害虫の発生を抑え、さらに、果実の着色など品質を向上する効果も期待できます。

摘心の適期や、摘心によって残す新梢の状態は、果樹によって異なります（下表）。摘心で新梢を長く切り取ると、切り取った分だけ養分をロスするので、切り取る新梢はなるべく短くして、新梢の先端をわずかに摘み取るのが理想です。摘み取る新梢を短くするには、適期の摘心がポイントとなります。

摘み取る位置は、先端の葉から5～10㎜残すのが好ましく、残す長さが短いと葉のつけ根にある芽を傷つけ、長いと枯れ込みが入る恐れがあります。

摘心後に、摘心した新梢の先端付近から再び新梢（2番枝）が発生した場合は、葉1～2枚を残して再び摘心します。

摘心の適期と残す新梢の状態

果樹名	適期	残す新梢の状態
ウメ	4～5月	翌年に果実をつけたい新梢のみ、葉10～15枚を残す
ブドウ	4～9月	1枝当たり葉15～20枚（2番枝の葉は考慮しない）を残す
サクランボ	5月	翌年に果実をつけたい新梢のみ、葉3～5枚を残す
ニホンナシ	5～6月	翌年に果実をつけたい新梢のみ、葉5枚を残す
キウイフルーツ	5～7月	1枝当たり葉15枚（2番枝の葉は考慮しない）を残す
ブルーベリー	5～6月	新梢の先端を1/3程度切り詰める
イチジク（一文字仕立て）	7～9月	2m程度の、手が届く高さで切り詰める

摘心の手順1（ブドウの例）

ブドウの摘心の様子。ブドウは1枝当たり、葉15〜20枚を残して摘心するとよい。この際、葉のつけ根から発生する新しい新梢（2番枝）の葉は枚数には考慮しない。

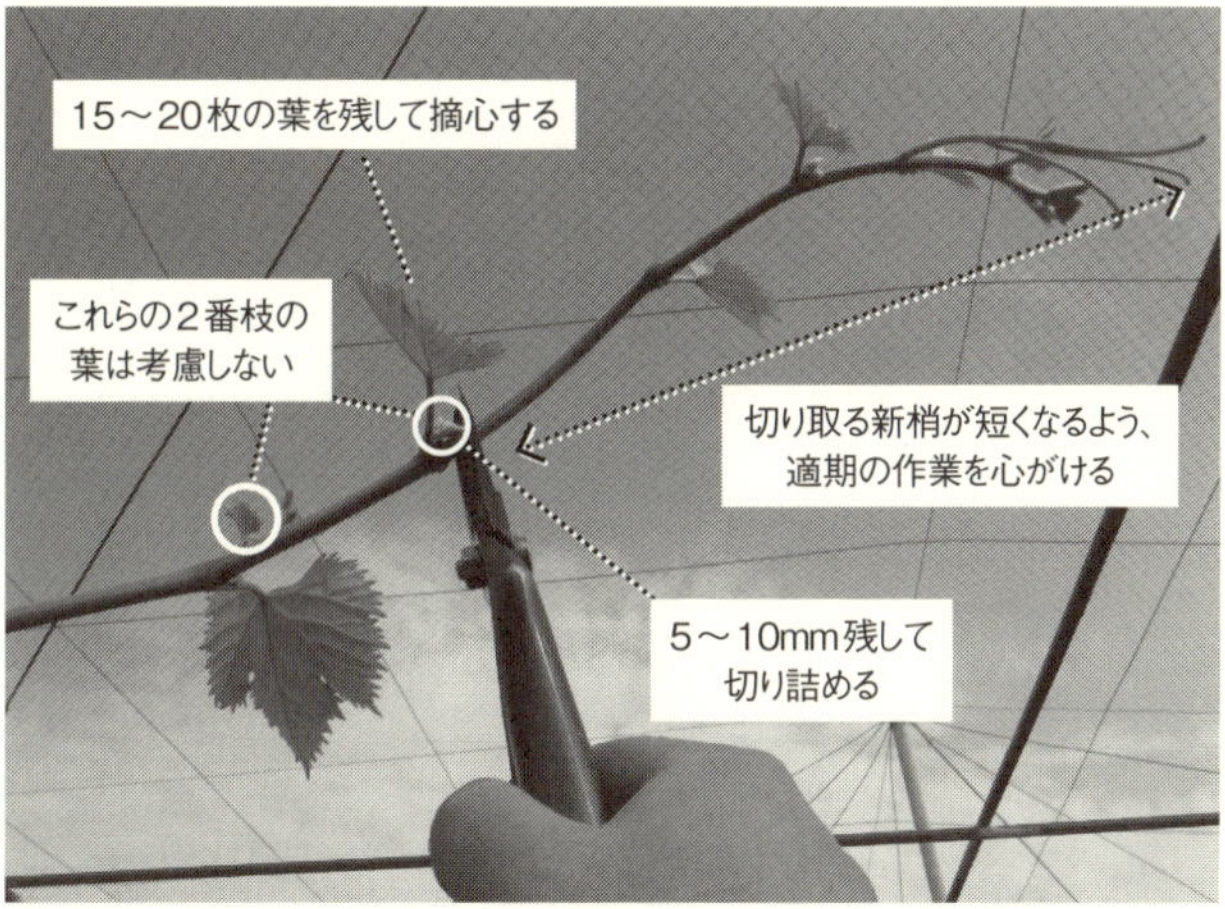

摘心の手順2（ウメの例）

先端の枝は長く残して結実する部位をふやすため、摘心しない
翌年に結実させたい部位なので、摘心する

葉10〜15枚を残して摘み取る
葉が15枚以下の新梢の摘芯は不要

Q. 新梢が混み合っています。どうしたらよいですか?

A. 周囲と比べて長すぎる枝や、混み合った枝を間引きます

「新梢」とは、春~秋に伸びる、新しい緑色の枝のことです。**新梢の間引きは冬~初春の冬季剪定時に行います。**しかし冬季に正しい剪定をしても、春~秋に新梢が混み合い、病害虫が多発して、光合成が妨げられ、果実の品質を低下させることがあります。加えて、新梢が伸びすぎると「徒長枝」になり、実つきが悪化します（70ページ）。

以上のことから、**「徒長枝」や「新梢と新梢が当たっているもの」「葉が触れ合うほど密着して混み合っている新梢」は、見つけ次第、間引きます。**徒長枝には、「○○cm以上」といった明確な定義はありませんが、周囲の平均的な枝と比較して明らかに長いものを指します。適期は樹種を問わず、5~9月です。間引く際には、不要な枝のつけ根で切り、切り残しをしないことが重要です。切り残しがあると、そこから再び徒長枝が発生したり、枯れ込みが入ります。

なお、この新梢の間引きと摘心（76ページ）を合わせて、「夏季剪定」とよびます。

不要な新梢

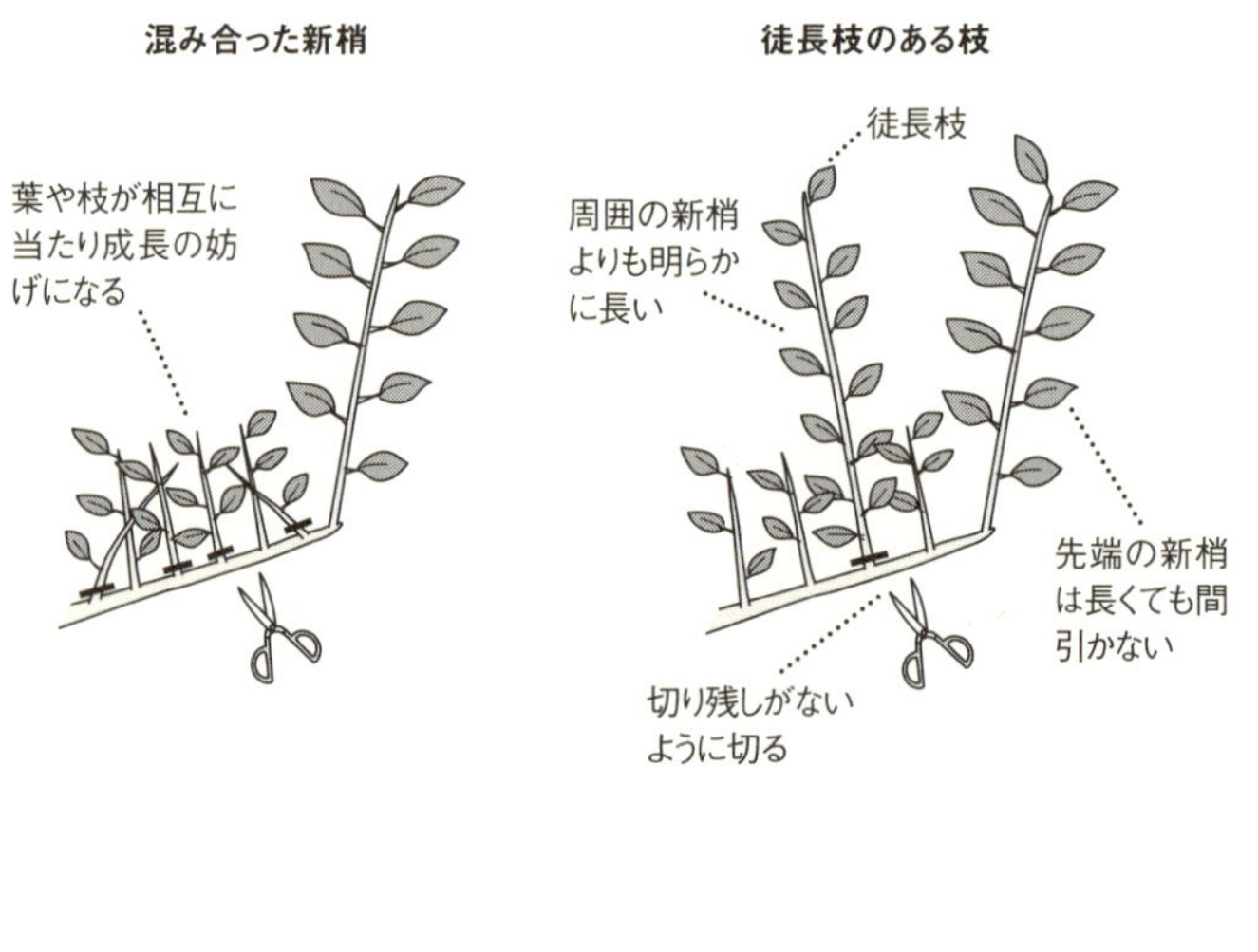
混み合った新梢
葉や枝が相互に当たり成長の妨げになる
徒長枝のある枝
徒長枝
周囲の新梢よりも明らかに長い
先端の新梢は長くても間引かない
切り残しがないように切る

新梢の間引きの手順1（カキの例）

間引く枝

同じ場所から多数の新梢が発生して、葉が触れ合うほど混み合っている。

新梢を間引いた。その後、必要に応じて誘引や捻枝をしてもよい。

新梢の間引きの手順2（ビワの例）

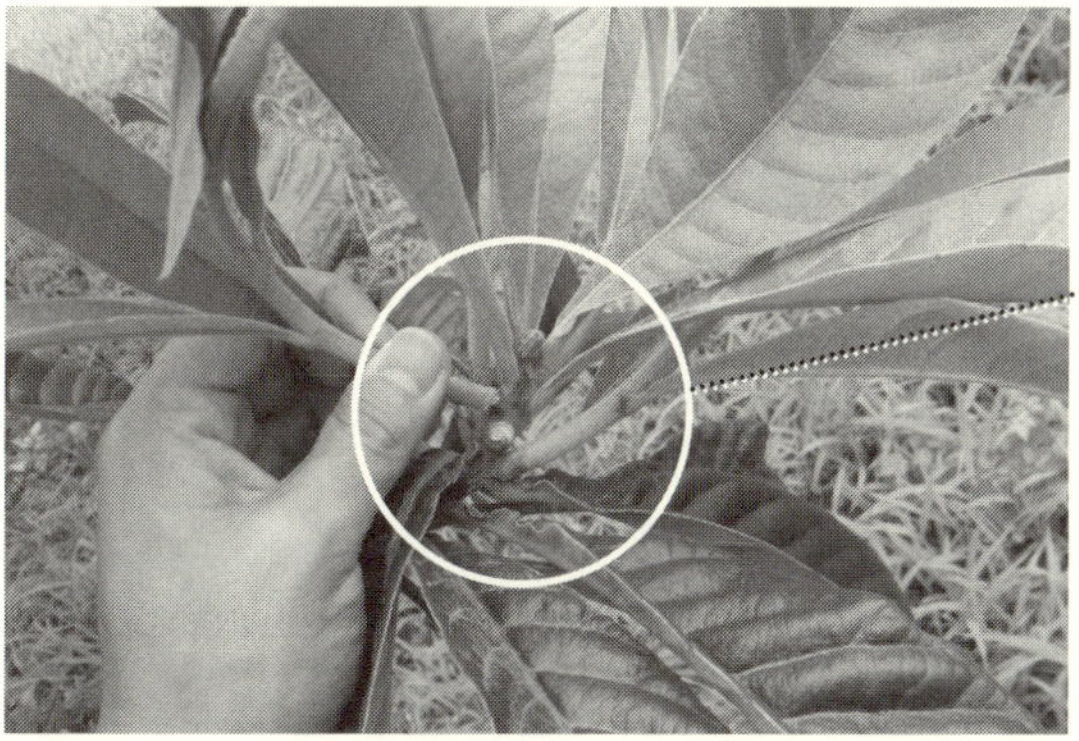

ビワは1ヵ所の枝分かれが、3本以内になるように間引くとよい。

発生したばかりの新梢が明らかに混み合っている場合は、手で間引いてもよい。この状態で間引いた場合は、芽かきとよばれることもある。

Q. 実つきがよくなる「環状はく皮」とは、どんな方法ですか？

A. 効果抜群の上級テクニック。成長期の樹皮をはがします

「環状はく皮」とは、伸びたばかりの新梢や、発生から1年以上経過した茶色の枝に、リング（環）状に浅く傷をつけて、樹皮と一緒に養分の通り道である「師部」を取り除く作業です。

葉で光合成された糖などの養分は、果実やその枝の生育に使われるだけでなく、師部を通って太い枝や根の方向に逃げていき、それが原因でその年の実つきや翌年以降の実つきが悪くなることがあります。

そこで、環状はく皮で師部の多くを取り除き、養分が根の方向に流出するのを防ぎ、チッ素分など実つきに悪影響がある物質の流入を防ぎます。非常に難易度が高い作業ですが、ブドウやキウイフルーツ、ニホンナシなどの生産農家で、実つきや果実の品質を改善するために行われています。適期は5〜6月です。

師部がなくてもその下の木部は残っているので、水分は補給され、しおれることはありません。また、成長に伴い新梢や枝が太くなり形成層で師部が形成されて、養分の行き来が再び可能になります。そのため、環状はく皮の影響は1年未満となることが多いです。

環状はく皮の仕組み

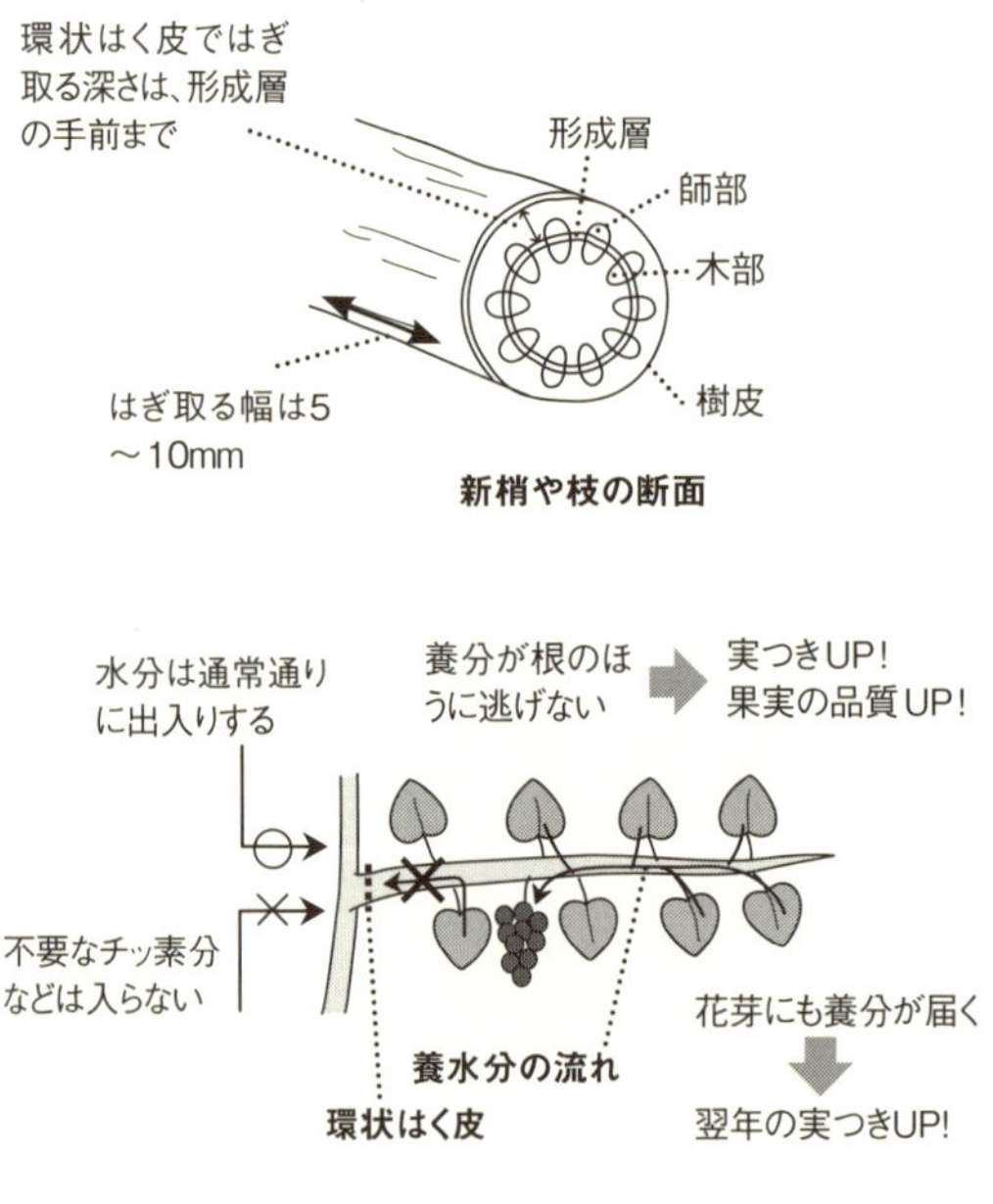
環状はく皮ではぎ取る深さは、形成層の手前まで
形成層
師部
木部
樹皮
はぎ取る幅は5〜10mm
新梢や枝の断面
水分は通常通りに出入りする
養分が根のほうに逃げない
実つきUP！
果実の品質UP！
不要なチッ素分などは入らない
花芽にも養分が届く
翌年の実つきUP！
養水分の流れ
環状はく皮

環状はく皮の手順（キウイフルーツの例）

環状はく皮をする場所の候補は、❶～❸

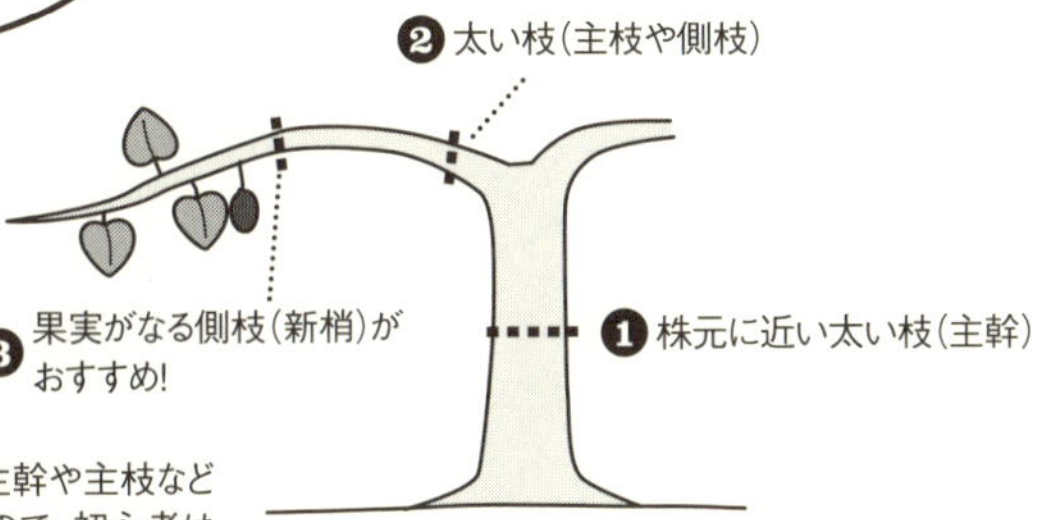

環状はく皮をする場所はさまざまだが、主幹や主枝などに行った場合は失敗すると木が枯れるので、初心者は❸の果実がなる側枝（新梢）に行うのがおすすめ。

1 小刀やカッターナイフなどを使って5～10mm間隔で2本のリング状の切れ込みを入れる。軽く力を入れて刺さるまでの深さで十分。

2 環状はく皮専用の器具（「グリーンカット10」など）も市販されており、これらを使用するとスムーズに作業ができる。

3 2本のリング状の切れ込みの間に横向きに刃を入れて、上下に開くように樹皮をはぎ取る。つるんとむけなくても少しずつはぎ取ればよい。

4 5～10mmの幅で樹皮をはぎ取ることができれば完成。はぎ取った部分には特に処置をしなくてもよい。

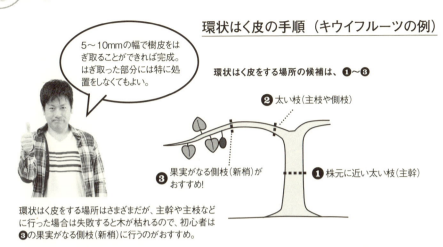

Q. 冬の寒さと実つきには、関係がありますか？

A. 寒さで木が傷むと、しばらくは実つきが悪くなります

果樹が冬の寒さに耐えられる気温（耐寒気温）には、目安があります（24ページ、次ページ）。パイナップルのような熱帯果樹やレモンのような常緑果樹は寒さに弱く、最低気温が耐寒気温を下回ると枝葉が傷んで落葉し、最悪の場合は枯死します。寒さに強い落葉果樹でも限界はあります。

枯死しなかったとしても、常緑樹が落葉したり枝が枯れるなどのダメージを受けると、正常な花芽が少なくなり、開花数が激減して実つきが悪くなります。また、ダメージを受けた木は、しばらくの間は枝葉を伸ばして樹勢の回復に専念するため、枝葉の生育が一時的に旺盛になり、多くの場合、枝が伸びすぎることで実つきが悪くなります（70ページ）。**寒さによる実つきへの影響は、数年間続くことがあるので、寒さに弱い果樹では特に注意が必要です。**

居住地の冬の最低気温が、栽培している果樹の耐寒気温よりも下がる場合は鉢植えにして、冬は耐寒気温を下回らない場所（室内や軒下など）に移動しましょう。耐寒気温と最低気温が同じくらいで少し不安な場合は、置き場を移動するか防寒対策（84ページ）を施します。

寒害の例

枝葉が寒さで傷んだレモンの木。寒さで傷むと葉がしおれて徐々に白色に変色する。最後はパリパリに乾燥して葉が枝に残る。枝も白色や茶色に変色する。完全に色が変わって落葉するのは主に暖かくなった３〜４月なので、水切れと間違いやすいので注意する。木の外周部分が被害にあいやすい。

鉢植えの防寒対策

最低気温が耐寒気温を下回る地域で果樹を育てるには、鉢植えにする。

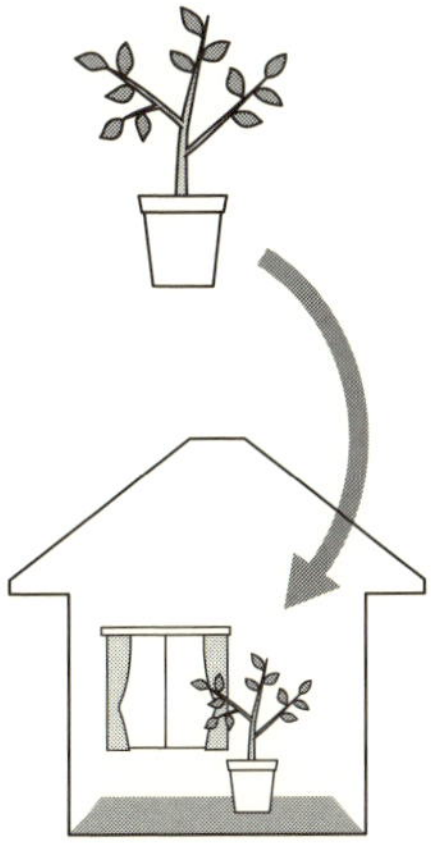

冬は日当たりのよい窓辺に置き、冷気や暖房機の温風に直接当てないようにする

冬越しの方向性（最低気温がマイナス2℃程度の地域の例）

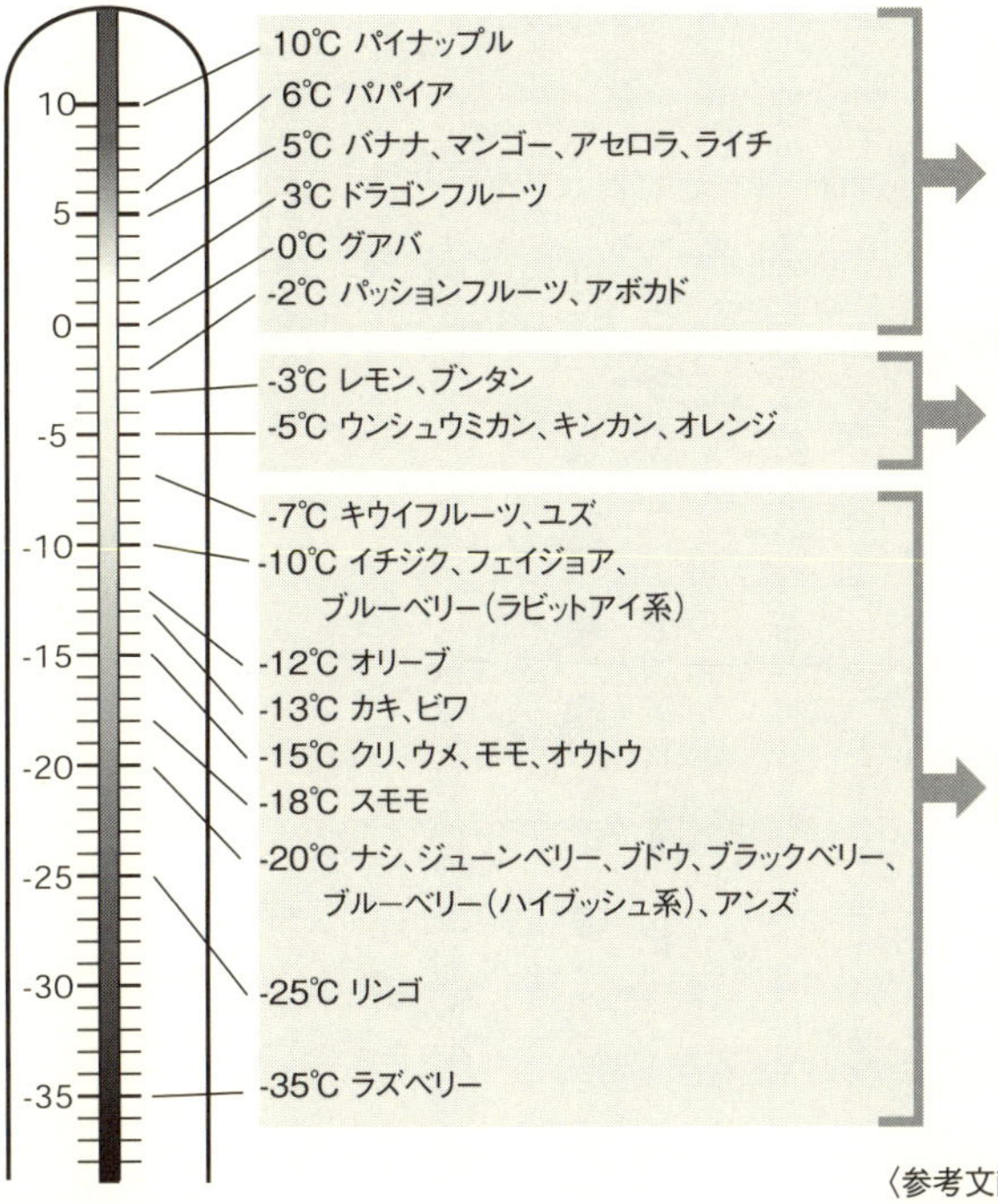

1 室内に取り込む

庭植えにすると枯れる。必ず鉢植えで育て、冬だけ暖房がきいた室内に取り込む。春になったら日当たりのよい戸外に出す。

2 簡易な防寒対策をする

庭植えでも栽培可能だが、鉢植えにしたほうが無難。冬越しは戸外でもよいが、なるべく暖かい場所に置き場を移動させるか、84～85ページの防寒対策を施す。数年に一度の寒波が到来して耐寒気温を下回るようなら、1と同様に鉢植えを室内に取り込むとよい。

3 特に対策不要

寒さに強いので、特に防寒対策は不要。庭植えでも十分に寒さに耐えられる。ただし、数年に一度の寒波が到来して耐寒気温付近まで下がる場合は、植えつけ3年以内の幼木だけでも84～85ページの防寒対策を行うとよい。

〈参考文献〉

『果樹農業振興基本方針』 農林水産省
『特産果樹』 間苧谷徹ほか／日本果樹種苗協会
『果実の事典』 杉浦明ほか／朝倉書店

Q. 防寒対策を教えてください

A. 鉢植えにして、寒冷紗被覆と二重鉢をします

育てる果樹の耐寒気温が居住地の最低気温を下回る場合、防寒対策で最も確実な方法は、鉢植えにして冬だけ室内に取り込むことです（83ページ）。しかし、鉢植えにしても移動できなかったり、室内に取り込めなかったりする場合は、以下で解説する寒冷紗《かんれいしゃ》被覆《ひふく》と二重鉢をします。

まずは、地上部の枝葉を寒さから守る必要があります。そこで、主に野菜のベタがけで使用される寒冷紗や不織布を枝葉に巻きつけます（次ページ）。日光を少しでも通すために、白色のものを選ぶとよいでしょう。

次に、根を守るために、二回り程度大きなサイズの鉢を用意して、育てている果樹の鉢を入れ保温のためにすき間を土で満たして二重鉢にします。この際に利用する土は何でもよく、庭土などでもかまいません。

ただし、この2つの方法を組み合わせても保温効果は2～3℃程度しかありません。居住地の最低気温と果樹の耐寒気温が同程度の場合には効果を発揮しますが、4℃以上下回る場合は、室内に取り込むなどの対策が必須となるので注意しましょう。

庭植えの場合は、居住地の最低気温を上回る耐寒気温をもつ果樹を選ぶことが大前提です。数年に一度の寒波が到来して心配な時は、寒冷紗などで地上部を保護し、株元にワラなどを敷き詰めて保温します。

庭植えの防寒対策

庭植えのキンカンの例。寒冷紗を巻きつけて、株元にはワラを敷き詰めた。植えつけから3年以内の幼木は特に寒さに弱いので注意が必要。

防寒対策の手順（レモンの例）

1

支柱を立てて苗を固定し、寒冷紗などを巻きやすくする。

2

すき間ができないように、白色の寒冷紗などを4重程度巻きつける。

3

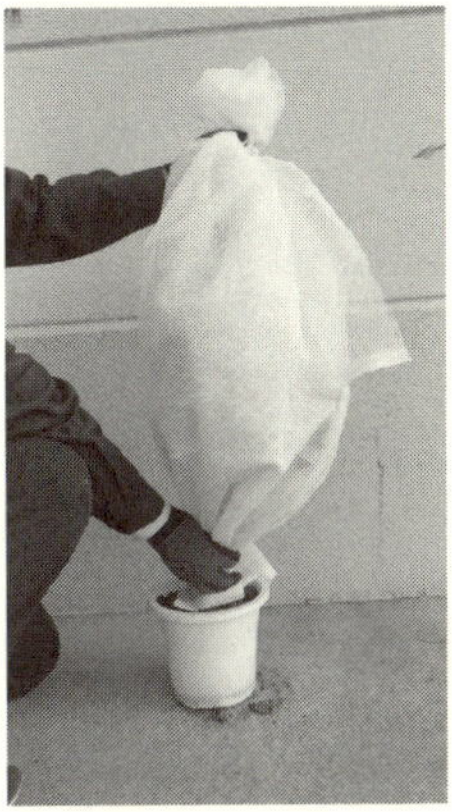

枝が折れない程度にまとめて、上下をひもで固定する。

4

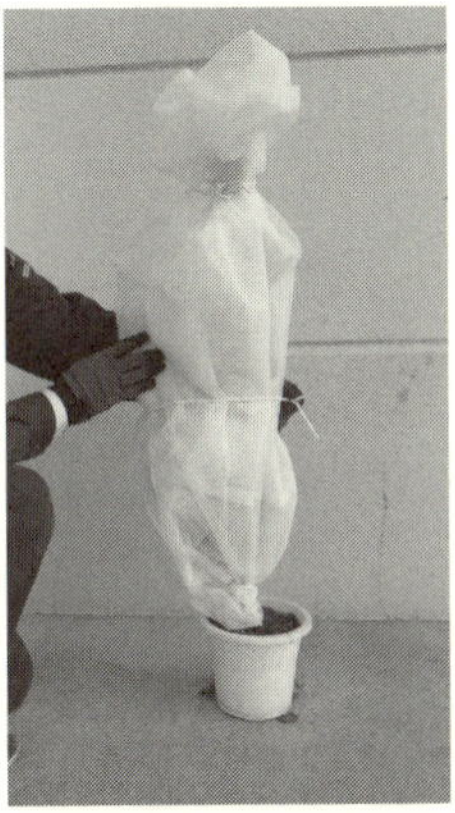

上下に加えて中央部も固定すると安定する。枝が折れないように注意。寒冷紗被覆の完成。

5

二回り程度大きなサイズの鉢に育てている鉢植えを入れ、すき間を土で満たす。

6

二重鉢も完成。なるべく寒風が当たらない場所に置く。水やりは1週間に1回程度。

Q. 何年も植え替えていませんが、影響はありますか？

A. 根詰まりすると実つきが悪くなります。植え替えましょう

鉢植えは、根の生育が適度に抑えられ、木がコンパクトになり、実つきがよくなります。しかし、鉢の中の根の成長に伴って徐々に新しい根が伸びるスペースがなくなり、根が巻いて古い根ばかりになると、養水分をうまく吸収できず、水や肥料を与えても、水不足でしおれ気味になり、養分不足で葉の色が薄くなります。このように**根が詰まりすぎた状態は「根詰まり」とよばれ、実つきに悪い影響を及ぼします。**

根詰まりの解消には、植え替えが効果的です。3〜4年に1回を目安に植え替えますが、1つでも次ページの❶〜❸の状況に当てはまれば、年数にかかわらず、適期に植え替えて、新しい根が伸びるスペースを確保しましょう。

なお、植え替えは鉢植え限定の作業で、庭植えでは不要です。ただし、庭植えでも土を掘り返して剪定ノコギリなどで根を切る「根切り」という作業をすることで、生育が向上して実つきがよくなることがあります。

根詰まりの症状

・水やりしても枝葉がしおれる。
・肥料を与えても葉の色が薄くなる。
実つきが悪くなる !!
古い根がぐるぐる回って詰まっている。⇒植え替えが必要 !!

植え替えのサイン

1 ポット苗など植物に比べて鉢が小さい

ポット苗などは、根が伸びるスペースも小さいので、植え替え（植えつけ）が必要。

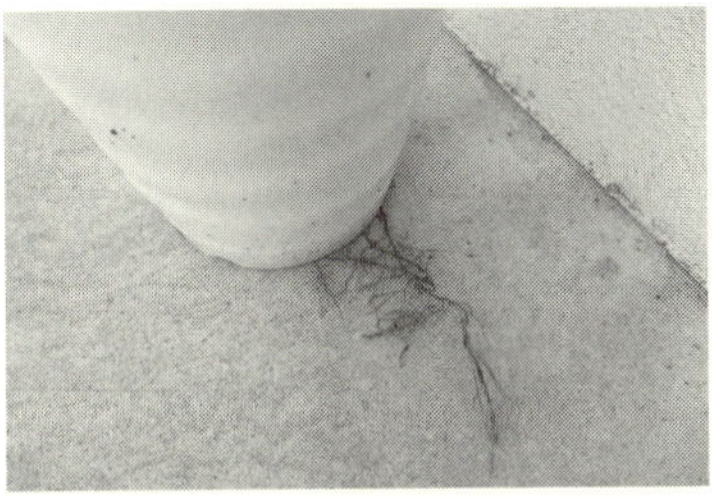

2 鉢底から根が出ている

鉢の底から根がはみ出ていたら、鉢の中のスペースが少なくなっているサイン。

3 水がしみこみにくい

水やり時に、1分以上水が引かないのは、根が詰まっている状態。

植え替え適期の目安

	落葉果樹	常緑果樹	熱帯果樹
果樹名	ウメ、アンズ、サクランボ、モモ、リンゴ、ニホンナシ、セイヨウナシ、イチジク、ブドウ、カキ、ブルーベリー、キウイフルーツなど	柑橘類、ビワ、オリーブ、ヤマモモ、フェイジョア、ムベなど	パイナップル、マンゴー、バナナ、パッションフルーツ、ライチなど
植え替え適期の目安	11〜2月	3月	3〜5月

※上記の適期は目安で、果樹によって異なることもある

Q. 植え替えのポイントを教えてください

A. 植え替え方法は、鉢の大きさにより2つに分けられます

植え替えの作業時には、直接根に触れたり、切り詰めたりします。そのため、根が養水分を盛んに吸収している時期に植え替えると、根が傷んで株がしおれる恐れがあります。**落葉果樹は休眠期、熱帯果樹や常緑果樹は寒さで根を傷めない春以降と、必ず各果樹の適期（87ページ）に植え替えを行いましょう。**適期であれば根の生育が緩慢なので、根を切り詰めても弱ることはありません。むしろ枝と同じで、根を適度に切り詰めることで、翌春の根の発生量が増加して、生育がよくなります。

植え替えの方法は、2つに分けられます。鉢のサイズを大きくできる場合は、植えつけ（34ページ）と同様に一回り大きな鉢に植え替えます。鉢のサイズを大きくしたくない場合は、根を一回り切り詰め、同じ大きさの鉢に植え戻します。

なお、本書では、苗木を購入してきて最初に植え替える作業を「植えつけ」、2回目以降の植え替えの作業を「植え替え」と区別していますが、作業内容は同じです。

植え替えの方法

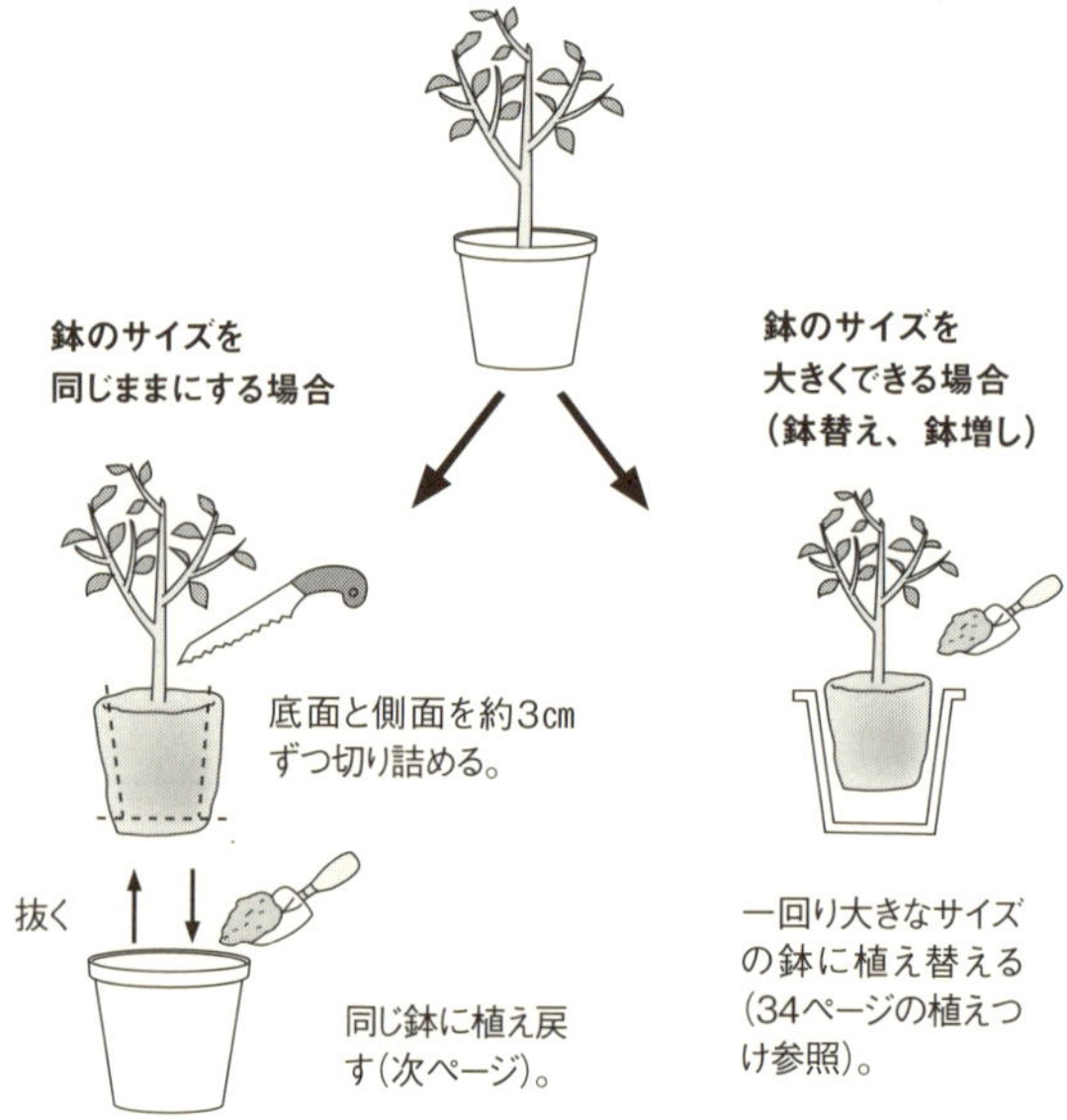

鉢のサイズを
同じままにする場合
底面と側面を約3㎝
ずつ切り詰める。
抜く
同じ鉢に植え戻
す(次ページ)。
鉢のサイズを
大きくできる場合
（鉢替え、鉢増し）
一回り大きなサイズ
の鉢に植え替える
(34ページの植えつ
け参照)。

同じ鉢に植え替える手順（ユズの例）

1 鉢を倒し、鉢底から出た根はハサミで切り、株を引き抜く。鉢の側面をたたくと抜けやすい。

2 底の部分の根を用土ごと3〜5cm、剪定ノコギリなどで切り取る。

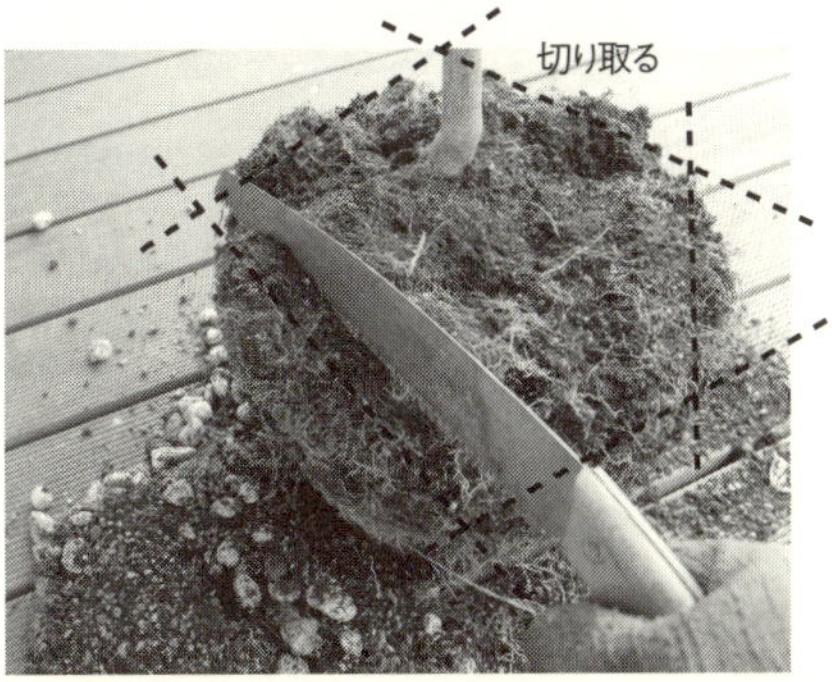
切り取る

3 株を起こして根の側面も同様に3〜5cm、剪定ノコギリなどで切り取る。株を回しながら、何回かに分けて切るとよい。

4 同じ鉢の底に鉢底石を3cm程度敷き詰め、新しい用土（33ページ）で植え戻す。

5 植え戻したらたっぷりと水をやる。水やり後に土が沈んだら、用土を足す。

鉢植えは、植え替えが実つきを左右します。根詰まりしたら、必ず植え替えましょう。

Q. 食べきれない果実を木にならせっぱなしにしてもよいですか？

A. 木が傷むので、適期に収穫して貯蔵しましょう

樹木が果実をつけている間は、呼吸などでエネルギーを消費するため、木に負担がかかります。「収穫しても使いきれない」からといって、**収穫適期を過ぎても果実をならせっぱなしにすると、木が疲れて翌年用の花芽の形成や枝への養分の貯蔵に悪影響を与え、翌年の実つきが悪くなることがあります。**ブルーベリーやイチジクなどのように、完熟した果実がひとりでにぽろっと落ちる果樹はあまり心配がいりませんが、柑橘《かんきつ》類などのように果梗（果実の軸）が硬くて落果しにくい果樹は、注意が必要です。

木を弱らせないためにも、おいしい果実を味わうためにも、完熟した果実はなるべく収穫適期内に、収穫を完了しましょう。収穫適期については、Chapter 4の栽培カレンダーを参考にしてください。たくさん収穫できた場合は、適期の範囲で収穫して食べきれない分を室内の涼しい場所に保存するか、ポリ袋などに入れて冷蔵庫の野菜室に入れると長期間貯蔵できる可能性があります。

ポリ袋に入れて冷蔵庫に

多くの果樹の果実は、ポリ袋に入れて、冷蔵庫の野菜室などに入れることで長期間貯蔵できる。何個かまとめてポリ袋に入れる（写真右）よりは、1個1個に分けて個装にした（写真左）ほうが日持ちしやすい。

果梗が硬い果樹は注意

ウンシュウミカン（写真）などの柑橘類やカキなどの果梗が硬くてしっかりしている果樹は、収穫するか鳥獣害の被害がないかぎりは長期間樹上に残り、木が弱る原因になることがあるので特に注意が必要。

Chapter 3
実つきをよくする剪定の基本

実つきをよくするためには、剪定が重要な作業となります。
本章では、どの果樹にも共通する剪定の基本を
解説しているので、しっかりとマスターしましょう。

Q. 剪定は、なぜ必要なのでしょうか？

A. 剪定で「枝を若返らせる」「果実がなる枝をつくる」からです

樹木には、収穫が目的の果樹のほかに、バラやサクラ、カエデなど、観賞や目隠しなどを目的とした植物があります。すべての樹木に共通の剪定と、**収穫を目的とした果樹に特化した剪定があるので、剪定の前に、「何のために切るのか」を考えておくことが大切です。**

樹木共通の剪定の目的 1 外見を整える

庭など人目につく場所の樹木は、枝が伸び放題になると見た目が汚くなります。そのため、庭木や街路樹は外見が美しくなるように、木の形を整えます。一方、果樹の場合は、「見た目優先」で剪定したり業者に委託したりすると、翌年の花つきや収穫が激減することがあります。

樹木共通の剪定の目的 2 木が大きくなるのを防ぐ

樹木は毎年のように枝を伸ばし、木を拡大するので、庭やベランダのように限られたスペースにおさめるために、木の拡大を抑え、範囲を縮小する必要があります。野山の樹木には不要なので、人が果樹を含めた樹木を利用することで、はじめて必要となる目的です。

樹木共通の剪定の目的 3 日当たりや風通しをよくする

枝が混み合うと、日当たりが悪くなって光合成の効率が落ち、枝葉や果実に行き渡る養分が少なくなります。また、風通しが悪くなると湿度が上昇し、べと病や黒点病といった糸状菌（カビの仲間）が原因の病気が発生しやすくなります。加えて、風通しや日当たりが悪い状態は、アブラムシ類などの害虫が生息しやすい環境です。そのため、枝を間引いて混み合わないようにします。

果樹の剪定の目的 1 枝を若返らせる

果樹は概して、4年以上経過した古い枝には徐々に新たな花芽（100ページ）がつきにくくなり、収穫量が減っ

剪定で実つきがよくなる仕組み

リンゴの例

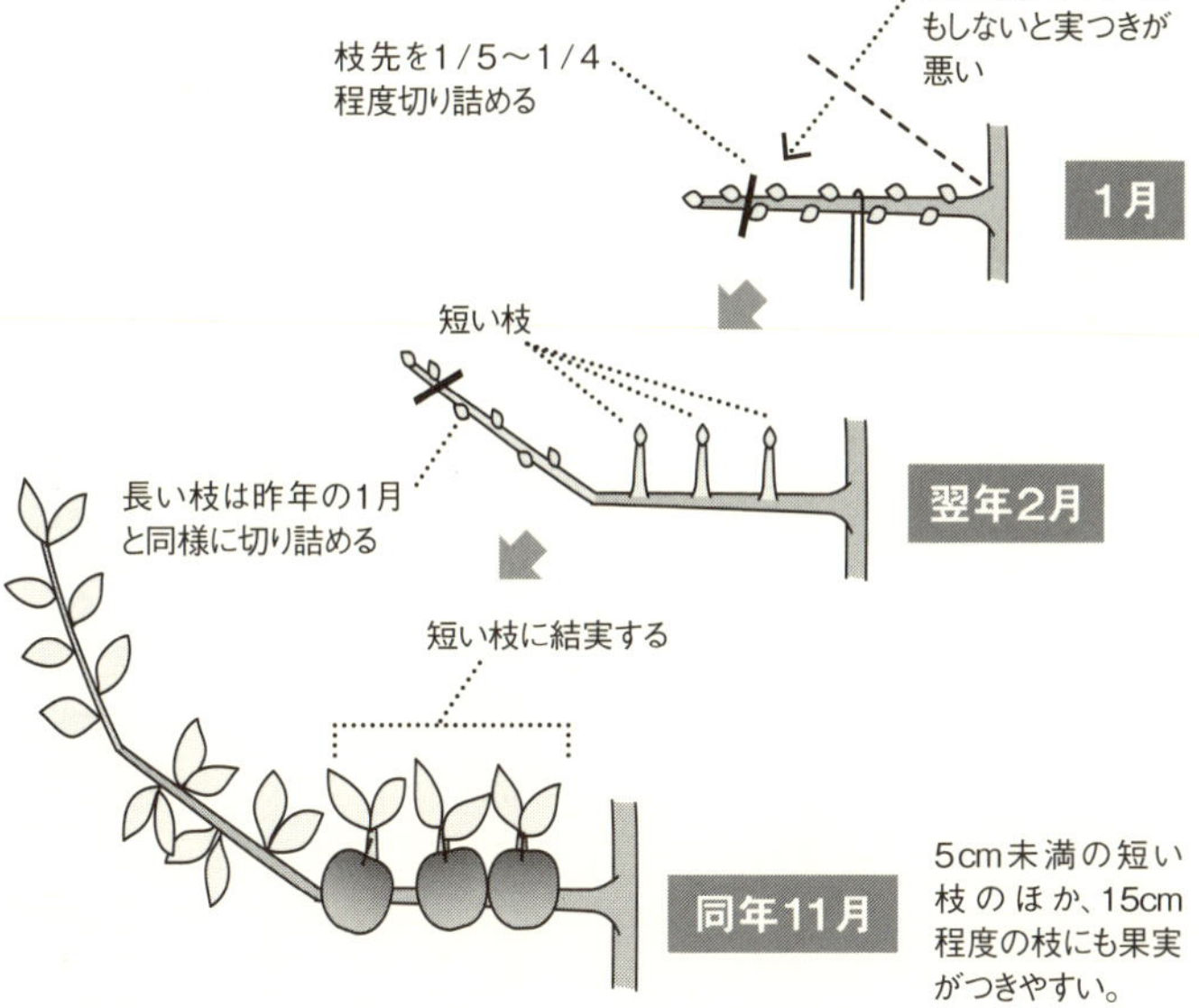
上向きの枝はひもなどで斜め〜横向きに誘引する。何もしないと実つきが悪い

ていきます。そのため、古い枝を剪定して新しい枝を発生させる必要があります。

春になると昨年に伸びた枝から芽吹き、若い枝（新梢）が発生しますが、枝を間引いて日当たりのよくなった場所は、そうでない場所に比べて新梢が発生しやすい傾向にあります。また、枝を途中で切り詰めた枝についても、そうでない枝に比べて新梢が発生しやすいです。（123ページ）。つまり、剪定すると木の内側からも新梢が発生し、収穫部位が拡大します。

一方、剪定をしないと、古木になるに従って木の内側に枝が発生しにくくなり、光が届いて枝が発生しやすい木の外周部に結実が限定され、収穫量が年々減少します。

毎年のように安定して高品質な果実を収穫するには、適度に枝を若返らせて、将来、結実する枝を用意しておく必要があります。そのため、剪定は非常に重要な作業なのです。

果樹の剪定の目的 2 花芽がつく枝を確保する

収穫量を確保するためには、花芽がたくさん必要です。そして、花芽のついた枝の確保には、誘引や摘心、施肥などさまざまな作業を組み合わせなければなりませんが、その中でも非常に重要なのが剪定です。

剪定で枝を切る際には、花芽を切り取りすぎないようにしつつ、花芽がつくような枝が発生するような切り方を心がけます。ただし、育てている果樹によって花芽のつき方などが異なるので、果樹ごとに剪定の仕方を変えることが重要になります（104〜107ページ）。

Q. 剪定は、いつ行ったらよいでしょうか？

A. 冬季剪定で本格的に切り、夏季剪定で微調整します

【冬季剪定の適期】

枝の生育が旺盛で、枝の内部に養分や水分などの樹液が盛んに流れている時期に枝を切ると、切り口から樹液が流れ出て養分や水分を失うほか、傷口がふさがりにくくなって枯れ込みが入ったり、病原菌に侵入されやすくなったりします。そのため、**一般的に本格的な剪定は、枝の生育が停止している12～3月**（冬季剪定）**に行います。**

落葉果樹の多くは寒さに強く、落葉後から萌芽する直前の**12～2月が冬季剪定の適期となります。**

常緑果樹は寒さに弱いので、真冬に枝を切ると木の内側に冷気が通り、寒さで木が傷みます。枝の生育が停滞しつつも**寒さが緩む3月ごろが、冬季剪定の適期です。**

熱帯果樹はさらに寒さに弱いので真冬の剪定は避けます。冬越しのために室内に取り込む前の11月に剪定すると、株がコンパクトになり扱いやすくなります。加えて寒さが緩んだ3月も適期です。

剪定（冬季剪定）の適期

分類ごとの大まかな適期		果樹名	果樹ごとの適期
落葉果樹	12～2月	ウメ	11～1月
		イチジク、カキ、キウイフルーツ、クリ、サクランボ、スモモ、ナシ、ブドウ、ブルーベリー、モモ、ラズベリーなど	12～2月
常緑果樹	3月ごろ	オリーブ、フェイジョアなど	2～3月
		柑橘類	2～4月
		ビワ	9月
熱帯果樹	11月、3月	グアバ、パパイア、パッションフルーツ、マンゴーなど	11月、3月

冬季剪定と夏季剪定

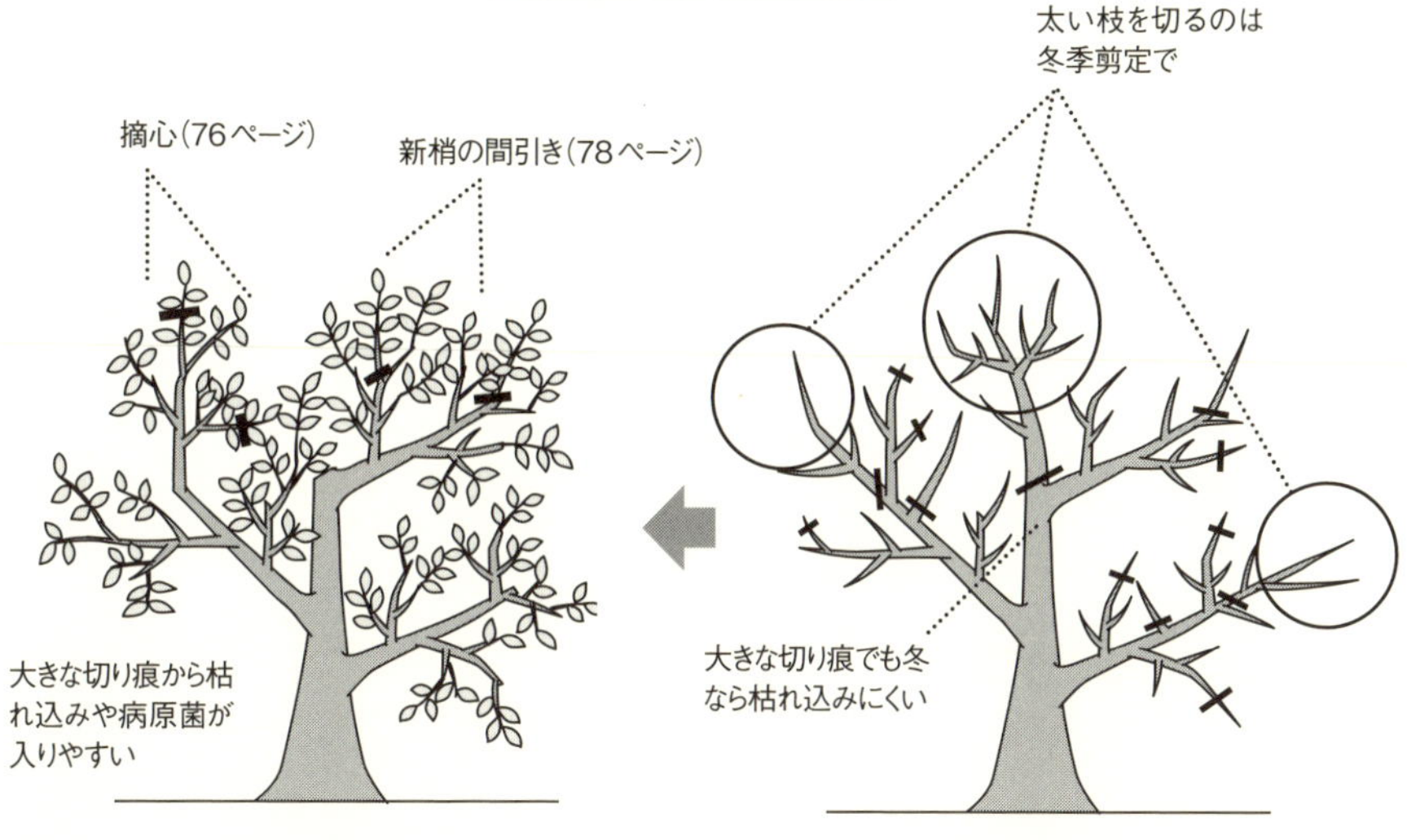

5～9月の夏季剪定

新梢のみを切って微調整する（76～79ページ）。

12～3月の冬季剪定

本格的に枝を切る（108～127ページ）。

【夏季剪定の適期】

適切に冬季剪定を行っても、夏に新梢が伸びすぎたり混み合ったりすることがあります。つまり、**冬季剪定では、春以降に発生する新梢の長さや量をコントロールしきれないので、新梢の生育が旺盛な5～9月に、新梢が伸びすぎないように摘心したり、伸びすぎた徒長枝を間引いたりする「夏季剪定」を積極的に行いましょう。**

ただし5～9月に、前年以降に伸びて茶色くなった太い枝を切り取ると、切り口が大きくなりすぎて、前述のように養水分のロスや枯れ込みの原因となります。夏季剪定は冬季剪定の微調整として、その年に伸びた緑色をした若い新梢の摘心や間引きを行う程度にします。

なお、「ウメは花後に切れ」という格言があり、特に観賞用の花ウメでは、開花完了後の4月に剪定することがあるようです。確かにウメを開花前の11～1月に剪定すると開花数が減るので、もったいなく感じます。しかし、開花後の4月は枝の樹液がかなり流れ始めている時期で、剪定すると、枯れないながらも枯れ込みや病原菌の侵入の恐れがあります。木のことを考えると、花ウメであっても開花前に剪定を完了させることが望ましいでしょう。

Q. 枝には、どんな種類がありますか？

A. 枝がつく部位や長さなどによって多くの名称があります

枝にはさまざまな種類があり、目的や時期によってさまざまな名称があります。同じ枝であっても見ている視点が違うと、異なる名称でよばれることもあるのです。例えば下図の長果枝（長い枝）や中果枝（中程度の枝）などは長さで分類されていますが、つく位置に注目してみると、そのすべてが側枝の一部ということになります。

下記のほかにも、枝が伸びた時期によって、その年に伸びた枝を当年枝、前年に伸びた枝を前年枝とよぶほか、101ページの純正花芽がつく枝を結果枝、混合花芽がつく枝を結果母枝とよびます。また、不要な枝（117ページ）では徒長枝やひこばえなどの名称もあります。

本書では初心者でも気軽に読めるように、短果枝は「短い枝」、前年枝は「前年に伸びた枝」という具合に、専門用語をなるべく使用しないで解説するように心がけていますが、やむをえず専門用語を使用している場合もあります。

枝の名称

枝のつく位置による名称

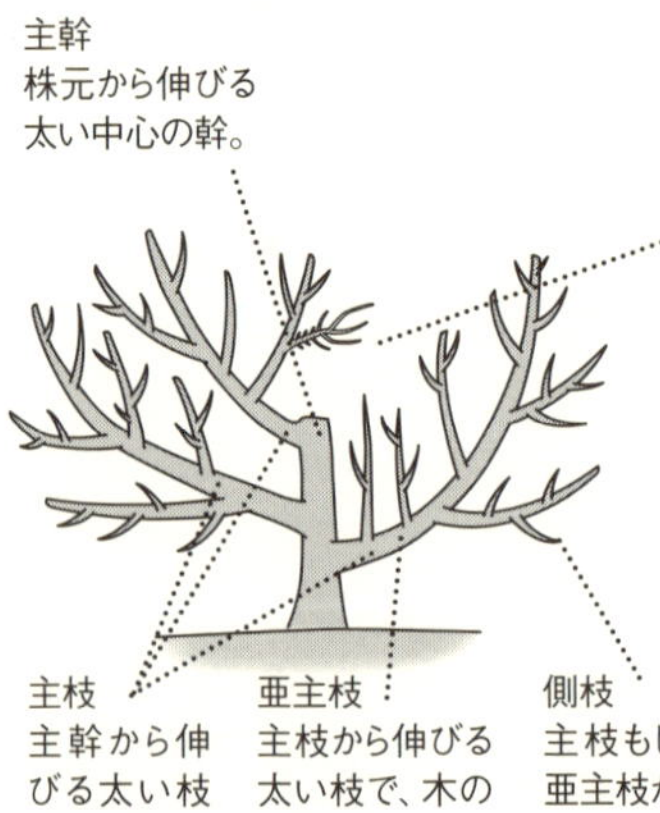
主幹から伸びる太い枝で、木の骨格となる。
主枝から伸びる太い枝で、木の骨格となる。
主枝もしくは亜主枝から伸びる末端の枝の総称。

枝の長さによる名称

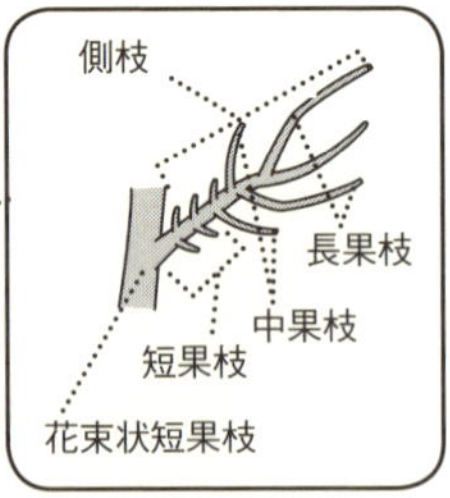

結果枝

側枝の一部で、花・果実がつく枝。枝の長さによって長果枝（30cm以上）、中果枝（10～20cm）、短果枝（15cm以下）に分かれるが、これらの長さはあくまで目安である。

Q. 剪定作業に必要な道具を教えてください

A. 剪定バサミ、剪定ノコギリ、癒合促進剤は必須です

剪定に必要な道具や資材をまとめました。

必須の道具や資材

癒合促進剤

切り口に塗り、枯れ込みや病原菌が入るのを防ぐ。殺菌剤入りの商品がおすすめ。

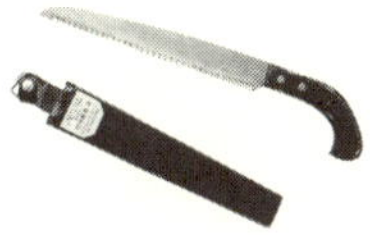

剪定ノコギリ

太い枝を切る際に使用するほか、植え替えで根を切る際にも使用する。剪定専用のノコギリが望ましい。

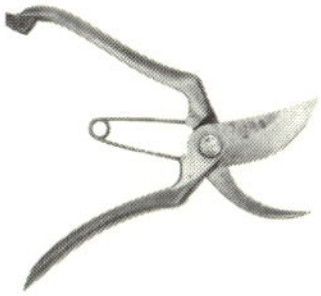

剪定バサミ

枝などを切る際に活躍する。最も使用頻度が高いので、多少高価でも上等なものにすると、作業性が格段に向上する。

あると便利な道具や資材

脚立や高枝切りバサミ

高い位置にある枝を切る際に使用する。収穫など他の作業にも使用する。

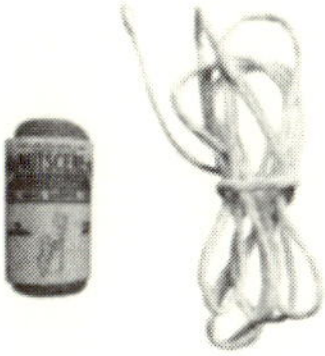

ひも

剪定後の枝の誘引や、剪定した枝をまとめる際などに使用する。

ガーデングローブ

剪定時の傷や汚れなどから手を守る。柑橘類などトゲがある果樹の栽培では、極力使用したい。

Q. 剪定バサミや剪定ノコギリの使い方を教えてください

A. ハサミは切り刃、ノコギリは引く動きを意識します

剪定バサミは、刃が「切り刃」と「受け刃」に分かれています。何も意識しなくてもハサミにものをはさんで力を加えれば切れますが、**実際に切っているのは切り刃なので、ハサミを握る際は、切り刃につながる持ち手に、人さし指から小指の４本がかかるようにすると、効率的に刃に力が伝わります。**また、切り口をきれいに仕上げたい場合は、切り刃が下向きになるように切る（残す枝の側を「切り刃」側にする）とよいでしょう。

剪定ノコギリは片刃なので、持ち方のコツは特にありませんが、日曜大工のノコギリと同様に、引く際に力をいれるとよく切れます。押し出す際には力を軽く抜き、引くときに力を入れるとよいでしょう。また、切っている際にノコギリが枝の重みによって、枝と枝の間に強くはさまると切りにくいので、ノコギリを持っていないほうの手で切っている枝をしっかりと支えて、ノコギリがはさまるのを防ぐようにすることも重要です。

剪定ノコギリの使い方

「押し出す」「引く」の両方に力を込めると、力と時間の無駄となるので、「引く」際に特に意識を集中させる。

剪定バサミの持ち方

より力が入る人さし指から小指の４本を切り刃側にしたほうが切りやすい。けがをしないようにすることが一番大事。

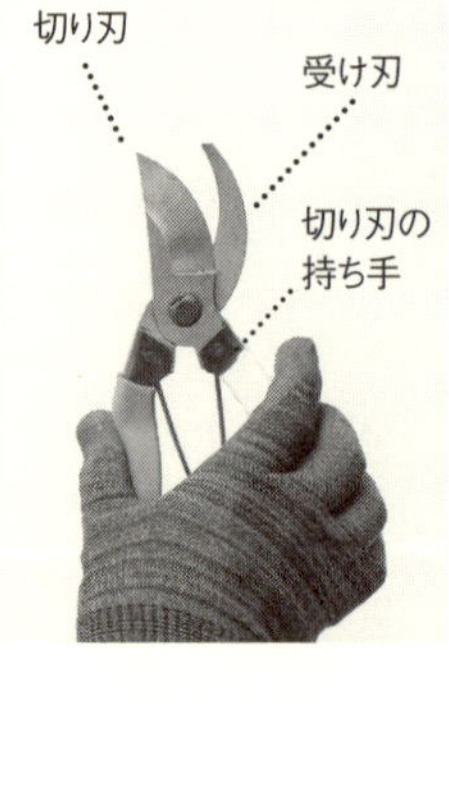

Q. 道具の手入れと保管方法を教えてください

A. 使用後はぬるま湯で洗い、しっかり乾かします

使用後の剪定バサミや剪定ノコギリの切っ先は、樹液や切りかすが付着して黒く変色しています。放置すると次回以降の使用時に切りにくくなるほか、さびの原因にもなります。**使用した後は、毎回洗ってきれいにするのが理想的です。**洗い方はさまざまですが、ぬるま湯に切っ先をつけて手やブラシで丁寧にこすると、こびりついた樹液を洗い流せます。

洗った道具はよく拭いて、ハサミは開いて、ノコギリは鞘から出したままにして一晩しっかり乾かせば、さびる心配はありません。ただし、1週間以上使用しない場合は、水気がなくてもさびることがあるので、潤滑油を塗ってから保管します。

剪定バサミの切れ味が落ちてきたら、砥石などで刃を研ぎましょう。その際、ねじを外して分解して研ぐと、組み立てたときの調整がむずかしいので、分解せずに研ぐことをおすすめします。

剪定バサミの手入れ

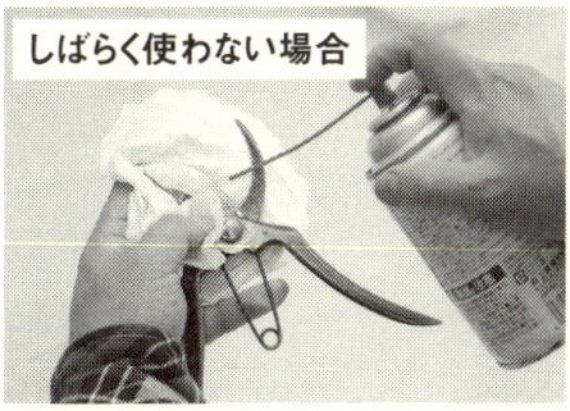

1週間以上使用しない場合は、潤滑油を塗ってきれいに拭き取り、水気のないところで保管する。

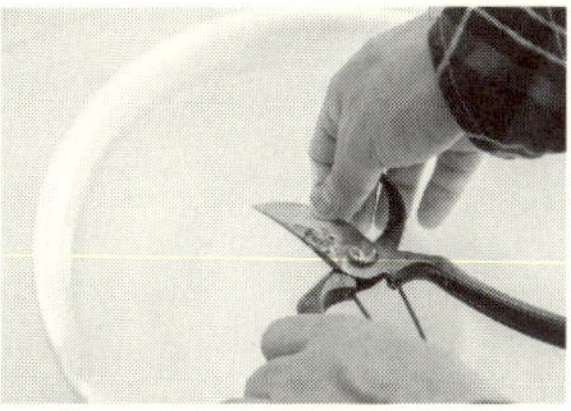

1 布などで汚れが落ちきらない時は、ぬるま湯で汚れを落とす。

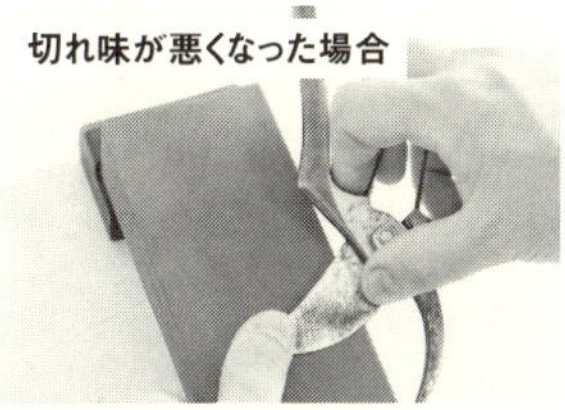

切れ味が悪くなったら砥石で研ぐ。さび取りではなく、切っ先を鋭利にするのが目的。

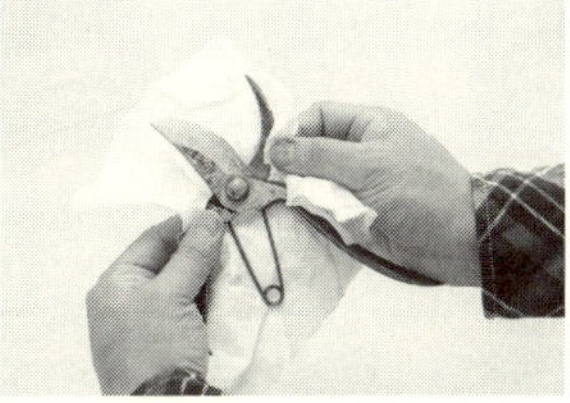

2 水気を拭き取り鞘などに入れず、一晩しっかりと乾かす。

Q. 剪定の際に、特に知っておくべきことは何ですか？

A. 花芽から枝が伸びて果実がつくことを知っておきましょう

冬季剪定で枝を切る際に特に重要なのが、「花芽（はなめ、かが）」と「葉芽（はめ、ようが）」を理解しているかどうかです。育てている果樹の花芽と葉芽の位置が分かれば、翌シーズンに果実がなる位置をイメージしながら枝を切ることができます。逆に言うと、花芽と葉芽が分からないと、翌年の果実がつく位置がイメージできず、外観を重視して剪定することになります。果樹の剪定法をマスターするには、まず花芽と葉芽について理解しましょう。

冬季剪定の適期に枝を観察すると、冬芽（ふゆめ、とうが）とよばれる芽があります。落葉果樹は落葉しているので、枝に冬芽のみが見られます。常緑果樹と熱帯果樹は冬に落葉はしないので、冬芽は葉のつけ根に隠れるようについています。

冬芽からは翌春に新梢が伸びますが、花や果実がつく花芽と、花や果実がつかない葉芽の2つに分かれます。すべての果樹は、花芽と葉芽を両方もちます。

冬芽の位置

3月のレモン（常緑果樹）

常緑果樹は葉のつけ根に冬芽が隠れている。レモンは花芽と葉芽が外見では区別しにくい（103ページ）。

□＝冬芽（花芽か葉芽か区別しにくい）

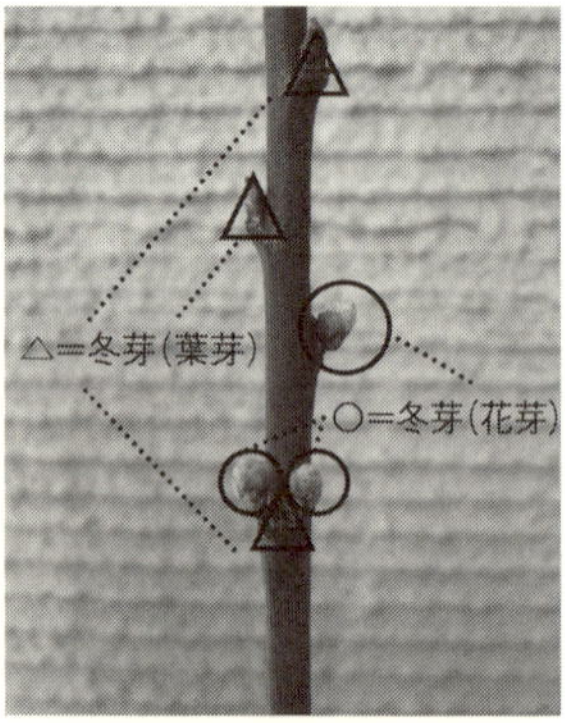

2月のモモ（落葉果樹）

落葉果樹は剪定適期には冬芽しか残っていないので観察しやすい。モモは大きいのが花芽、小さいのが葉芽と外見で区別できる（103ページ）。

花芽はその名の通り、花芽から伸びた枝に花が咲き果実がつきます。枝に花芽がないか、剪定ですべての花芽を切り取ると、翌シーズンの収穫はできません。一方、葉芽から伸びた枝には葉しかつきません。ただし、開花し果実が肥大するための養分は葉でつくられるので、葉芽も重要な冬芽といえます。

さらに、花芽は「純正花芽」と「混合花芽」に分かれ、果樹の種類によりどちらの花芽のタイプとなるかが決まっています（下図）。純正花芽は枝が少しだけ伸びて、その先に1つもしくは複数の花が咲き、果実へと成長します。この際に伸びた枝は収穫時には果梗《かこう》（果柄《かへい》ともいう）とよばれ、葉はつかず花や果実を支える軸になります。混合花芽は、枝が伸びて葉をつけ、葉のつけ根や枝の先端に花や果実をつけます。純正花芽か混合花芽かを区別するには、果実がついている枝の葉の有無を確認するとよいでしょう。

剪定の際には、切ろうとしている枝に収穫を左右する花芽があるかもしれないと意識しましょう。花芽と葉芽を外見で区別できる果樹とできない果樹があり（103ページ）、花芽がつく位置（105ページ）も果樹によって異なりますが、これらを理解することが、実つきをよくする剪定を行うためには、極めて重要です。

純正花芽タイプ

（ブルーベリーの例）

純正花芽
葉芽
冬の枝
純正花芽から伸びた枝には果実だけがつく
葉芽から伸びた枝には葉のみがつく
翌秋の枝

※純正花芽を「花芽」、混合花芽を「混芽」とよぶことがある。

純正花芽をつける果樹

主な果樹:ブルーベリー、ウメ、モモ、スモモ、サクランボ、ジューンベリー、ビワ、オリーブなど。

混合花芽タイプ

（カキの例）

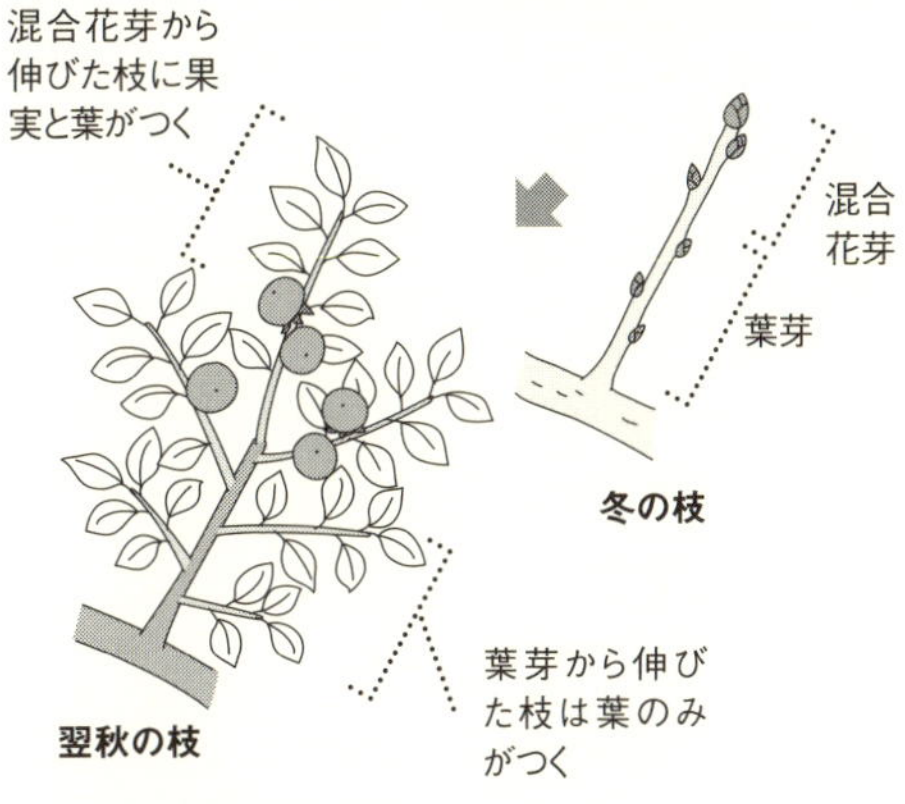
混合花芽から伸びた枝に果実と葉がつく
混合花芽
葉芽
冬の枝
葉芽から伸びた枝は葉のみがつく
翌秋の枝

混合花芽をつける果樹

主な果樹:カキ、リンゴ、ナシ、ブドウ、キウイフルーツ、ラズベリー、ブラックベリー、クリ、柑橘類など。

Q. 花芽は、いつできるのですか？

A. 多くの果樹は、開花する1年前の初夏ごろからです

花芽は、花が咲く時期よりもずっと前からでき始めます。

例えば、ブドウの開花は5月ごろですが、その1年前の5月ごろから葉のつけ根で花芽ができ始め、10月までには大部分が完成します。ほかにも多くの果樹において開花の前年の6〜7月に花芽ができ始めます。5〜9月は果実が肥大する時期に重なるため、果実をならせすぎると養分不足や植物ホルモンの影響で花芽ができず、翌年の実つきが悪くなることがあります（66〜67ページ）。

このように花芽は前年の夏ごろからできますが、例外として、クリの雄花の花芽は前年の7月にできますが、雌花の花芽は開花直前の4月にできます。ビワは7月に花芽ができはじめ、4ヵ月後の11月に開花します。柑橘《かんきつ》類は越冬中の1〜3月に花芽ができ、直後の5月に開花します。また、イチジク（秋果：8〜10月収穫の果実）やキンカンは、剪定を行う時期の枝には花芽が存在せず、7月ごろに新梢が伸びながら葉のつけ根で花芽ができ、その直後に結実します。

花芽ができ始める時期

果樹名	時期
ブドウ	開花前年の５月
ニホンナシ	開花前年の６月
リンゴ	開花前年の７月
カキ	開花前年の７月
サクランボ	開花前年の７月
モモ	開花前年の７月
ウメ	開花前年の７月
ブルーベリー	開花前年の７月
キウイフルーツ	開花前年の７月
イチジク	開花前年の７月
クリ	開花前年の７月（雄花）、開花直前の４月（雌花）
ビワ	開花直前の７月
柑橘類	開花直前の１月

※上記の時期は目安で気候や品種などによって異なる

Q. 花芽と葉芽は、見分けることができますか？

A. 見分けることができる果樹と、できない果樹があります

冬芽には花芽と葉芽があり、剪定時に必要以上に花芽を切り取らないような注意が必要です（122ページ）。そこで重要なのが、花芽と葉芽を見分けられるか、見分けられないかです。例えばブルーベリー（下写真）は、花芽が葉芽よりも大きく、外見で区別しやすい果樹です。

ブルーベリーのように花芽と葉芽を見分けられる果樹は、剪定時に花芽を確認しながら、必要以上に切らないようにします。特に切り返し剪定（120ページ）を行う際には、注意が必要です。ただし、花芽のある枝をすべて切り詰めないと、枝を若返らせることができないので、切り詰める枝と切り詰めない枝のメリハリをつけて剪定します。

花芽と葉芽を区別しにくい果樹は、105ページで解説する花芽のつく位置を参考にして切り詰める枝や位置を判断します。例えば花芽が先端につく果樹では、翌シーズンに結実させたい枝はなるべく枝先を切り詰めないようにします。

花芽と葉芽の区別

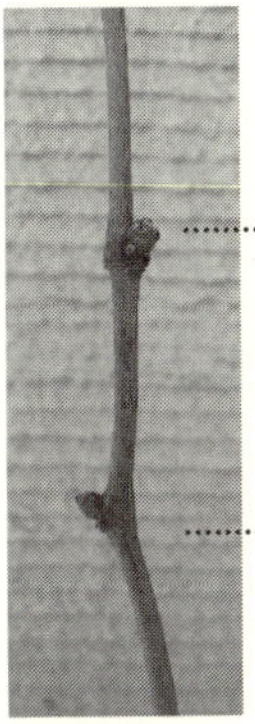
花芽と葉芽の区別が外見ではつきにくい

花芽と葉芽の区別がつきにくい果樹（ブドウの例）

主な果樹:ブドウ、カキ、キウイフルーツ、スモモ、サクランボ、ラズベリー、ブラックベリー、イチジク、柑橘類、ビワ、オリーブなど。

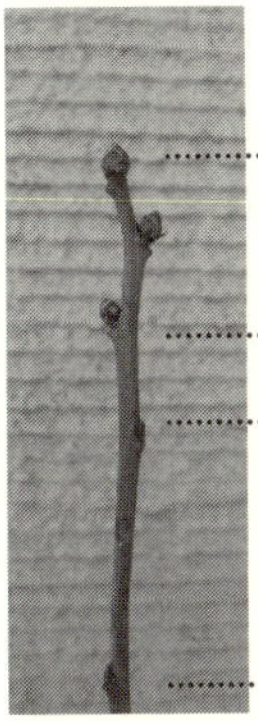
大きくて先端が丸いのが花芽（純正花芽）
小さくて先端が尖っているのが葉芽

花芽と葉芽の区別がつきやすい果樹（ブルーベリーの例）

主な果樹:ブルーベリー、ウメ、リンゴ、ナシ、モモ、ジューンベリーなど。

※剪定適期の状態での、花芽と葉芽の区別の可否を示している

Q. 花芽は、枝のどの部分につきますか？

A. 当年枝の先端付近につく果樹と、全域につく果樹があります

【花芽と葉芽を区別する】

花芽と葉芽が外見から区別できる果樹（103ページ）は、花芽を目で確認しつつ、切り取りすぎないように意識しながら剪定することができます。一方、花芽と葉芽の区別がつきにくい果樹は、花芽の位置が分からないので、どこで切ってよいのか不安になります。その場合は花芽が枝のどの部分につくのか、その傾向を把握して切りましょう（次ページ）。

まず、すべての果樹の花芽（葉芽も）は、今シーズンに伸びた枝（当年枝）にしかつきません。2月に剪定する果樹は、その4～10ヵ月前に伸びた枝に花芽がつきます。つまり、発生から2年以上経過した太い枝（前年枝など）には花芽が直接つかないので、果樹を結実させるには、毎年新しい枝を発生させる必要があります。加えて、花芽がつく位置を知るためには、目の前の枝が何年目の枝かを見極めること（125ページ）も重要なポイントとなります。

花芽は当年枝につく

花芽は今シーズンに伸びた枝（当年枝）にしかつかない。

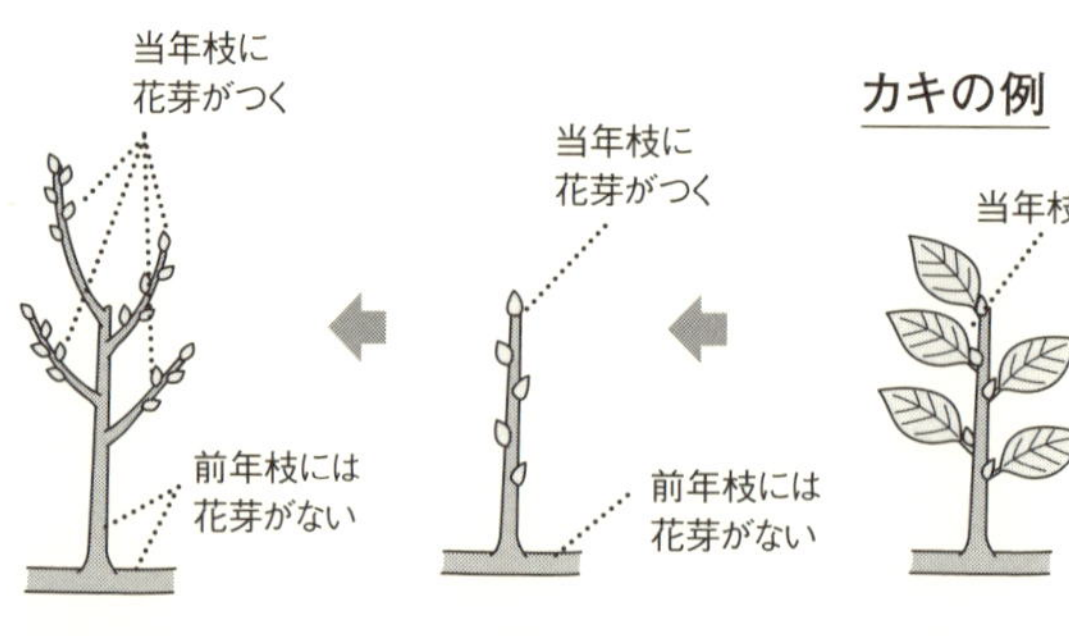

【花芽のつき方は2種類】

花芽が前シーズンに伸びた枝のどこにつくかは、果樹によって異なります。ブルーベリーやカキなどは、枝の先端付近の1～5芽にしか花芽がつかず、それよりもつけ根側にある冬芽はほぼ葉芽です。このように花芽が枝の先端のみにつく果樹は、剪定時に枝先を切り詰めると、大部分の花芽がなくなるので、注意が必要です。ただし、花芽がなくなるのを恐れて枝先をまったく切り詰めないと、若く充実した枝が発生せず、老木化とともに全体の実つきが悪くなるので、「切り詰めずに翌シーズンに結実させる枝」と、「切り詰めて翌々シーズン以降に結実させる枝（翌年は開花しないが若くて充実した枝を発生させる）」両方を毎年用意しましょう。

一方、花芽が枝の全域に点在して、すべての枝先を切り詰めても花芽が残りやすい果樹もあります。例えばブドウやキウイフルーツなどは花芽が広く分布しており、すべての枝先を切り詰めても、花芽を切りすぎて収穫量が激減するということは少ないため、積極的に枝先を切り詰めます。他方、ウメやモモ、オリーブなどは、同じく花芽が広く分布しているものの、枝を切り詰めすぎると徒長枝が発生して実つきが悪くなります。そこで、すべての枝の先端を1/5～1/3切り詰めます。

花芽がつく位置

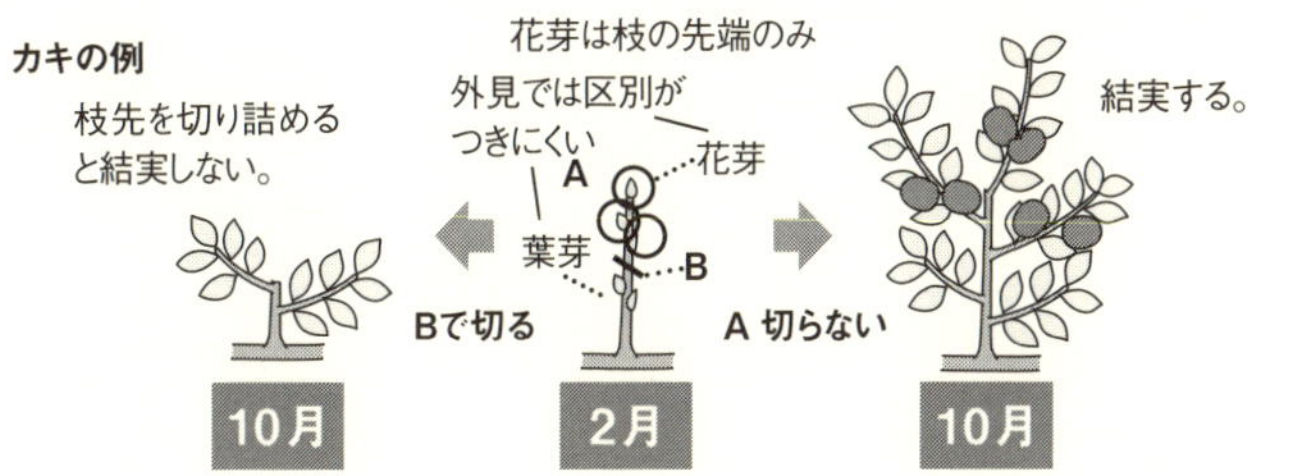

花芽が枝の先端付近につく果樹

主な果樹:カキ、ブルーベリー、クリ、柑橘類、ビワ、フェイジョア、ジューンベリーなど。

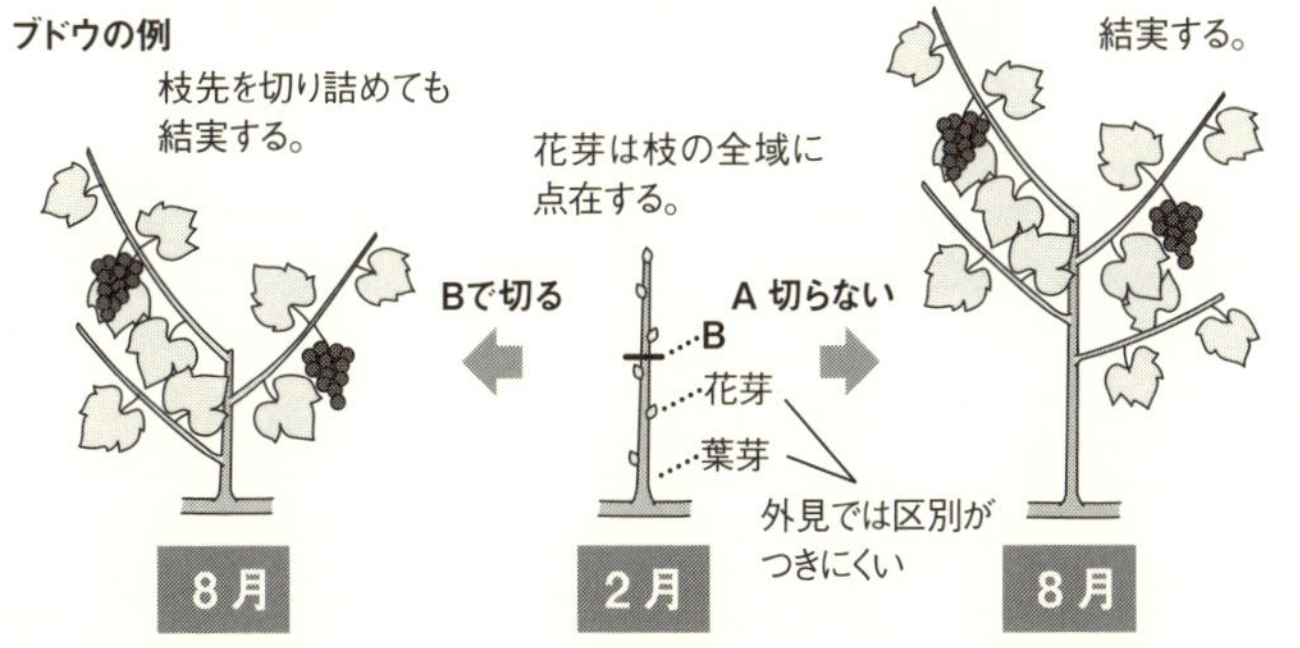

花芽が枝の全域に点在する果樹

主な果樹:ブドウ、ウメ、キウイフルーツ、リンゴ、ナシ、モモ、スモモ、サクランボ、ラズベリー、ブラックベリー、オリーブなど。

花芽と葉芽の区別がつきにくい

花芽が枝の先端付近につく

カキタイプ

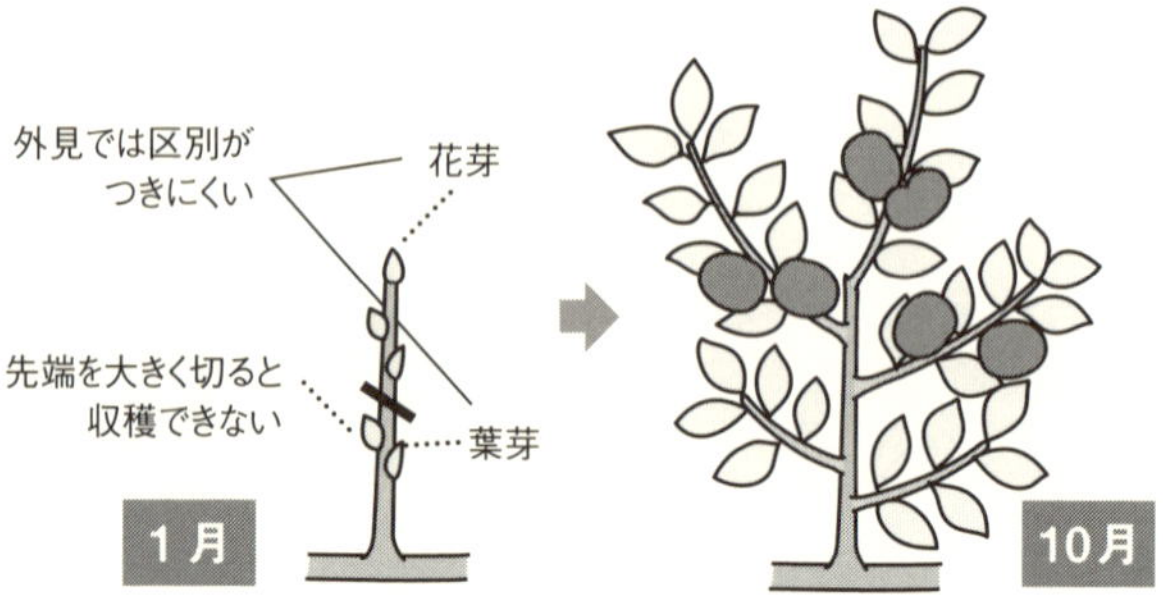

果実をつけたい枝については、切り詰めない。長い枝については、1/3〜1/4程度切り詰めて、充実した枝を発生させ、翌々年以降に果実をつけさせる。

純正花芽	混合花芽
ビワ	カキ、クリ、柑橘類、フェイジョア

花芽と葉芽の区別がつきにくい

花芽が枝の全域に点在する

ブドウタイプ

どこで切り詰めても花芽は残る。古い部分の枝をなるべく減らし、枝を若返らせる必要がある。枝の先端から1/3〜2/3程度切り詰めるとよい。果樹によっては1〜2芽を残してバッサリ切り詰める。

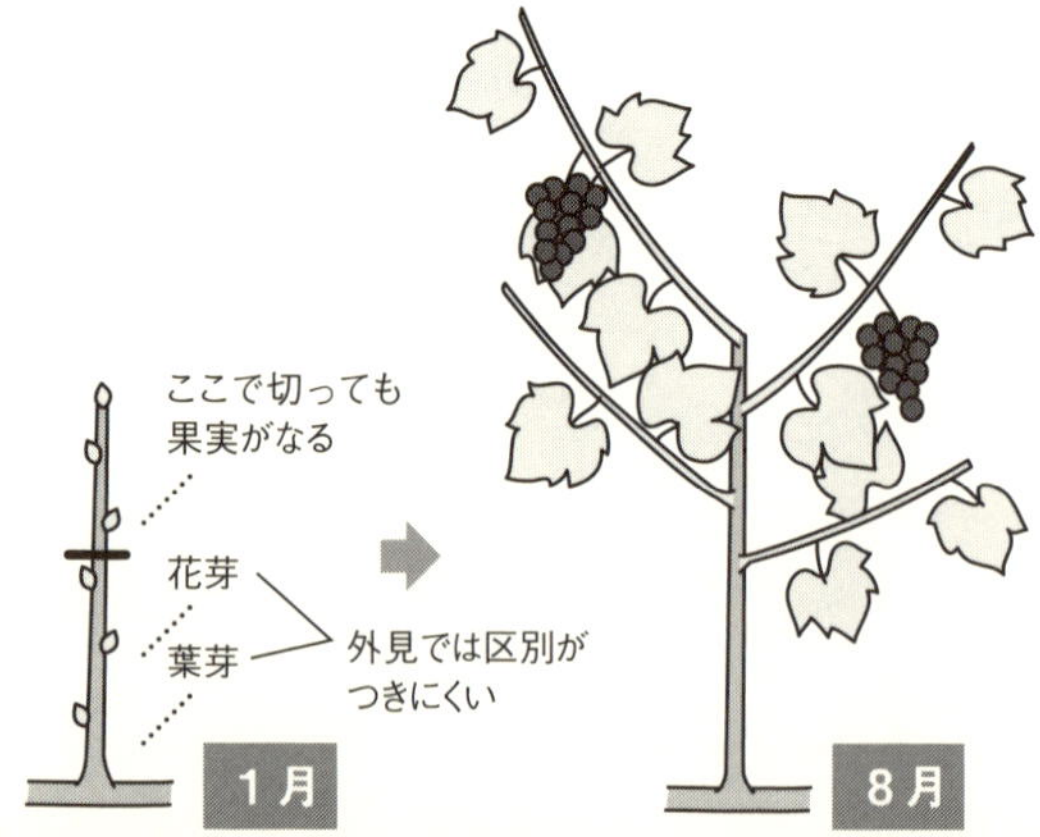

純正花芽	混合花芽
オリーブ、イチジク(秋果専用種、夏秋果兼用種※2) パッションフルーツ	ラズベリー、ブラックベリー、ブドウ、キウイフルーツ

＊上記のタイプ分けや花芽の切り方については多くの例外がある
＊1＝スモモ、サクランボ、グミ、フサスグリ、スグリは花芽と葉芽の区別がつきにくいが、枝の切り方はウメタイプ
＊2＝イチジクの夏秋果兼用種は夏果の花芽の区別がつきやすいが、枝の切り方はブドウタイプ

花芽と葉芽の区別がつきやすい

花芽が枝の先端付近につく

ブルーベリータイプ

果実をつけたい枝については、切り詰めないか、花芽を確認しながら少しだけ切り詰める。長い枝については、1/3〜1/4程度切り詰めて、充実した枝を発生させ、翌々年以降に果実をつけさせる。

純正花芽	混合花芽
ブルーベリー、イチジク（夏果専用種）	ジューンベリー

花芽と葉芽の区別がつきやすい

花芽が枝の全域に点在する

ウメタイプ

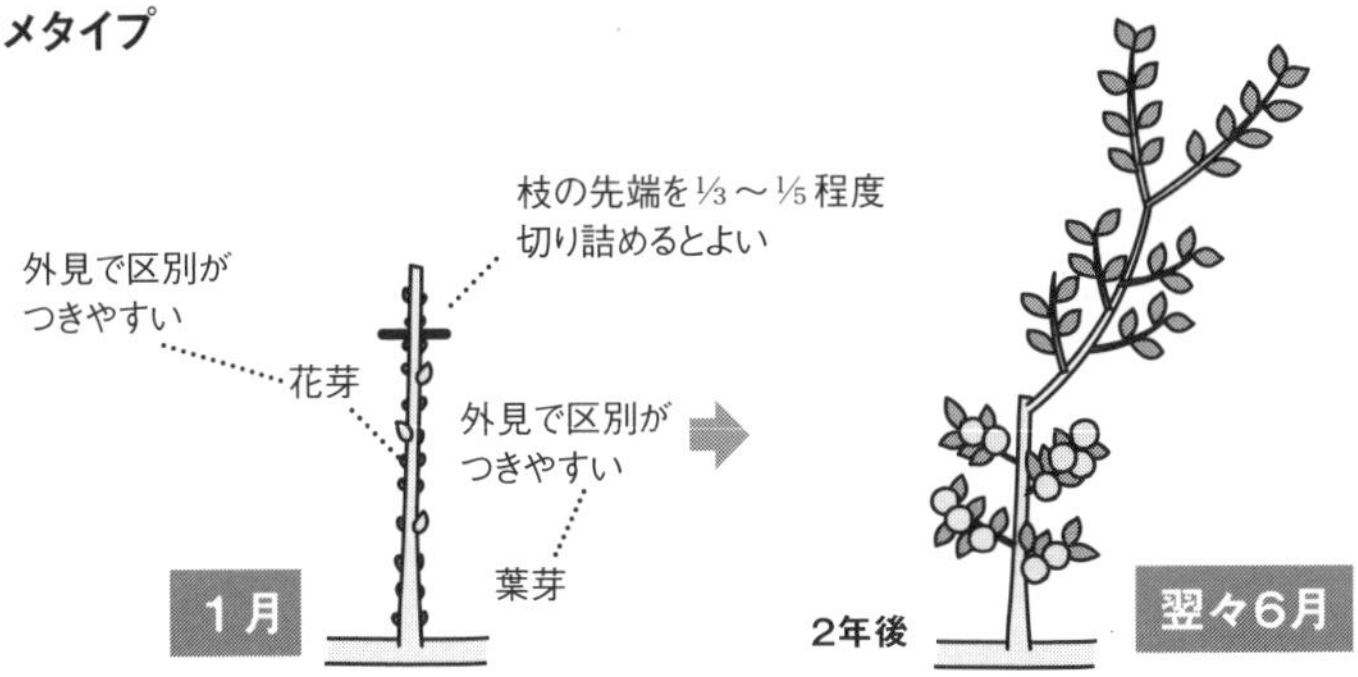

どこで切り詰めても花芽は残るが、実つきがよい短い枝（短果枝）を発生させるため、枝の先端から1/5〜1/4を切り詰める程度にとどめる。結実するようになるには、枝を切り詰めてから2年程度かかる。

純正花芽	混合花芽
ウメ、モモ、ネクタリン、スモモ[*1]、サクランボ[*1] アーモンド、ポポー、フサスグリ[*1]	リンゴ、ナシ、グミ[*1]、スグリ[*1]

Q. 剪定の流れを教えてください

A. 剪定には3種類あります。手順ごとに理解しましょう

「剪定をしようとしていざ木の前に立ってみると、どこから手をつけてよいか分からない」という方が多いようです。どこから切ってよいか、分からなくなったら、

手順1　太い枝を切って樹高を低くする（切り戻し剪定）
手順2　不要な枝をつけ根で切り取る（間引き剪定）
手順3　残した枝の先端を切り詰める（切り返し剪定）

の3つに整理して理解しましょう。手順1〜3は、手の届く範囲で一気に行ってかまいません。

手順1では「切り戻し剪定」、手順2では「間引き剪定」、手順3では「切り返し剪定」を行います（下図）。切り戻し剪定と間引き剪定（手順1〜2）は枝数を減らす切り方で、日当たりや風通しはよくなるものの、光合成を担うべき葉の枚数が減少するので、木が弱る傾向にあります。一方、切り返し剪定（手順3）は当年枝を切り詰める切り方で、充実した枝が発生して葉の枚数がふえることで木が若返り、木の活力が強くなる傾向にあります。

剪定の3つの種類

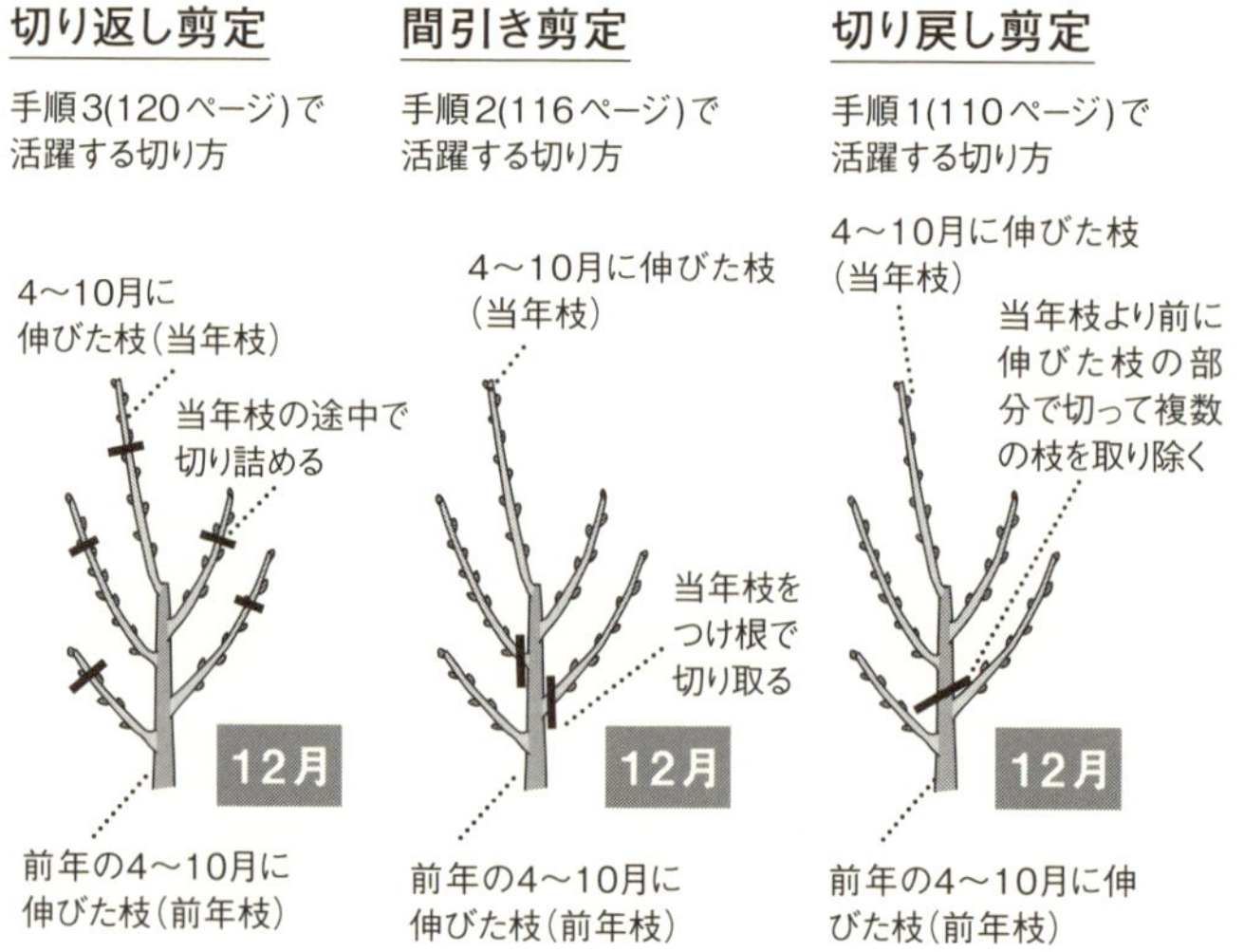

手順3(120ページ)で活躍する切り方

手順2(116ページ)で活躍する切り方

手順1(110ページ)で活躍する切り方

冬季剪定の手順

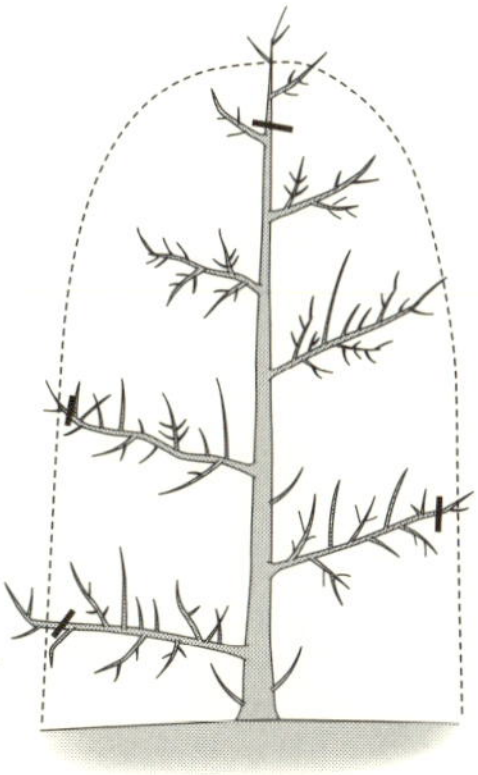

手順1 太い枝を切って樹高を低くする

(110～115ページ)

まずは、木をどのような輪郭に整えるかイメージし(左図点線)、木が大きくなっている場合は、高さとともに横への広がりを抑えるために、太い枝(複数でもよい)を一度に切り取る(ただし切り取る長さは50cm以内)。樹高が高くない場合は手順2から始める。

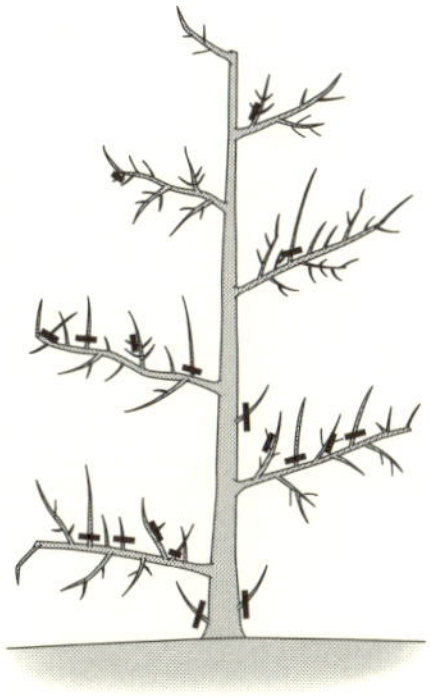

手順2 不要な枝をつけ根で切る

(116～119ページ)

次に、日当たりや風通しをよくするために、不要な枝をつけ根で間引く。切り残しが少しでもあると、その部位から徒長枝が発生しやすいので注意。不要な枝の種類や間引く枝の量は果樹によって異なる。

手順3 残した枝の先端を切り詰める

(120～125ページ)

最後に、残った枝の先端を切り詰めて、充実した枝の発生を促す。切り詰めることで花芽がなくなる果樹もあるので注意。育てている果樹の花芽(100～107ページ)について知り、切り詰める枝の割合や長さを調整する。

※木の全体で手順1が終わるまでは、手順2に移ってはいけないということはない。手順1～3を意識しながら、手の届く範囲内ですべての手順を終わらせてもよい。

冬季剪定の手順 1

太い枝を切って樹高を低くする

枝を切る前に、剪定の方針を立てる必要があります。木を今よりも拡大させたいのか、縮小して樹高を低くしたいのか、方針によって切り方が変わるからです。木を拡大させたい場合は、手順1は不要なので116ページの手順2に進みます。**縮小させたい場合は、まずは木をどんな形に整理したいのか、漠然した輪郭（下図の点線）をイメージしましょう。どのようにして切りたいか、その方針やイメージをもつだけで、剪定の技術が格段に上達します。**

輪郭となる点線をイメージしたら、その点線からはみ出している枝が手順1で剪定する対象の枝となります。しかし、はみ出している場所に剪定ノコギリを当てて、ピンポイントで切ると、多くの場合はとても中途半端な位置で切ることになるか、4～10月に伸びた当年枝を途中で切ることになります。当年枝は途中で切り詰めると、充実した長い枝や場合によっては徒長枝が発生する傾向にあるので（123ページ）、樹高を低くしたい場合には逆効果になることがほとんどです。

そこで、輪郭の線に近く、どの枝も輪郭に触れていない

手順1

太い枝を切って樹高を低くする

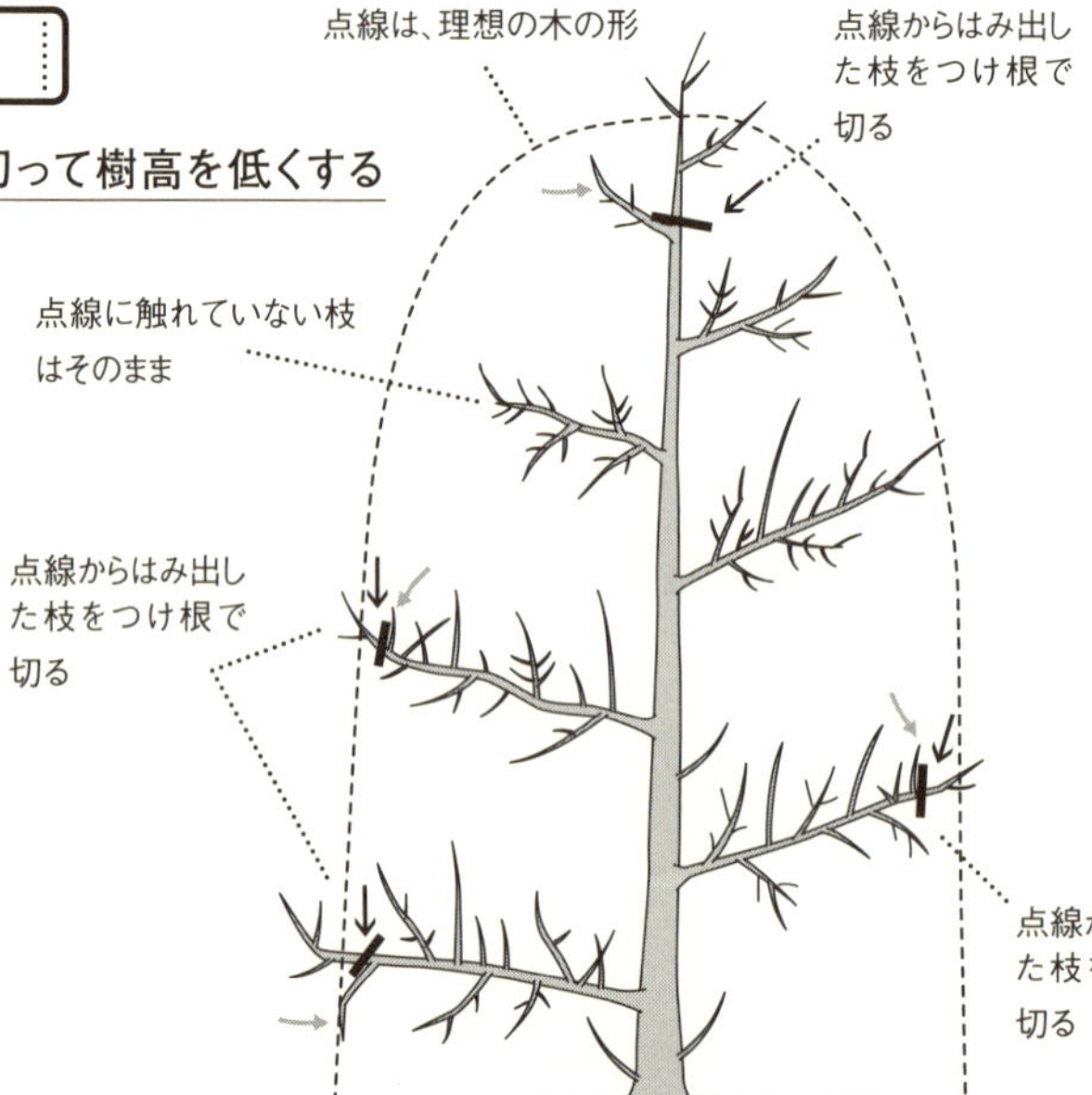
点線からはみ出した枝をつけ根で切る

枝のつけ根まで切るとよいでしょう。この切り方の場合は徒長枝が発生しにくくなります。

この際に利用する切り方が「切り戻し剪定」とよばれる切り方です（下図）。当年枝よりも前に伸びた太い枝の部分で切って、複数の枝をまとめて切り取る方法で、枝全体の長さが昔の位置まで戻ります。

手順1で最も注意しなければならないのが、枝の切りすぎです。一度に多くの枝を切り取りすぎると、それが切り戻し剪定であっても、切り口付近から大量の徒長枝が発生して、数年間は実つきが悪くなります。また、切り口が大きすぎると木が弱って、枯れることもあります。1年間で切り下げる前年枝以前の枝の長さは50cm程度にとどめるのが無難です（114〜115ページ）。また、切る部分が中途半端な位置で切り残しがある場合も枯れ込みが入って悪影響があるので、注意が必要です（112ページ）。

以上の工程を経て切った切り口は大きく、そのまま放置すると切り口から枯れていき、枯れた部分が徐々に拡大することがあります。木の骨格となる部分が枯れると木の生育自体に大きく影響するので、必ずつぎ木ナイフや小刀などで切り口を整え、癒合促進剤を塗りましょう（127ページ）。

Column

切り方の名称について

切り方の名称は、分野や業界によって異なり、統一されていません。本書の「切り返し剪定」を造園・樹木の分野では、「切り戻し剪定」ということがあります。

切り戻し剪定

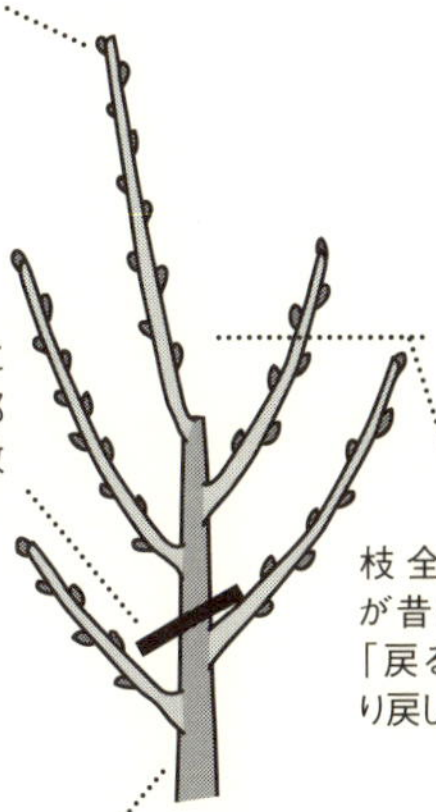
4〜10月に伸びた枝
（当年枝）
当年枝より前に伸びた枝の部分で切って複数の枝を取り除く
枝全体の長さが昔の位置まで「戻る」ので、切り戻し剪定という
前年の4〜10月に伸びた枝（前年枝）
12月

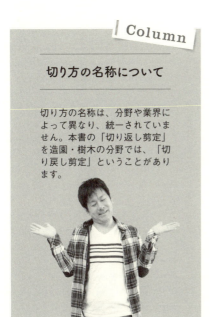

Q. 太い枝の切り方を教えてください

A. 太い枝は、切り残しすぎず、切り取りすぎない位置が最適です

剪定ノコギリを必要とするほど太い枝は、切り口が早くふさがるように、正しく切らなければなりません。

まず、絶対に避けたいのが、下図のAの位置で切ってそのまま枝を残すことです。切り口がふさがらず枯れ込み始め、枯れ込みが幹にまで進み、周囲の枝を枯らすことになります。Aの位置で剪定すると、切り残した部分に先端になる枝や葉芽がないため、翌春に新梢が発生しにくく、内部の養水分の流れが止まり、枯れ込む原因になります。

次に、Cの位置での剪定は、切り残しがなくベストな切り方に見え、実際にもよい切り方といえます。しかし、養分や隠芽（一時的に眠った葉芽）が豊富なブランチカラーとよばれる部分を切り取ってしまうので、最適とはいえません。

最後に、**Bの位置で切ると、ブランチカラーが残り、眠っていた葉芽が萌芽し、養水分が盛んに流れて切り口がふさがりやすくなるため、最適な位置といえます。**

ブランチカラー

太い枝のつけ根に当たる部分で、しわが寄っていることが多い。枝が発生する葉芽が内在し、養分を豊富に蓄積している。この部分を残すと傷がふさがりやすい。

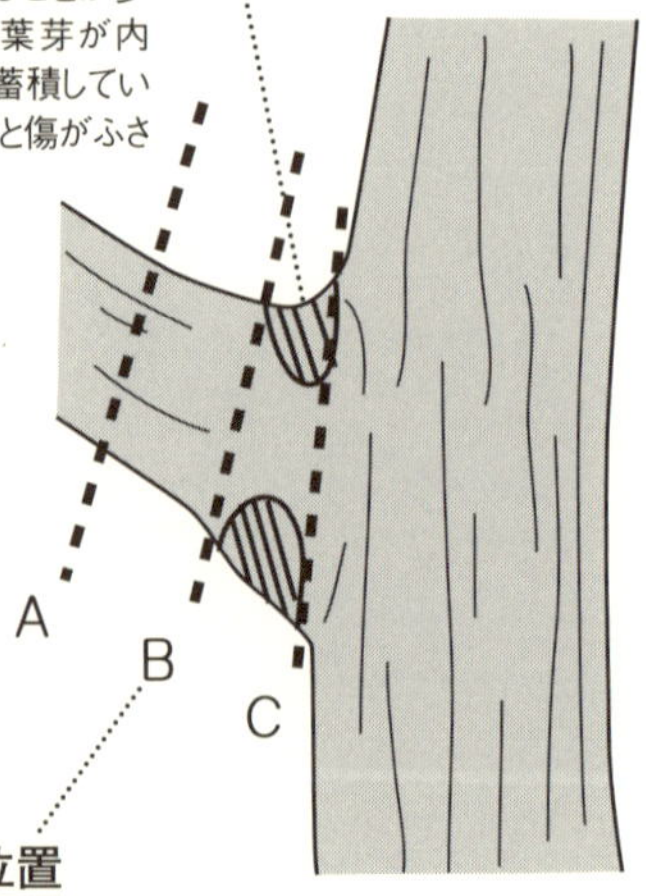

太い枝を切る位置

Bの位置で切るのが最適。例外として、切り痕から新梢を発生させたくない場合はCでもよい。

Q. 太くて重たい枝を切るコツはありますか？

A. 太い枝は、2段階に分けて切ります

太くて重たい枝を剪定ノコギリで切ると、枝の重みで枝と枝の間に刃がはさまり、うまく切ることができないことがあります。

加えて、切り取る枝が重たいと、切り取る最後の段階で枝が折れて樹皮がめくれ、切り口に余分な傷がついてしまうことがあります。余分な傷が大きいと切り口がうまくふさがらず、そこから枯れ込みが入って、木の重要な部分が枯れる可能性もあります。

これらを解決するには、太い枝を2段階に分けて切ります。下図の❶～❸のように、最終的な切り位置から少し離れたところで切ってから、❹の目的の場所で切ります。

下図❶のようにあらかじめ枝の下側に少し切り目を入れて樹皮が枝の重みで皮がめくれてしまうのを防ぎ、続いて❷から深く切り込みを入れ、❸で切った枝を取るのがポイントです。仕上げとして❹の位置で丁寧に切り取ります。

太い枝を切る位置

太くて重たい枝は２段階に分けて切り取るとよい。

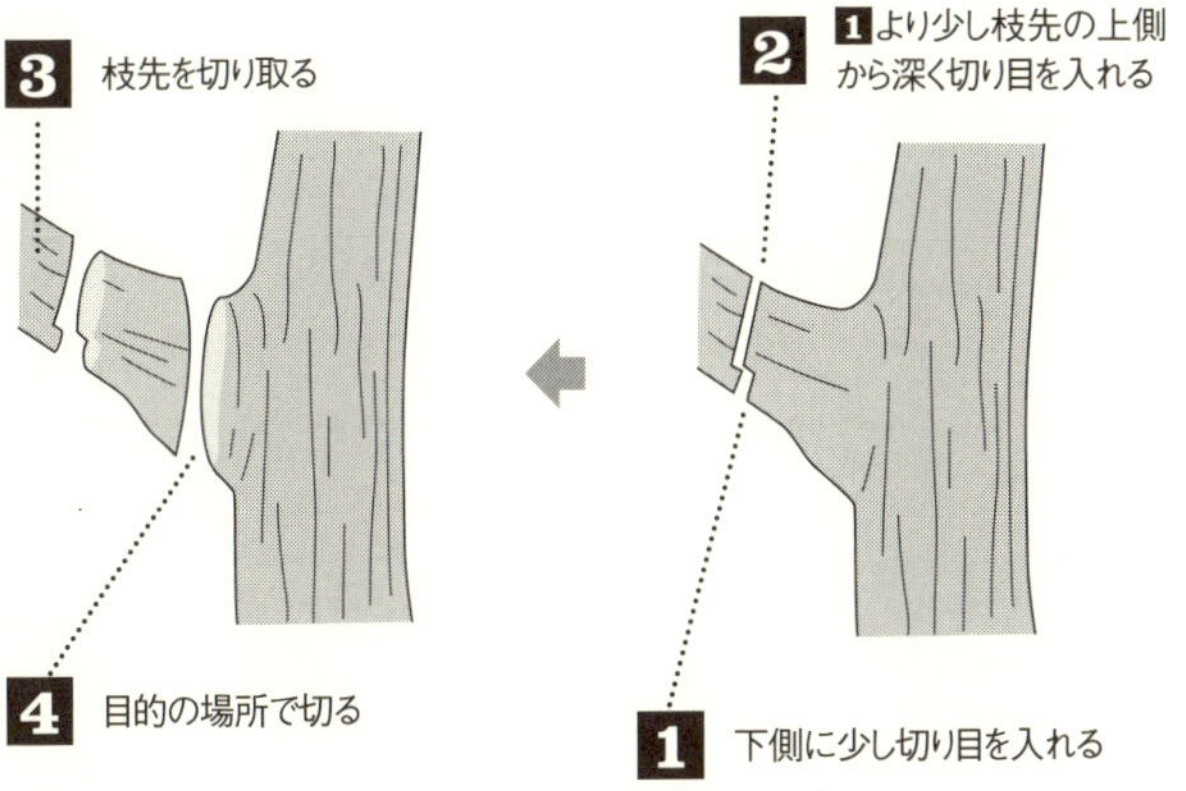

重要な枝は、一手間かけて切り口をふさがりやすくする。

Q. 大きな木をバッサリ切って、樹高を低くしたいです

A. NGです。数年かけて木を縮小します

【一度にたくさん切らない】

仮に正しい位置で剪定したとしても、一度に枝を切りすぎると、木の生育や実つきに悪影響を及ぼします。切り取る枝の量が多すぎると、切り口の周辺から翌春に大量の徒長枝が発生して、数年間は実つきが悪くなるのです（70ページ）。加えて、**切り口が大きいと、いくら癒合促進剤を塗っても傷口がふさがらず、枯れ込みが入って木が弱り、最悪の場合は木が枯れることすらあります。**

手順1　太い枝を切って樹高を低くする

剪定する前に木の輪郭をイメージする際には（108ページ）、**1年でバッサリと切るのではなく、数年かけて少しずつ輪郭を小さくしていくことが重要です。**

具体的な切り取る枝の長さは、前年以外に伸びた枝（前年枝以前の枝）で50㎝程度になるようにします。この50㎝には、当年枝の長さは含まず、前年以前に伸びた枝だけを

理想的な切り戻し剪定

木を大幅に低くしたい場合、一度にバッサリ切るのではなく、数年かけて木を低くする

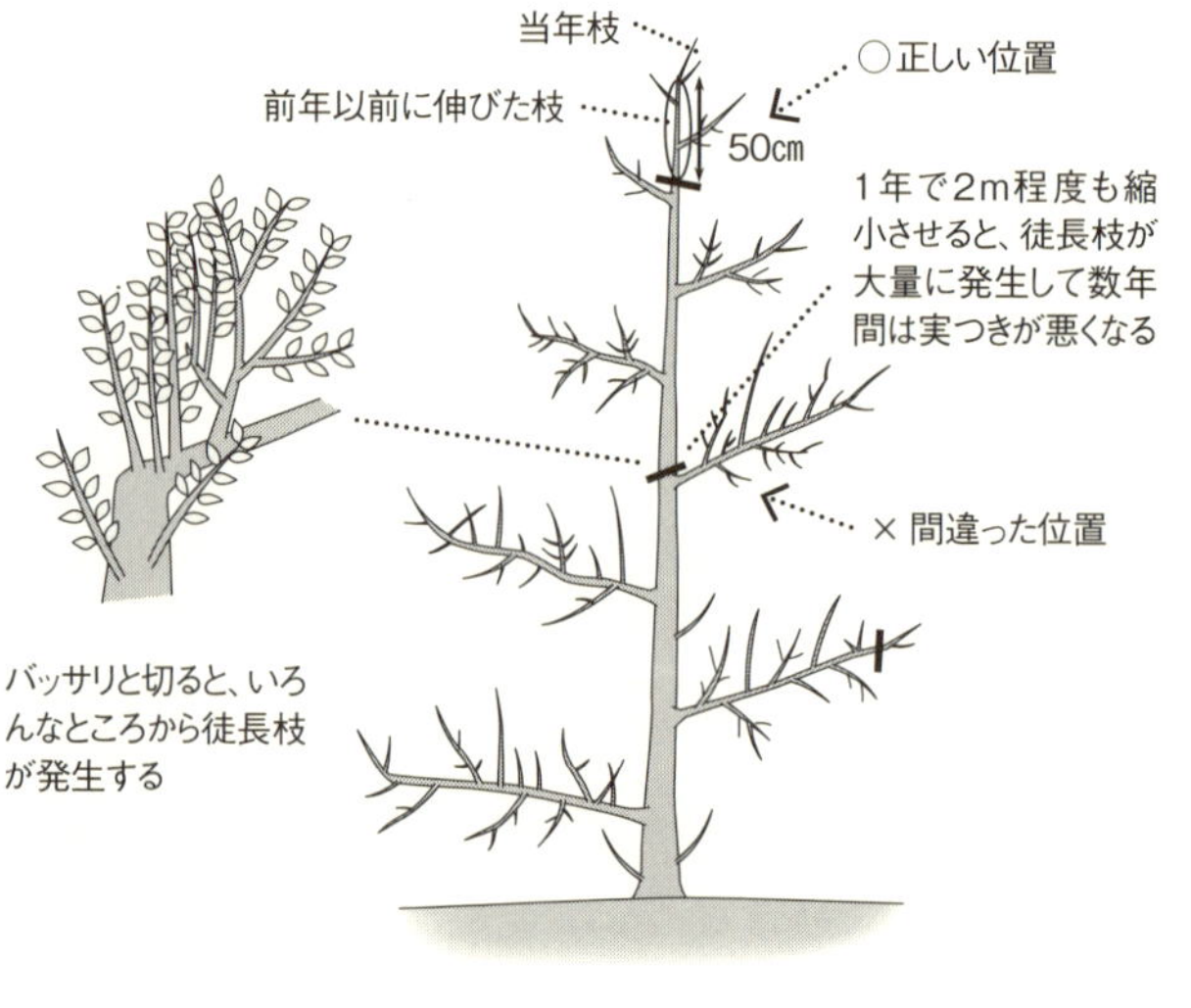
当年枝
○正しい位置
前年以前に伸びた枝
50㎝
1年で2m程度も縮小させると、徒長枝が大量に発生して数年間は実つきが悪くなる
×間違った位置
バッサリと切ると、いろんなところから徒長枝が発生する

考慮します。50㎝ではふさわしい位置で切ることができない場合も多々あるので、50㎝はあくまで目安としましょう。

【1年に50㎝ずつ小さくしていく】

以上の切り方をすると、木は1年で50㎝程度縮小することになります。樹高を1m低くしたい場合は、最低でも2年、2m低くするなら、最低でも4年はかけて、じっくりと上方向や横方向の木の広がりを縮小させることが、実つきをよくしながら剪定するポイントとなります。なお、これらを守って正しく切っていても徒長枝が大量に発生する場合は、木の活力が強すぎることが予想されます。間引き剪定（手順2、116ページ）を少し多めにすることで木の活力をそぎ、翌年の徒長枝の発生を低減することをおすすめします。

【根も一緒に切ると実つきがよくなることも】

枝を切り取りすぎた場合に、徒長枝が発生する詳しい理由は明らかにはなっていませんが、樹木は地上部である根と地上部の枝のバランスを常に保とうとしていることが原因だと推測されています。根の量がそのままで、地上部の枝を大量に取り除くと、バランスを保とうとして枝を大量に発生させるというわけです。この習性を利用して、プロの果樹農家の中には、木を低くするために枝を多めに切った場合は、専用の機材などで土を掘って根を切り、徒長枝の発生を抑制して低木化と収穫量の確保を両立させることがあります。家庭では根を切る作業や切る量の加減がむずかしいですが、これらのメカニズムを知っておくとよいでしょう。

無理なく樹高を低くするイメージ

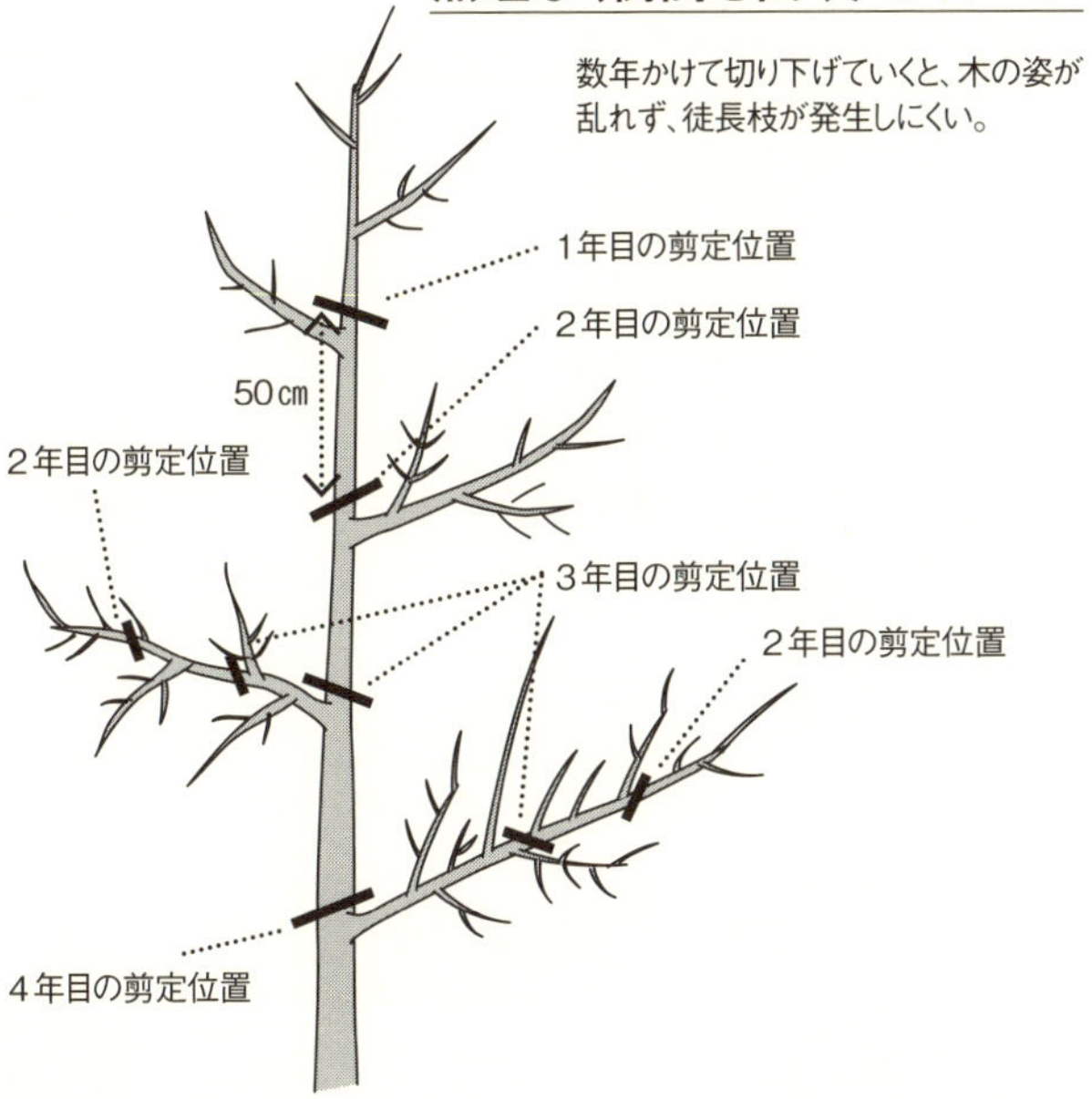

数年かけて切り下げていくと、木の姿が乱れず、徒長枝が発生しにくい。

冬季剪定の手順 2

不要な枝をつけ根で切り取る

手順1の剪定後（手順1が不要な場合は手順2から）、次は不要な枝を間引きます。

どんな木でも順調に成長すると枝が混み合います。**混み合った枝を間引くと、日当たりや風通しが改善し、光合成の効率がアップして、病害虫の発生を抑えます。また徒長枝や花芽がついた枝などを間引くことで養分ロスを防ぐこともできます。**木の活力が強すぎて実つきが悪くなっている木は、枝を間引いて春から秋につく葉の枚数を減らし、木の活力を適正な状態に戻す効果も期待できます。**これらの切り方を「間引き剪定」といいます。**当年枝をつけ根で切り残しがないように切り取るほか、前年以前に伸びた枝を切り取る場合も、広い意味で間引き剪定にあたります（下図）。

不要とみなされる枝は、左図の通りです。果樹では特に、交差枝やハサミ枝、車枝、平行枝などの混み合った枝のほか、徒長枝、枯れ枝も不要な枝として、優先的に間引きます。ただし、どの枝を不要と判断するかは、果樹の種類や枝の位置、周囲の枝の状況などによって異なる場合があります（118ページ）。

間引き剪定

不要な枝の例

手順2 不要な枝をつけ根で切り取る

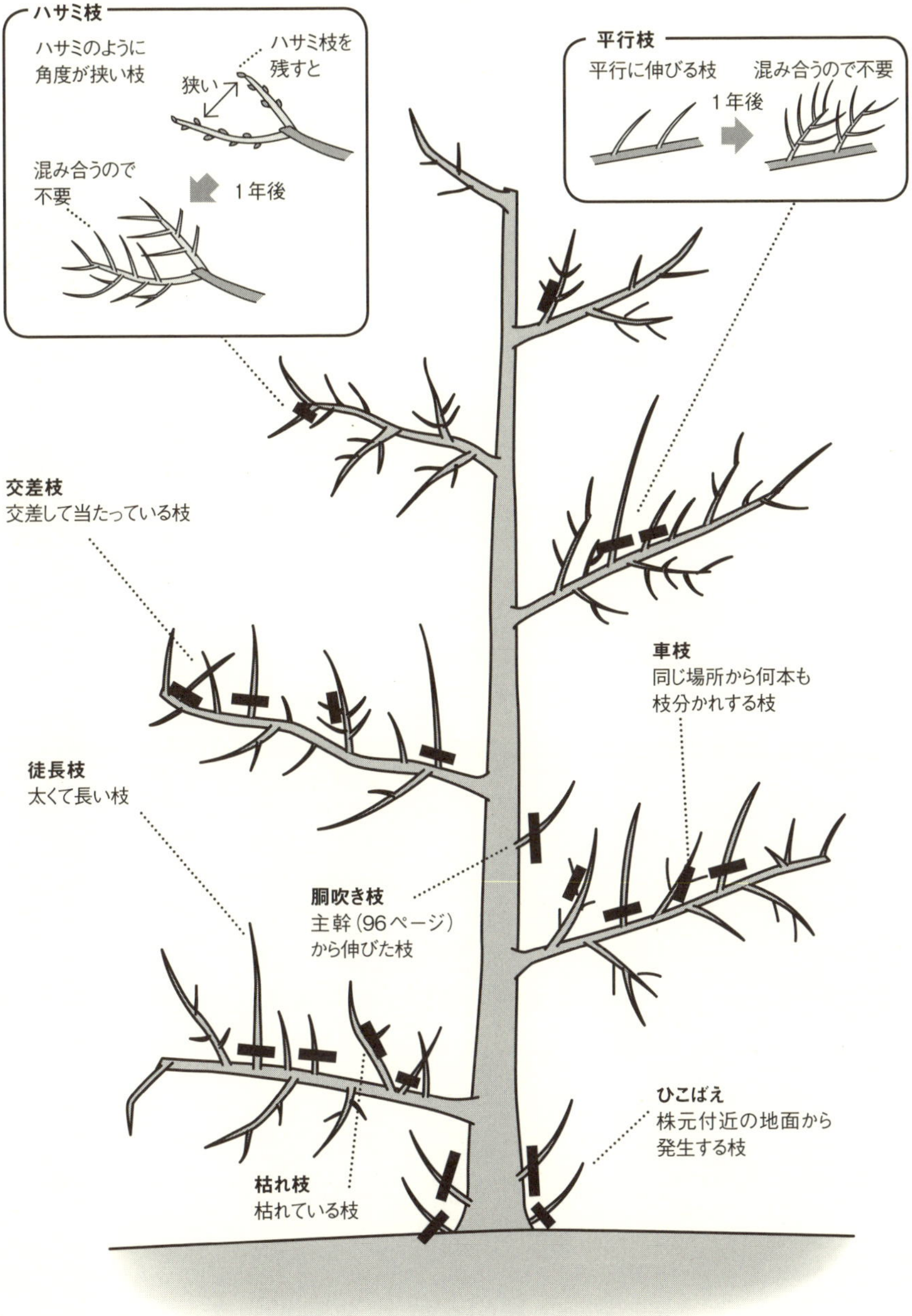

※不要な枝の定義は果樹によって異なる(118ページ)

Q. 徒長枝やひこばえは、例外なく切り取るのですか？

A. 通常は切りますが、果樹によっては残します

徒長枝とは、周囲の枝と比べて明らかに長く太く伸びた枝のことです。多くの果樹で、徒長枝は翌年どころか数年間は果実がつかないため、剪定時には優先的に間引く対象となります。

例外として、ブドウやキウイフルーツ、ナシなどは、徒長枝にも花芽がつきやすく、翌シーズンに収穫ができます。ほかの枝とともに重要な役割を果たすため、すべてを切り取ると悪影響を及ぼします。必要に応じて残しましょう。

ひこばえとは、株元付近の地面からタケノコのように発生する枝のことです。果樹ではほとんど発生しないか、発生しても果実があまりつきません。放置すると木の形を乱すので、見つけ次第、切り取ります。

例外として、ブルーベリー、ラズベリー、ブラックベリーなどは、ひこばえが発生しやすく、株を若返らせるためにはひこばえが不可欠です。積極的に利用し、混み合う場合のみ間引きます。

徒長枝やひこばえの利用

ブルーベリー（写真）やラズベリーなどは、古くなったり高くなりすぎた枝を株元から切り取り、周囲のひこばえに更新する。

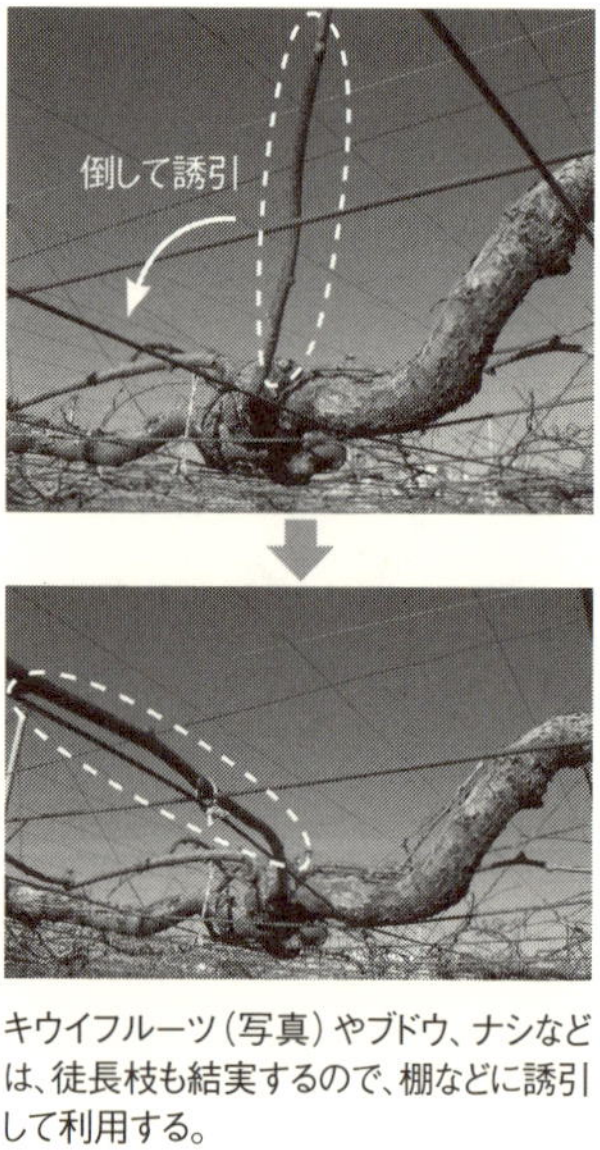

キウイフルーツ（写真）やブドウ、ナシなどは、徒長枝も結実するので、棚などに誘引して利用する。

枯れ枝と生きている枝の見分け方はありますか？

A. 軽く曲げたり、軽く切り詰めると分かります

枯れ枝は生きている枝の邪魔となるほか、病原菌や害虫が潜んでいることがあるので、剪定時に切り取ります。

常緑果樹や熱帯果樹は、剪定適期に葉があり、枝も黄緑色をしているので、枯れ枝を見分けるのは容易です。一方、落葉果樹は剪定適期にすべて落葉しており、枝が茶色や黄土色など、枯れ枝に近い色に変化していて見分けにくいことがあります。

枯れ枝と生きている枝を見分けるには、まず軽く曲げてみます。生きている枝は曲げてもしなり、簡単には折れません。一方、枯れ枝は軽く曲げただけでも簡単に折れます。

また、**試しに枝の先端を剪定バサミで少しだけ切り詰めると、生きている枝は切った瞬間に確かな手応えがあり、断面にはわずかに水分が含まれています。**枯れ枝は、切ったときの手応えがないほか、断面に水分は含まれておらずスカスカな状態になっています。

枯れ枝の見分け方

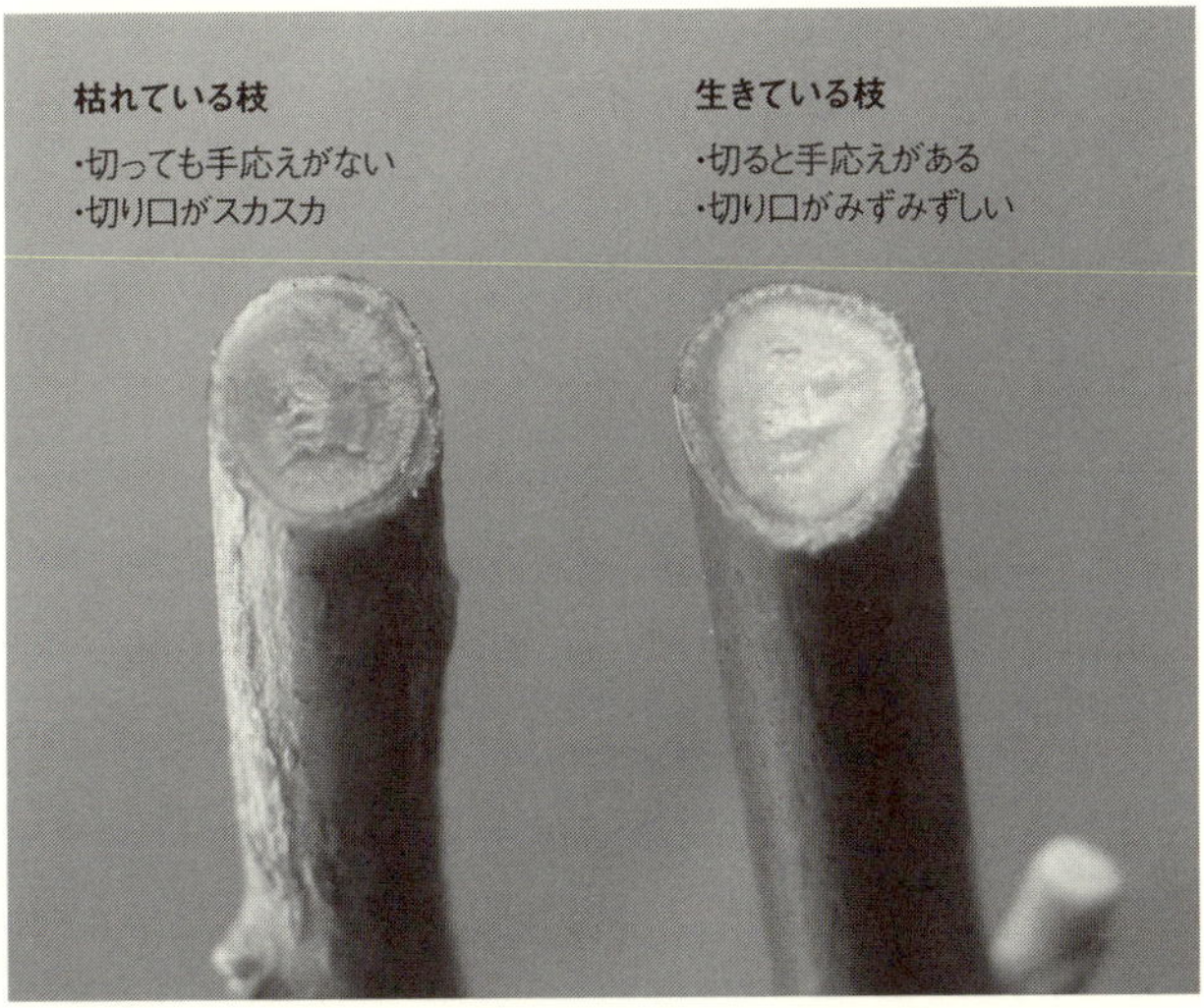
枯れている枝
・切っても手応えがない
・切り口がスカスカ
生きている枝
・切ると手応えがある
・切り口がみずみずしい

枯れ枝を見分けるポイントは、「断面を見る」ほかにも、「軽く曲げる」のもよい。生きている枝は弾力性がある。

冬季剪定の手順 3

残した枝の先端を切り詰める

不要な枝を間引いたら（手順2）、**最後に手順3として、当年枝のみを選んで先端を切り詰めます（切り返し剪定）。この剪定の目的は、「翌年に充実した新梢を発生させる」ことと、「翌春〜秋に発生する新梢の長さや量を調整すること」です。**

当年枝のみを切り詰めるのは、前年枝やそれ以前に伸びた枝を切り詰めても、葉芽がないため新梢が発生する可能性は低く、さらに、切り口から枯れ込みが入り、木に悪影響が出る可能性があるからです。そのため、間引いた後の枝を見て、どれが当年枝なのかを判断することが、手順3の重要なポイントです（125ページ）。

なお、造園・樹木の分野では、切り返し剪定を「切り戻し剪定」とよぶことがあります。同じ作業でも、分野などによって多少よび名が異なることがあります。

実際の剪定で「切り詰める当年枝の割合」や「切り詰める長さ」は、育てている果樹の花芽のつく位置（104〜105ページ）や果実がつきやすい枝（122〜123ページ）によって異なります。

切り返し剪定

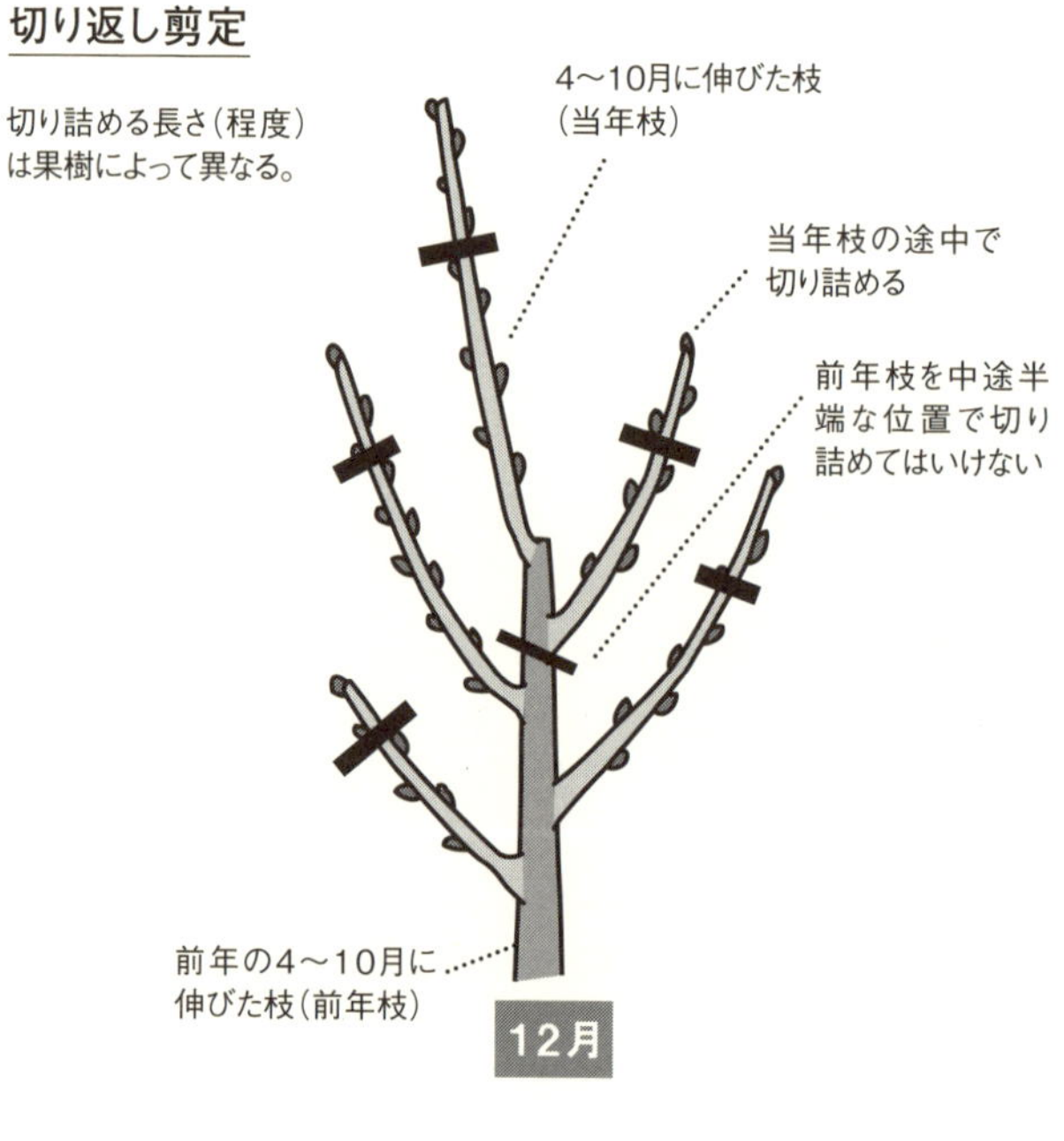

切り詰める長さ（程度）は果樹によって異なる。

例えばブドウは、当年枝の全体に花芽が点在し、枝が多少徒長しても果実がつくので、すべての当年枝の先端を、半分程度に切り詰めます。一方、ブルーベリーは、花芽が枝の先端付近にしかつかないので、短い枝は翌シーズンに収穫する枝として切り詰めず、長い当年だけ枝を選んで、その先端を⅓程度切り詰めます（122〜123ページ、Chapter 4）。

なお、**切り返し剪定では、切り詰めた後に先端になる冬芽の向きに気をつけます。先端の冬芽が上向きになるように切ると（内芽）、新梢は上向きに発生し、徒長してあまり利用できない傾向があります。そこで、先端の冬芽が下向きになる位置（外芽）で切り詰めましょう。新梢は徒長しにくく、当年枝の延長線上に伸びて、利用しやすい新梢が発生します**（左図）。下向きの冬芽がよい位置になければ横向きでもかまいません。

手順３　残した枝の先端を切り詰める

果樹によって切り詰めるべき枝や切り詰める程度が異なる。

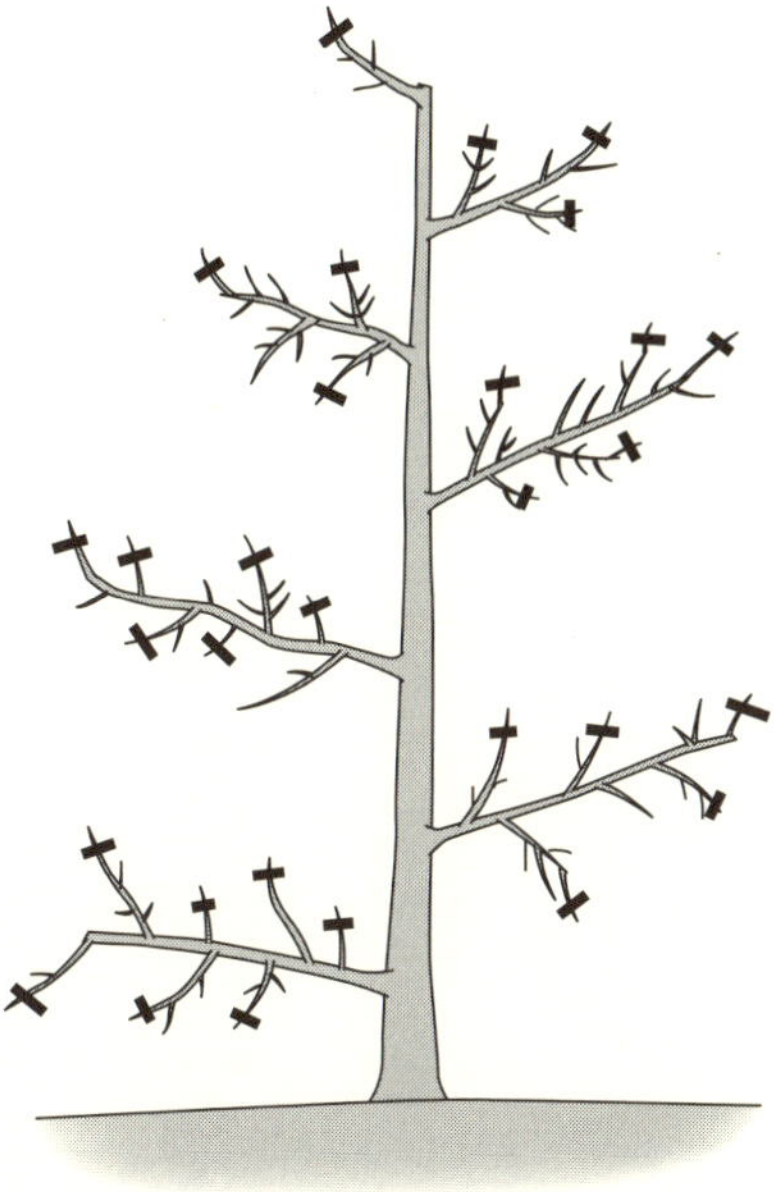

切り詰める際に先端となる冬芽の向き

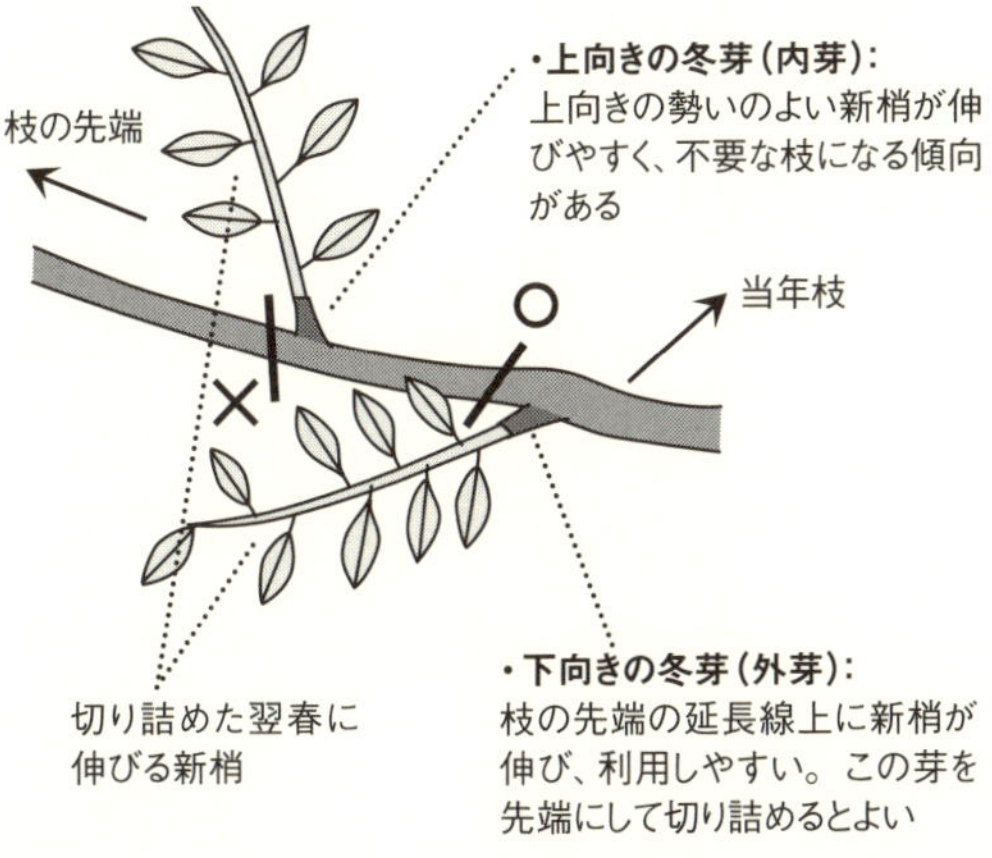
枝の先端
・上向きの冬芽（内芽）：
上向きの勢いのよい新梢が伸びやすく、不要な枝になる傾向がある
当年枝
○
×
・下向きの冬芽（外芽）：
枝の先端の延長線上に新梢が伸び、利用しやすい。この芽を先端にして切り詰めるとよい
切り詰めた翌春に伸びる新梢

Q. 当年枝を切り詰める際に、注意することは何ですか？

A. 花芽の切り取りすぎに注意し、切り詰める長さを適宜調整します

【花芽の切り取りすぎに注意】

当年枝には翌年に花が咲くための枝のもととなる花芽がついています。花芽がつく枝の位置は果樹によって異なりますが、ブルーベリー（下図）のように当年枝の先端に花芽がつく果樹については、切り詰めることで大部分の花芽がなくなり、その当年枝については収穫が激減します。他にもカキやクリなど、106〜107ページの**「花芽が枝の先端付近につく」にグループ分けされている果樹については、枝を切り詰める際には注意しましょう。**

具体的に、ブルーベリーは、「15㎝未満の短い当年枝は切り詰めないで翌シーズンに収穫する」、「15〜30㎝程度の長い当年枝は切り詰めて翌シーズンは収穫せず、将来のために充実した枝を発生させる」といった形で、**切り詰めない当年枝と切り詰める当年枝のメリハリをつけることで、当面の収穫量を確保しつつ、将来的にも収穫量を減少させることのない木へと育てることができます。**

枝の切り詰め（ブルーベリーの例）

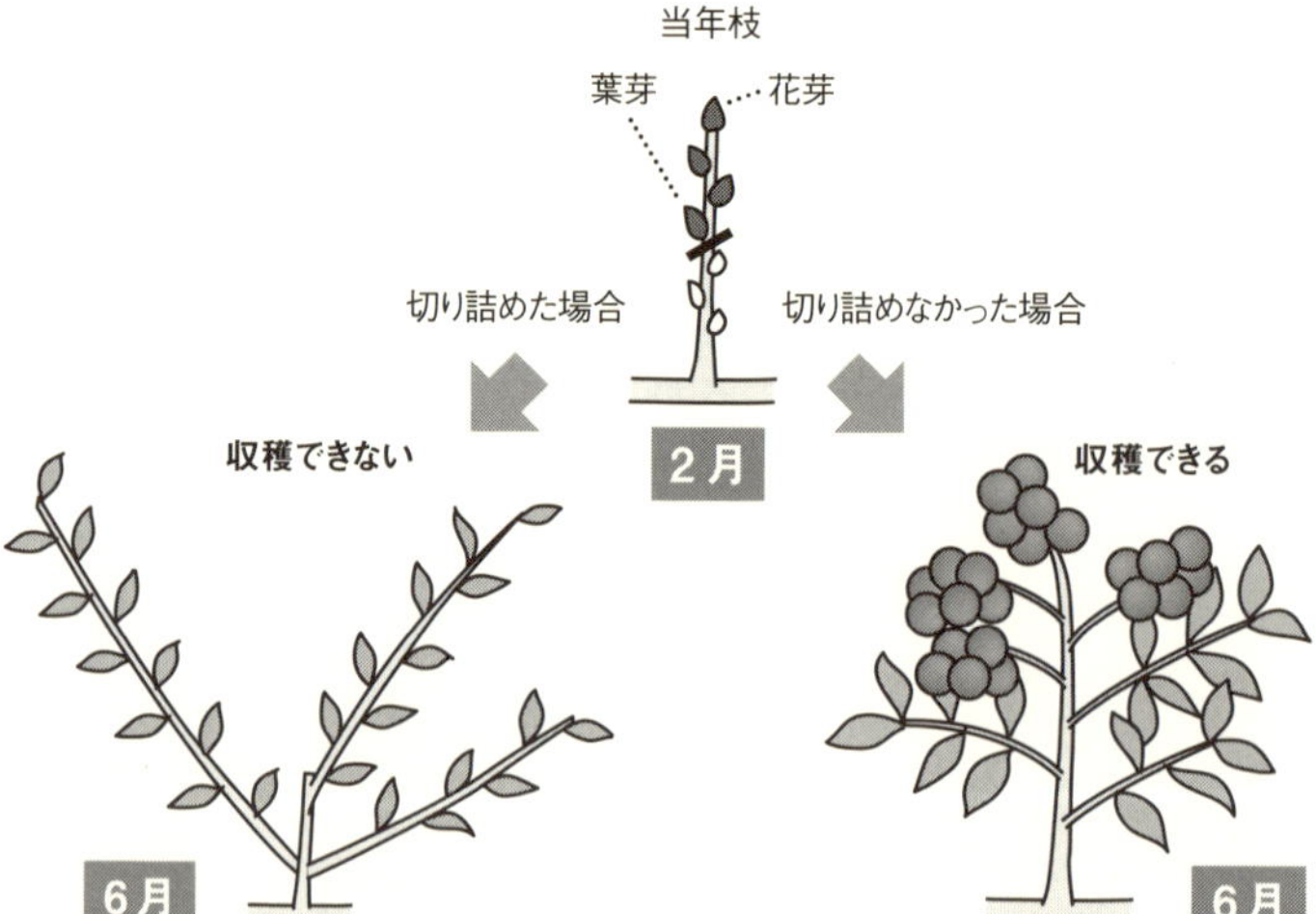

花芽が当年枝の先端付近につく

【切り詰める長さでその後に発生する枝の長短が決まる】

当年枝を切り詰める程度と、翌シーズンに発生する枝（新梢）の数や長さには深い関係があります。

下図のAで切り詰めた場合、発生する枝の数は最も少なくなりますが、発生する個々の枝の長さが特に長くなり、多くが徒長枝になります。ブドウやキウイフルーツ、ラズベリーのように花芽が枝の全域に点在し、かつ、徒長枝のような長い枝にも結実しやすい果樹に向いた切り方です。

Bで切り詰めた場合、Aより数は少し減るものの、当年枝のつけ根付近までまんべんなく枝が発生します。また、発生する新梢の長さは先端付近が長くなり、基部になるに従って徐々に短くなります。ウメやサクランボなどの短い枝に果実がつきやすい果樹に向いているほか、花芽が先端に集中する果樹でも、将来的に結実させたい枝をつくる際にも向いた切り方です。

Cは枝の切り詰めを行わない場合で、枝の発生数は多いものの長さは短く、基部には枝が発生しません。花芽が当年枝の先端付近に集中するブルーベリーやカキ、クリなどにおいて、翌シーズンに収穫したい枝については、Cのように切らないほうが無難です。ただし、木を若返らせるためには、Bの切り方をする枝も用意する必要があります。

切り詰める位置と、その後に発生する枝の関係

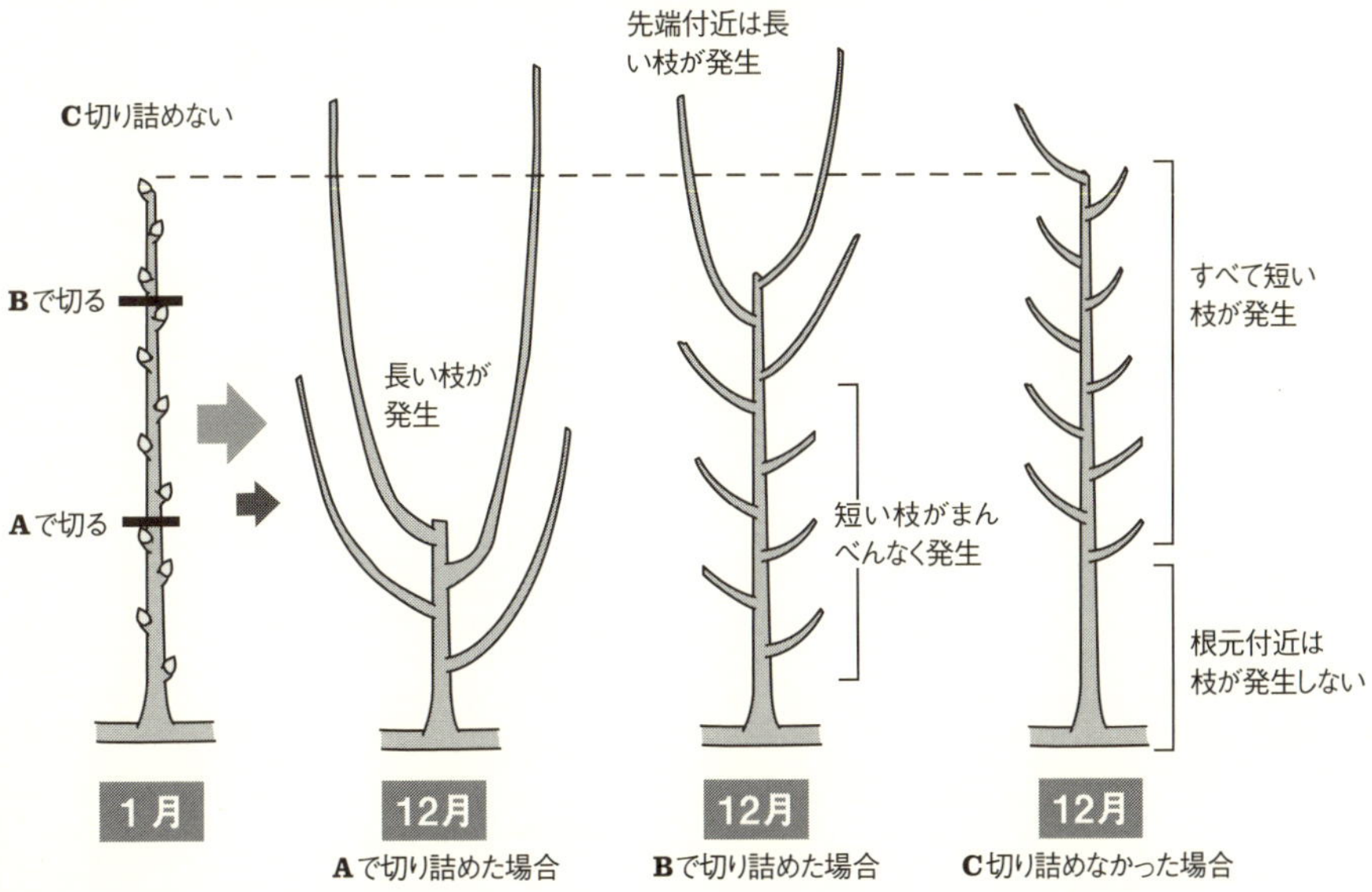

Q. どうして枝の先端を切り詰めるのですか？

A. 枝が若返り、実つきがよい状態を何年も維持できます

当年枝を切り詰めることで、いくつかの花芽を切り取ることになり、収穫量も減る可能性があります。特にブルーベリーやカキ、クリなど、花芽が当年枝の先端付近に集中する果樹では、切り詰めが花芽の減少に大きくかかわり、枝を切り詰めるのはよくないと思われるかもしれません。

しかし、枝が古くなると花や果実がつきにくくなり、年数の経過とともに、結実する部位は木の外周部だけになります（128ページ）。果樹は永年性の作物なので、数年先を見据えた剪定をしなければなりません。

そこで、**来年の収穫を予定する当年枝は花芽を切り取りすぎないように切り詰めを控えます。再来年以降の収穫を予定する枝は切り詰めて若い枝を積極的に発生させます。**

このように切り詰める枝と切り詰めない枝のメリハリをつけることで、直近の年の収穫量を確保しつつ、数年後も実つきがよい状態を維持できるのです。

切り詰めの有無が数年後の木の状態に及ぼす影響

（レモンの例）

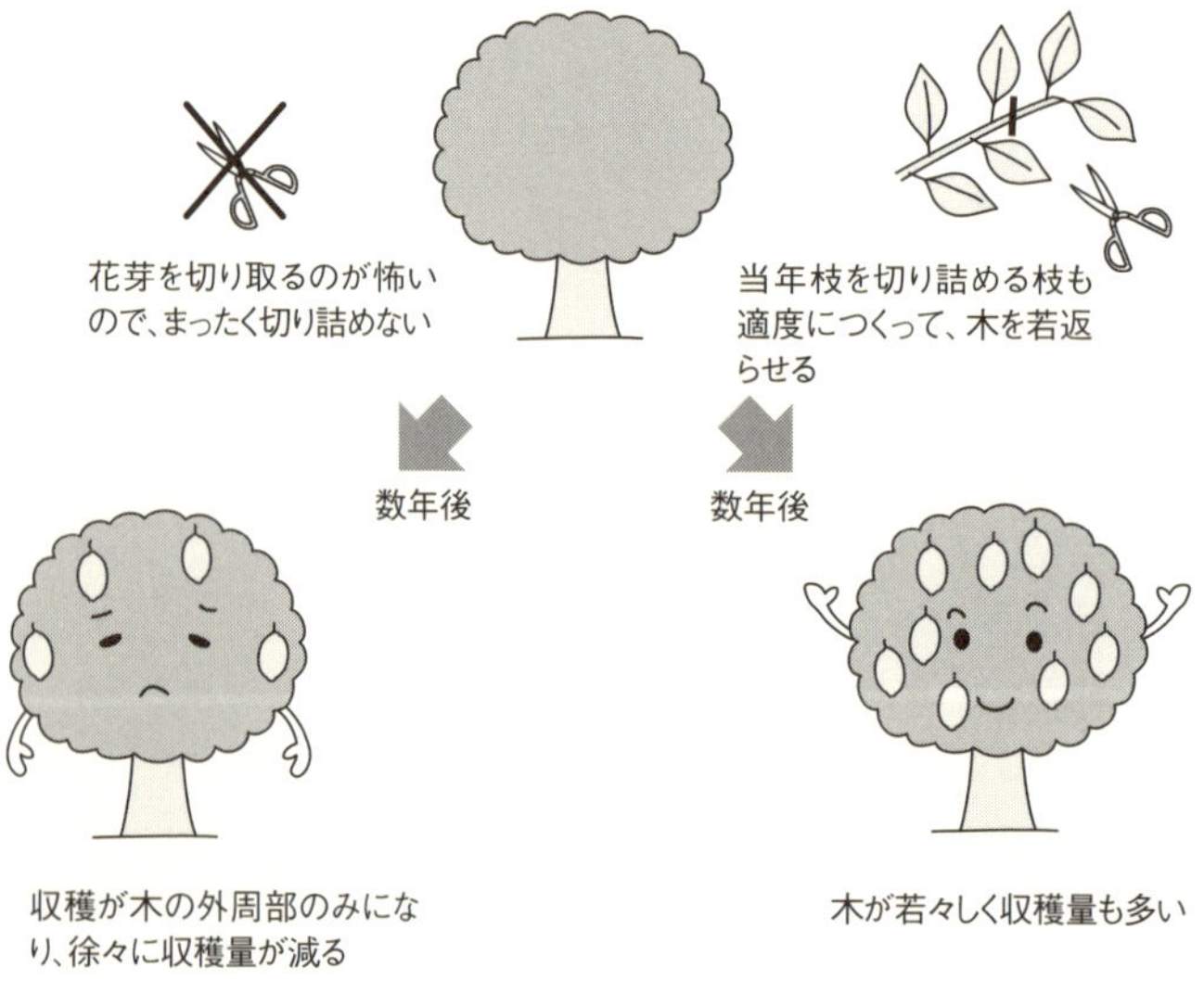
花芽を切り取るのが怖いので、まったく切り詰めない
当年枝を切り詰める枝も適度につくって、木を若返らせる
数年後
数年後
収穫が木の外周部のみになり、徐々に収穫量が減る
木が若々しく収穫量も多い

Q. 何年目の枝なのか、見極めるコツはありますか？

A. 当年枝には冬芽があり、前年枝には継ぎ目の線があります

枝の先端の切り詰め（切り返し剪定）は、当年枝のみに行います（120ページ）。前年枝を途中で切り詰めると翌春に新梢が発生しにくく、切り口から枯れる恐れがあるからです。**ただしそのためには、剪定時に当年枝と前年枝を見分けられなければいけません。**

当年枝は必ず末端部になるので、当年枝の可能性が高いのは、先端の枝です。まずは先端の枝に注目します。次に冬芽に注目します。ほかよりもふくらんだ芽＝冬芽がある枝は当年枝です。

最後に、枝の継ぎ目の線に注目します。前年枝から当年枝が伸びるまでには半年程度のブランクがあるので、それらの境には継ぎ目の線があります。この線よりも先端側が当年枝になります。ただし、「二次伸長」といい、春から夏に枝の生育が止まり、夏に再び枝を伸ばし、当年枝と当年枝の境に線がつくこともあるので（下写真のニホンナシ）、境の線よりも冬芽の有無を重視して判断します。

当年枝の特徴

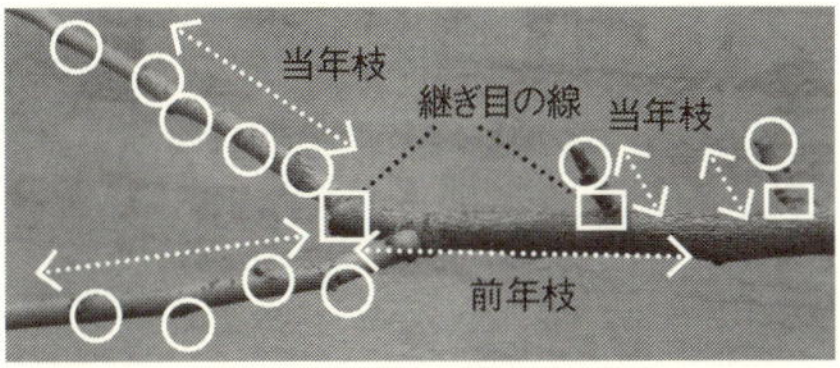

ウメの当年枝と前年枝。当年枝には冬芽（丸印）があり、前年枝との境には線（四角）が入っている。

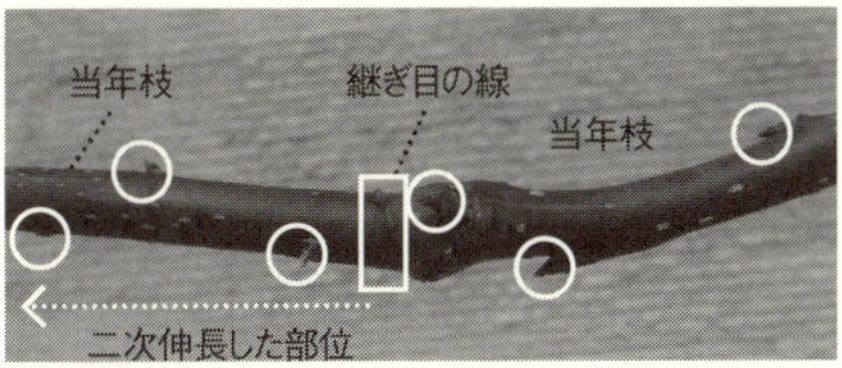

ニホンナシの二次伸長した当年枝。線（四角）が入っているが、冬芽（丸印）があるのですべて当年枝。

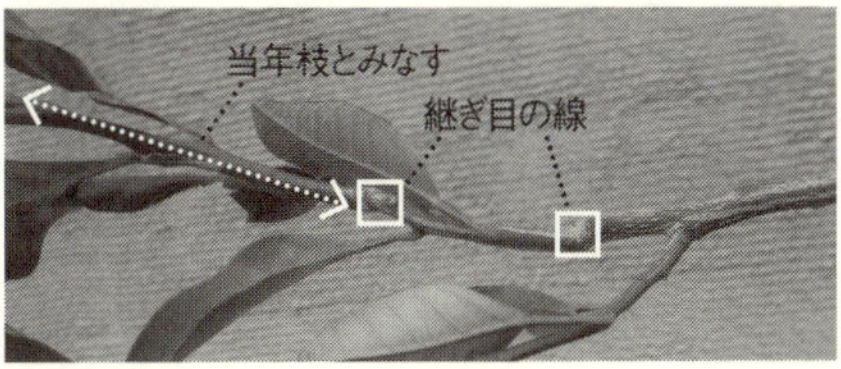

柑橘類などの常緑果樹は、当年枝と前年枝の区別が非常につきにくいので、先端の枝を当年枝とみなす。

Q. 切り取る枝の量の目安は、どれくらいですか？

A. 落葉果樹は3～7割、常緑果樹や熱帯果樹は1～3割が目安です

冬季剪定（手順1～3の剪定）で、どれくらいの量の枝を切るかは、育てている果樹の種類や樹齢、栽培している環境などによって異なります。そのため、「何本」、「何キログラム」といった具体的な数字を提示することはできません。とはいえ、どれくらいの枝を切り取ったらよいのかが分からないと、剪定初心者には正否の判断ができません。

そこで、**筆者は切り取る枝の量を、「落葉果樹は3～7割、常緑果樹や熱帯果樹は1～3割が目安」と指導するようにしています。**つまり、剪定する前の枝のボリューム（体積）が10だとすると、常緑果樹のレモンであれば、1～3割（体積）の枝を剪定によって切り取ります。枝の伸びが盛んで元気な木は3割、元気のない木は1割と、生育状況によって調整します。

ただし、5年未満の幼木は、剪定する枝の量は考えず、木の形をつくることに専念しましょう。

冬季剪定で切った枝の量の例

剪定前のレモンの鉢植え。徒長枝が発生して木は比較的元気な状態。

剪定後。木の輪郭を整え、混み合った枝を間引いて全体の3割程度の枝を切り取った。

Q. 枝を切った後の切り口は、そのままでよいですか？

A. 癒合促進剤を必ず塗りましょう

剪定バサミや剪定ノコギリで切ったときの切り口は、木にとっては傷であり、うまくふさがらないと組織が死んで枯れ込みが入るほか、病原菌が侵入して枯れる危険性があります。特に大きな傷口はリスクが高いです。そのため、切り口がふさがってカルス（人間でいう「かさぶた」）という盛り上がった組織ができるような処置が必要です。

まずは、切り口に凸凹がなく、平らであることが重要です。そのため、切り刃を切り口に密着させて切り直す（98ページ）か、つぎ木ナイフや小刀などを使って切り口をきれいに整えます（下写真）。

次に市販の癒合促進剤を切り口に塗ります。これには木工用接着剤のように固まって切り口を保護し、枯れ込みや病原菌から木を守る効果があります。剪定後、小さな切り口にも塗ることが理想的で、少なくとも直径1㎝以上の切り口に塗りましょう。**太い幹（主幹や主枝）など株元に近い部分では、特に入念に塗る必要があります。**

剪定後の切り口を保護する

剪定後は、切り口から枯れ込みが入らないようにすることが大切。

1

つぎ木ナイフなどで切り口を整える。こうした細かい作業が木の寿命を長くする。

2

殺菌剤を混ぜ込んだ癒合促進剤（「トップジンMペースト」など）は、病原菌の侵入防止効果が高い。

Column

なぜ、野山の果樹は、剪定をしなくても結実するのでしょうか？

野山に自生しているクリなどの果樹は、剪定をしていなくても、毎年結実しています。剪定をしなくてもよいのではないでしょうか？

結論をいうと、剪定しないとまったく結実しないわけではなく、下図のように結実する部位が木の外周部だけになり、収穫量が減ります。というのも、枝は効率よく光合成するために、日光を求めて枝を日なたに向かって伸ばす傾向にあります。また、日陰になった部位からは、新しい枝がほとんど発生しません。そのため、木は大木になると、同じ木の中で枝同士が日光の奪い合いをして、枝を先へ先へと伸ばし、結実する部位が年月を経るにしたがって、外周部だけに限定されます。しかし子孫を適度にふやすだけなら、外周部の結実で十分なのです。

一方、果樹栽培は収穫を主な目的としているので、剪定により、木の内部に日光が当たるように枝を間引き、木を若返らせて収穫量を効率的に確保したほうがよいのです。

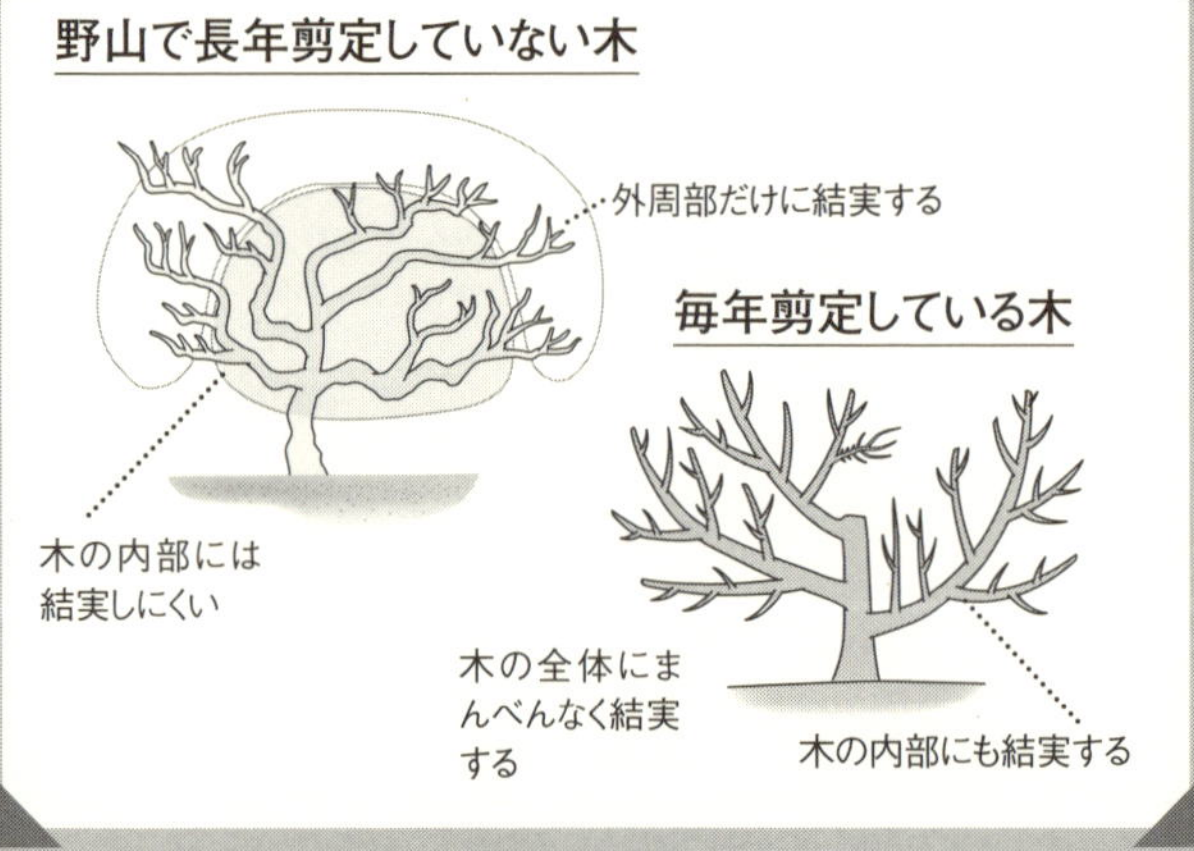

Chapter 4

果樹別 実つきをよくする剪定などの作業のポイント

果樹は、種類ごとに理想とする樹形や枝の性質が異なります。実つきをよくするには、果樹ごとの花芽の位置や枝を切り詰める位置を理解することが、重要です。

Q. イチジクの剪定などの作業のポイントを教えてください

A. 種類により、仕立て方や枝の切り方が異なります

イチジクには**6～7月に収穫する夏果と8～10月に収穫する秋果**があり、通常、目にするイチジクは秋果で、春に発生した新梢の葉のつけ根につく果実です。ほとんどの品種において秋果は収穫でき、収穫量も多いです。夏果は10～11月に新梢の先端付近の葉のつけ根に残った2㎜程度の小さな果実が花芽として越冬し、翌年の4～5月に肥大して6月中旬から収穫できます。収穫時期が早くて果実が大きいのが最大の特徴で、限られた品種にしかつきません。

DATA

科属名	クワ科 イチジク属
形態	落葉半高木
樹高	3m程度 最大8m
耐寒気温	−10℃
土壌pH	6.5～7.0
花芽	純正花芽
隔年結果	しにくい
受粉樹	不要
難易度	やさしい

収穫

6月下旬～7月、8月中旬～10月

収穫時期の目安は、品種により異なるが、完熟したら、手で持ち上げて収穫する。白い樹液に触れるとかぶれることがあるので注意する。

栽培カレンダー

現在、30種を超える品種の苗木が国内に出回っていますが、それらは夏果のみが収穫できる夏果専用種と秋果のみが収穫できる秋果専用種、その両方が収穫できる夏秋果兼用種の3つのタイプに大別することができます。育てている品種がどのタイプに属するかによって、適した仕立て方や枝の切り詰め方が異なるので注意が必要です。

植えつけやその後の仕立てについては左図を参考にしましょう。

植えつけ（1年目）

pH6.5～7.0の中性の土壌を好むので、掘り上げた土に苦土石灰と腐葉土をすき込んで埋め戻す。根が乾燥に弱いので、ワラなどで株元を覆う。

- 支柱を立てる
- ワラなどで株元を覆う
- 切る
- 30cm
- 50cm
- 50cm
- 腐葉土18～20ℓと苦土石灰250gを土に混ぜる

仕立て（2年目）

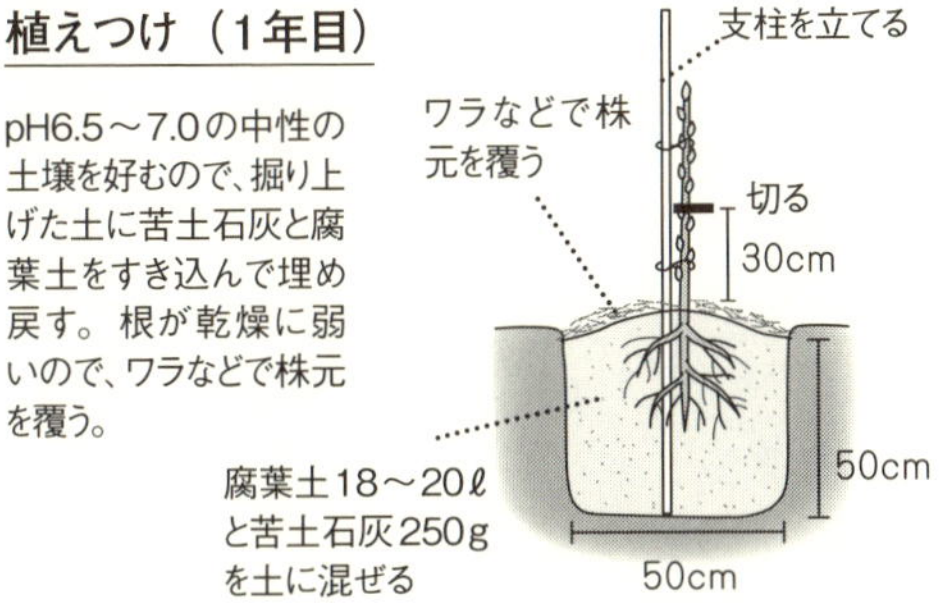

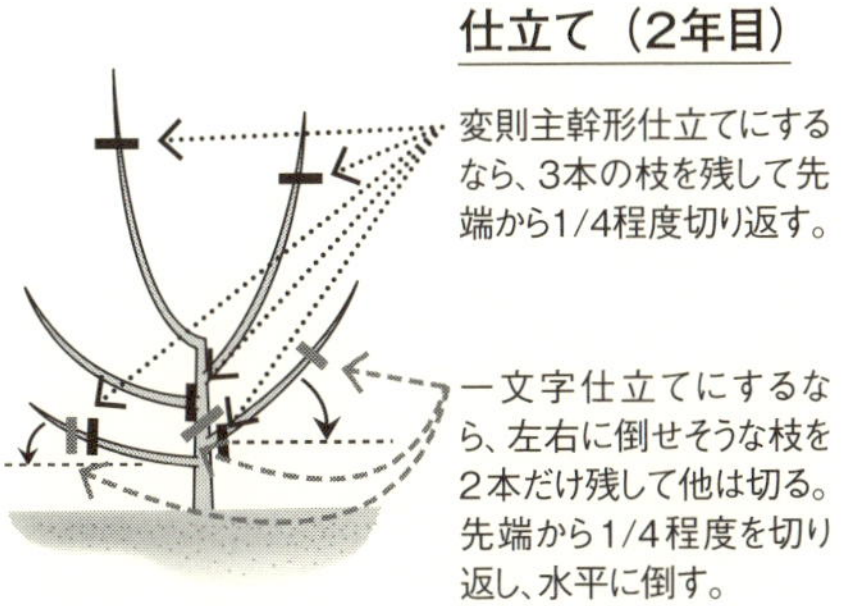

変則主幹形仕立てにするなら、3本の枝を残して先端から1/4程度切り返す。

一文字仕立てにするなら、左右に倒せそうな枝を2本だけ残して他は切る。先端から1/4程度を切り返し、水平に倒す。

夏果専用種

夏果のみが収穫できるタイプです。前年の新梢の先端付近でできた花芽（果実）が越冬して肥大・成熟するので、冬季剪定ですべての枝を切り詰めると、収穫が皆無になります。変則主幹形仕立て（133ページ）にして、結実させる枝は切り詰めない、翌年以降に結実させる枝は切り詰める、と剪定する枝のメリハリをつけます。

夏果専用種の花芽と結実

主な品種:'ビオレ・ドーフィン''ザ・キング''サンペドロホワイト'など

- 花芽
- 葉芽
- 葉芽
- 花芽
- 先端付近の1～3個の葉芽から新梢が伸びるが、秋果はならない
- 花芽が成長して夏果になる
- 花芽
- 葉芽
- 葉芽
- ×短く切り詰めると収穫できない

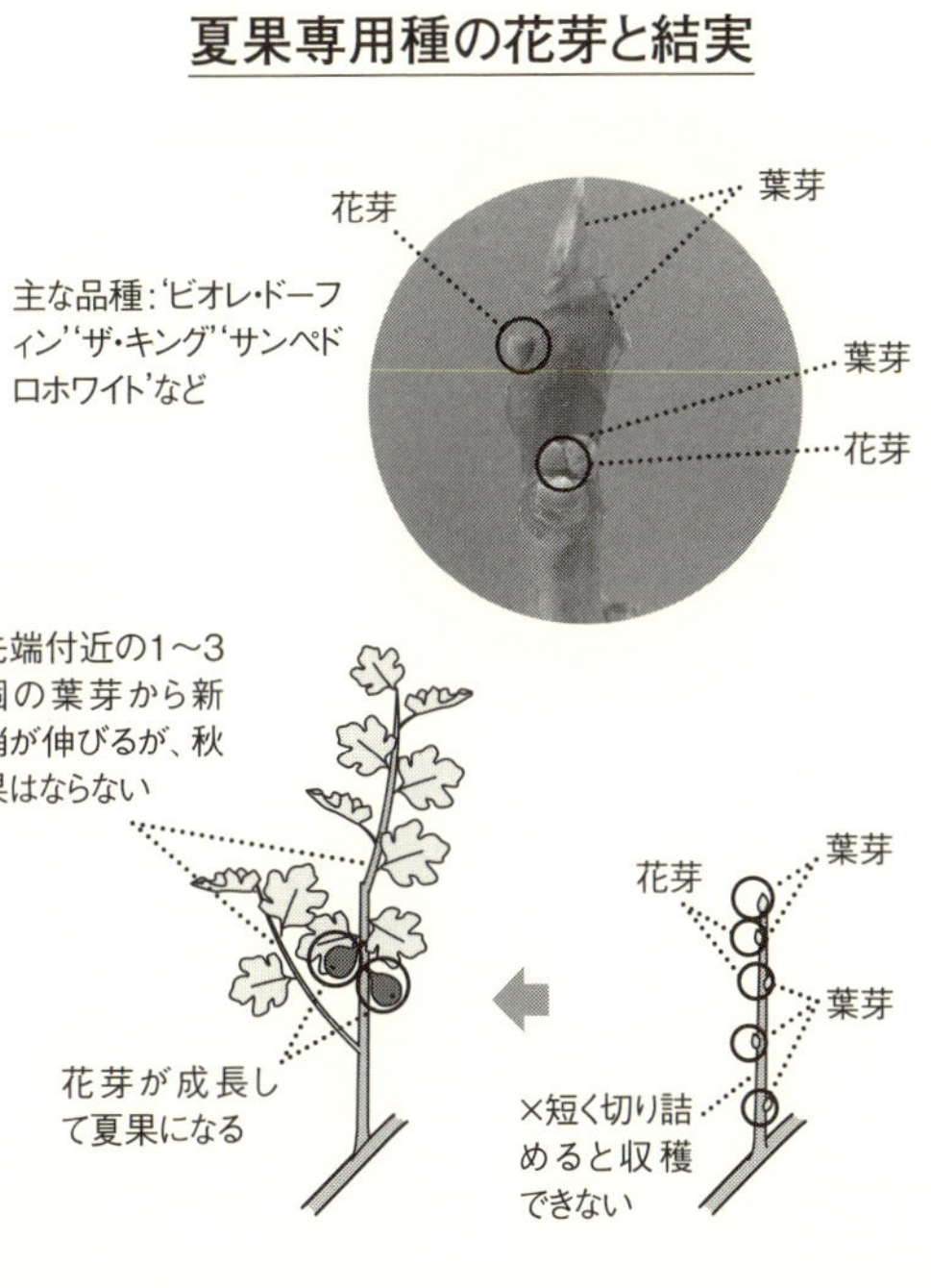

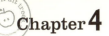

秋果専用種

秋果のみが収穫できるタイプです。冬季剪定の12～2月には枝に葉芽しかなく、4月以降に葉芽から発生した新梢に花芽ができます。徒長した新梢にも果実はつきやすいので、冬季剪定で枝先を1～2芽に短く切り詰めてもたくさん収穫できます。そのため、一文字仕立て（133ページ）にして、毎年枝を短く切り詰めれば、初心者でも簡単に低い樹高の木に仕立てられます。

秋果専用種の花芽と結実

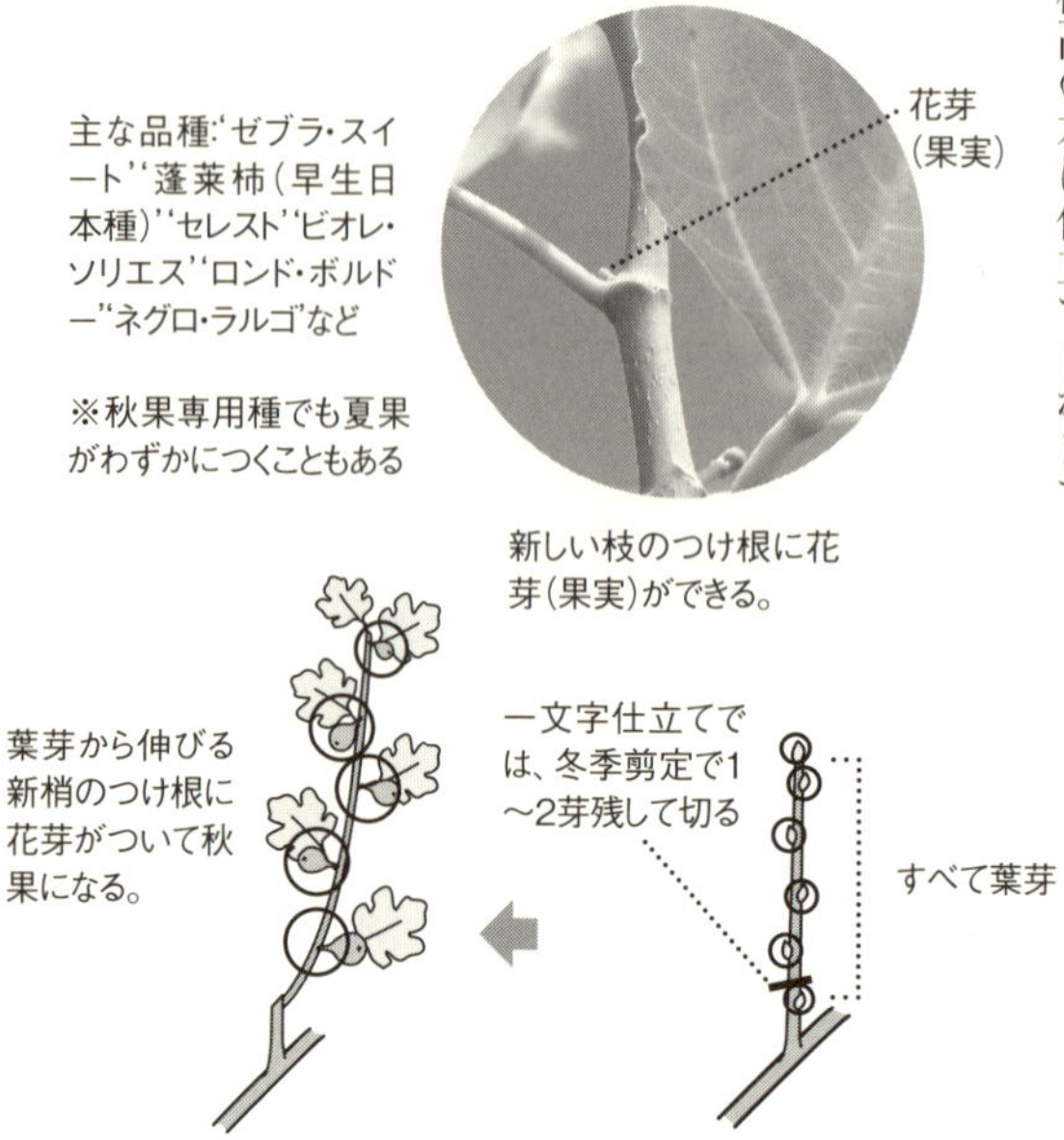

主な品種：'ゼブラ・スイート''蓬莱柿（早生日本種）''セレスト''ビオレ・ソリエス''ロンド・ボルドー''ネグロ・ラルゴ'など
※秋果専用種でも夏果がわずかにつくこともある
新しい枝のつけ根に花芽（果実）ができる。

夏秋果兼用種

夏果も秋果も収穫できるタイプで、夏果専用種のように越冬した花芽が残れば夏果が収穫でき、春から夏に発生した新梢には秋果専用種のように秋果がなります。そして剪定時に枝を短く切り詰めても秋果はなります。樹高が高くなっても夏果、秋果の両方を収穫したい場合は変則主幹形仕立てにします。秋果だけになりますが、樹高を低くして剪定や収穫が楽なほうがよければ、一文字仕立てにします。

夏秋果兼用種の花芽と結実

主な品種：'桝井ドーフィン''バナーネ''カドタ''ホワイトゼノア''ロードス''ブラウンターキー''アーチベル'など

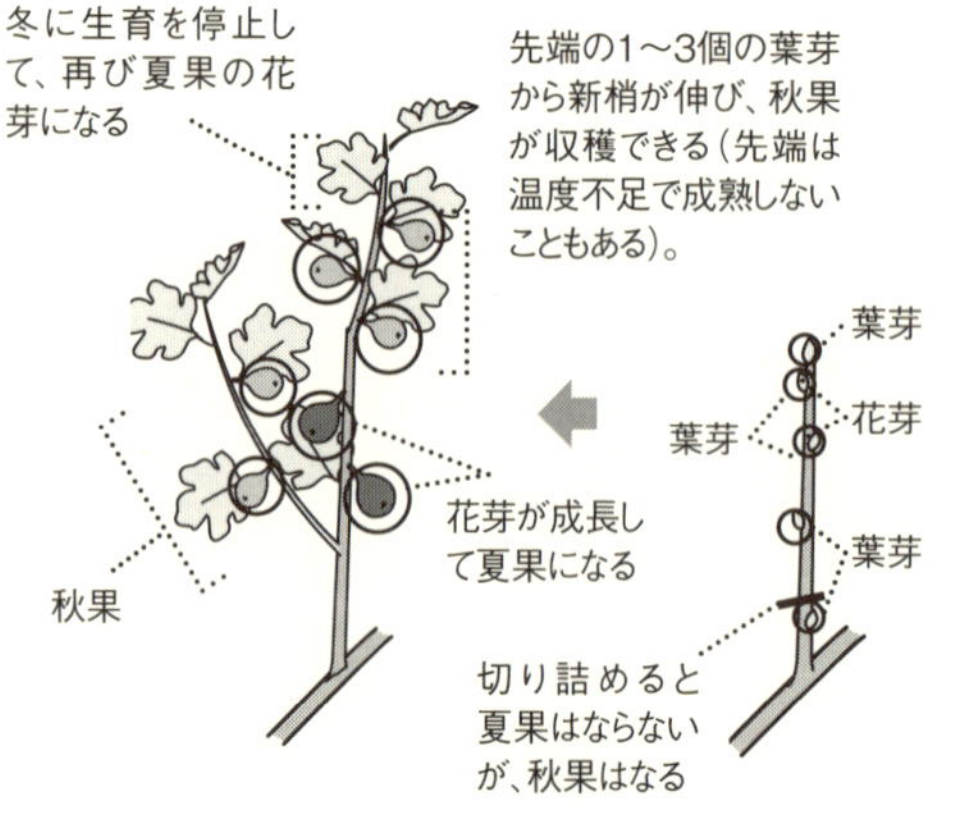

変則主幹形仕立ての冬季剪定（3年目以降）

（すべての品種に対応）
剪定の適期：12 ～ 2月

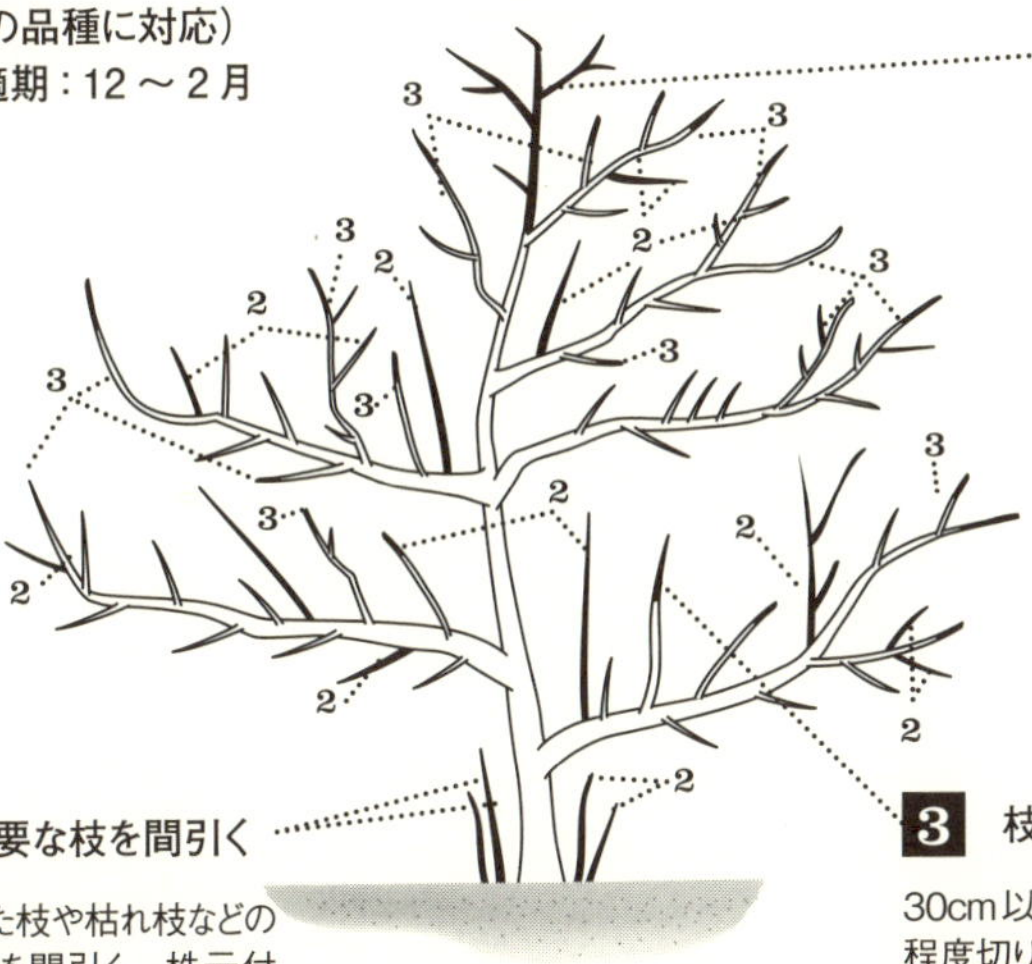

1 縦や横への木の拡大を抑える

木を縮小させたい場合は、各所にある大きな枝の先端（末端）にあたる部分を何本かまとめて切り取る。切る位置は枝分かれしている場所にし、切り残しがないように注意する。木をまだ大きくしたい場合は不要。

2 不要な枝を間引く

混み合った枝や枯れ枝などの不要な枝を間引く。株元付近から発生する枝はすべて切り取る。

3 枝先を切り詰める

30cm以上の長い枝だけ選んで枝先を1/3程度切り詰める。秋果は切り詰めた枝でも収穫できるが、夏果は収穫できない。20～30cm程度の枝を切り詰めないで残すとメリハリがついてよい。

一文字仕立ての冬季剪定（3年目以降）

（秋果専用種・夏秋果兼用種のみ）
剪定の適期：12 ～ 2月

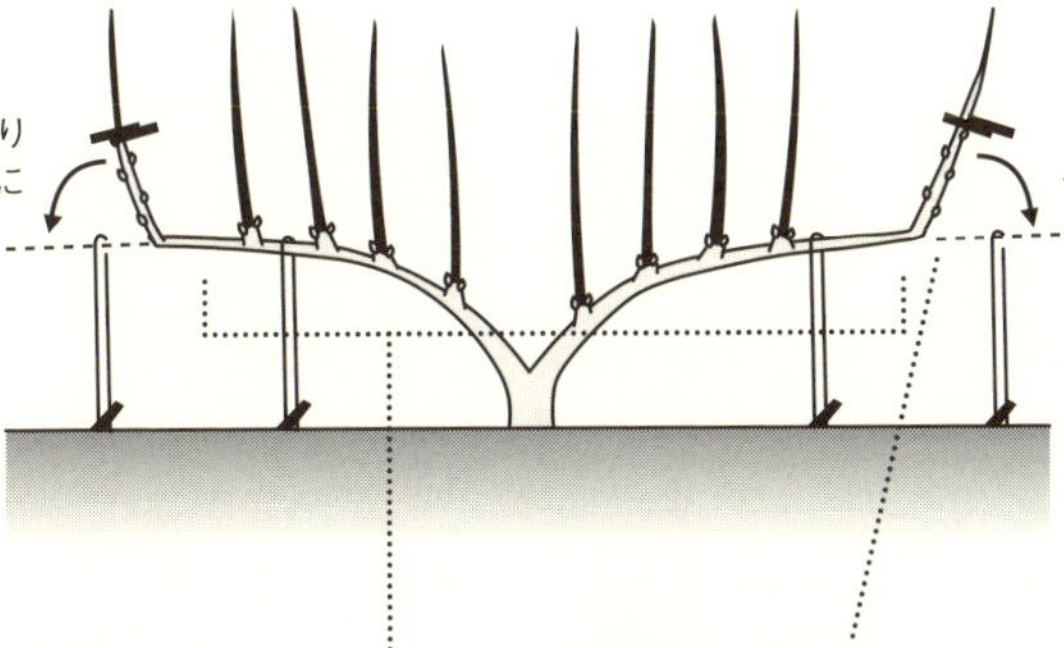

2 枝先を切り詰める

1以外の枝は、すべて1～2芽の冬芽を残しバッサリと切り詰める。翌春から新梢が伸びて果実がつく。翌年も同様に1～2芽を残して切り詰める。

1 木を拡大させる

木を左右に拡大させたい場合は、両端にある枝を1/2程度切り詰めて、横向きに誘引する。支柱を設置するか、地面に杭を打ってひもで下に引っ張るとよい。木を拡大させない場合は**2**と同じ切り方をする。

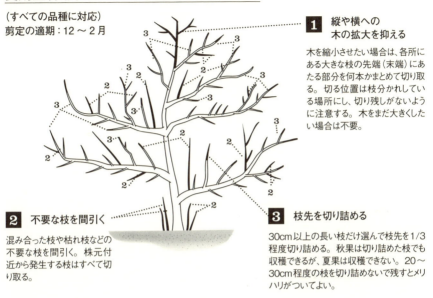

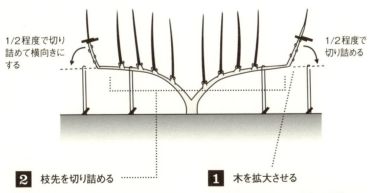

Q. ウメの剪定などの作業のポイントを教えてください

A. 枝先を¼程度切り詰めて、短い枝を発生させます

庭先や公園などで、剪定を失敗して実つきが悪くなったウメの木をよく見かけます。一番多い失敗の原因は、12～2月の剪定時に5～9月に伸びた枝を切り詰めすぎていることです。その結果、実つきの悪い徒長枝ばかりが発生します。

ウメの花芽は枝の全域に点在しますが、30㎝以上の長い枝、特に徒長枝についた花芽は不完全なものが多く、開花時期も遅いので、花が咲いても果実はほとんどつきません。122～123ページで解説したように、切り詰め位置によってその後に発生する枝の長さが異なりますが、枝を切り詰めすぎることによって、花しか咲かない長い枝ばかりが発生して、実つきが悪くなるので注意しましょう。摘心（76ページ）の際に、新梢を必要以上に切り詰めるのも逆効果です。

果実がなりやすいのは、5～15㎝程度の短い枝です。下図のように長い当年枝があったら、先端を¼程度切り詰め、

ウメの花芽と結実

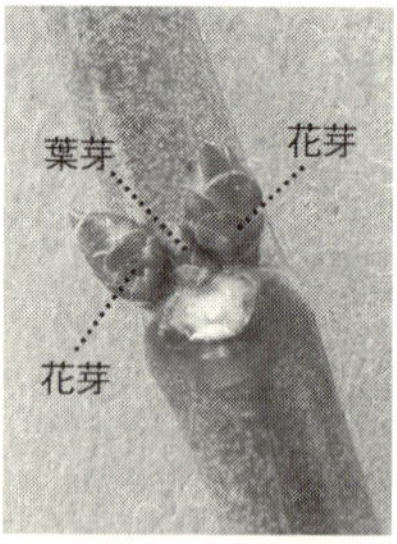

1ヵ所に1～3個の花芽がつく。

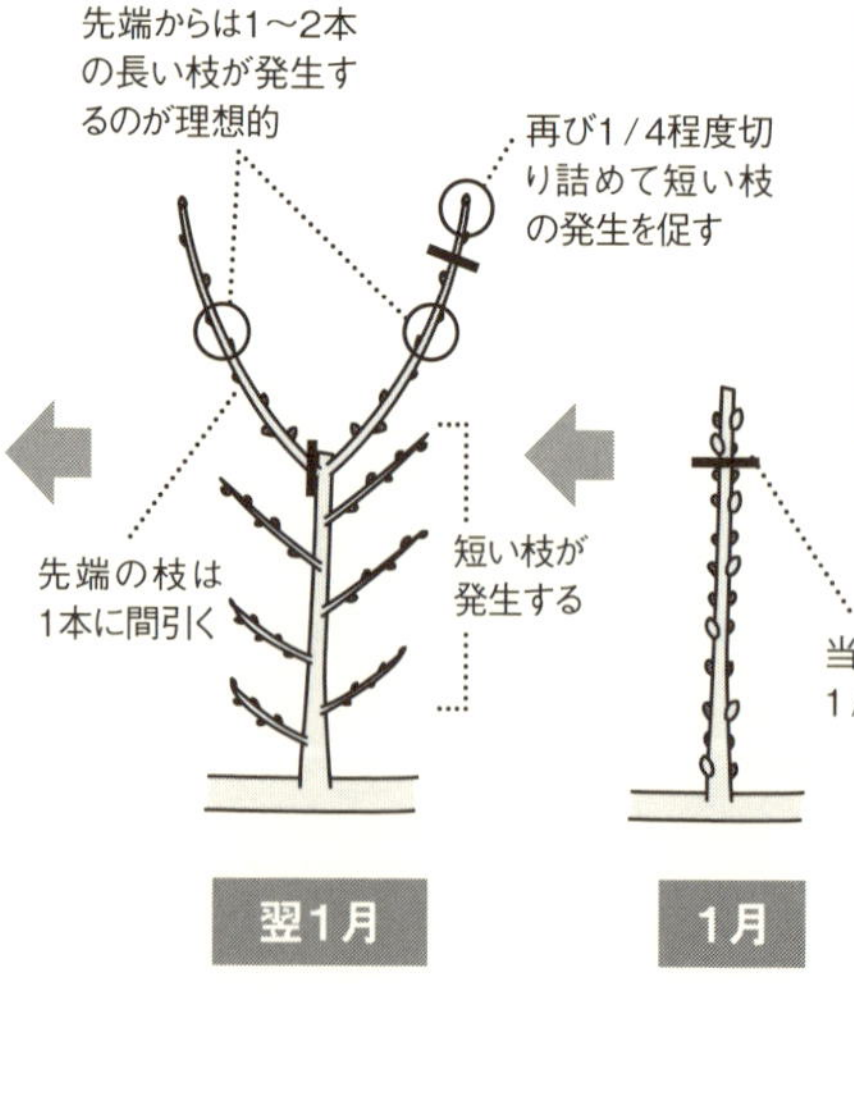
当年枝の先端を1／4程度切り詰める

短い枝をなるべく多く発生させるのが実つきをよくする剪定の最大のポイントです。枝をうまく切り詰めると、先端からは長い枝が発生しますが（下図の翌年1月）、1本に間引いてから、先端を¼程度切り詰めると短い枝を再び発生させることができ、結実部位が拡大します。

植えつけ（136ページ）時には、深植えにすると根が窒息して生育が悪くなるので、やや浅めに植えつけるとよいでしょう。実つきをよくするためには、周囲に受粉樹を用意します。樹高が高くなりやすいので、開心自然形仕立て（136ページ）を目指すのが理想的です。そのために2年目は、充実した枝2〜3本（主枝）を残して¼程度切り詰め、他はつけ根から間引きます。

栽培カレンダー

栽培カレンダー	植えつけ	枝の管理	花の管理	果実の管理	収穫	肥料
1月	植えつけ（厳寒期を除く）	剪定				
2月	植えつけ（厳寒期を除く）		人工授粉			
3月			人工授粉			
4月		摘心		摘果		肥料
5月		摘心／枝の間引き・捻枝			収穫	
6月		枝の間引き・捻枝			収穫	肥料
7月					収穫	
8月						
9月						
10月						
11月	植えつけ	剪定				肥料
12月	植えつけ	剪定				

DATA

科属名	バラ科 アンズ属
形態	落葉高木
樹高	3m程度 最大8m
耐寒気温	−15℃
土壌pH	5.5〜6.5
花芽	純正花芽
隔年結果	しにくい
受粉樹	品種によっては必要
難易度	ふつう

収穫

5月中旬〜7月中旬

果実を軽くつまんで持ち上げて収穫し、傷つかないようかごなどに入れる。ポリ袋に入れて冷蔵庫の野菜室で保存する。用途により収穫時期が異なり、梅酒、梅ジュースなどは未熟な青ウメ、梅干し、ウメジャムなどは完熟した黄ウメを使用する

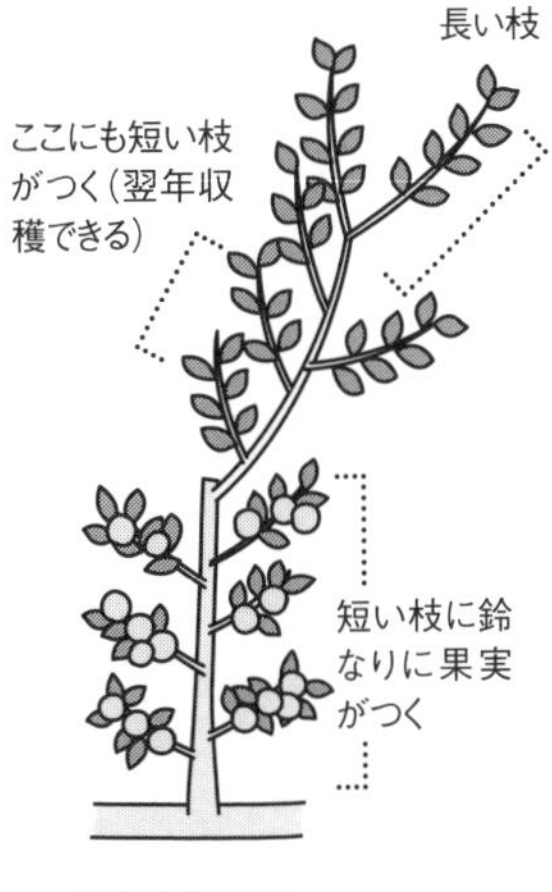
長い枝
ここにも短い枝がつく（翌年収穫できる）
短い枝に鈴なりに果実がつく
翌6月

仕立て（2年目）

充実した伸びた枝を2～3本残し、1/4程度切り返す。

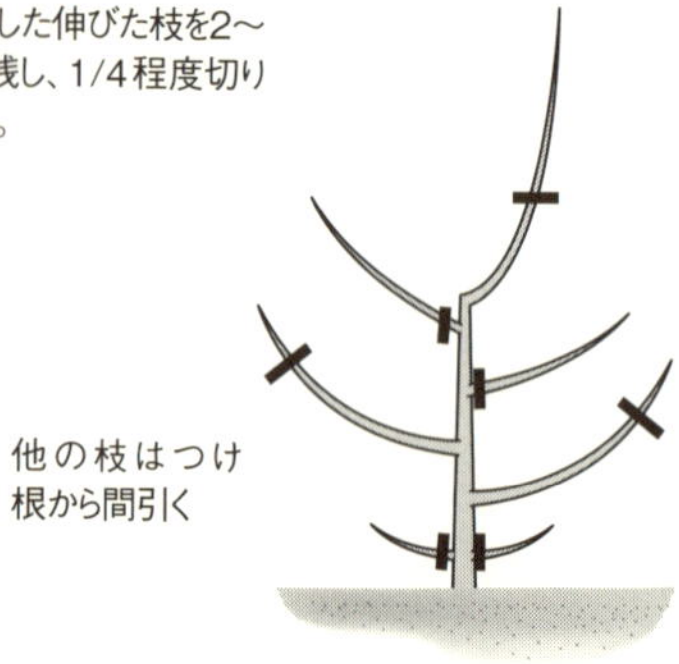

植えつけ（1年目）

植えつけは浅めがよい。また、秋植えがおすすめで、開花前には植えつけたい。受粉樹が必要な品種は、3m程度離れたところに開花期が近い別品種を植える。

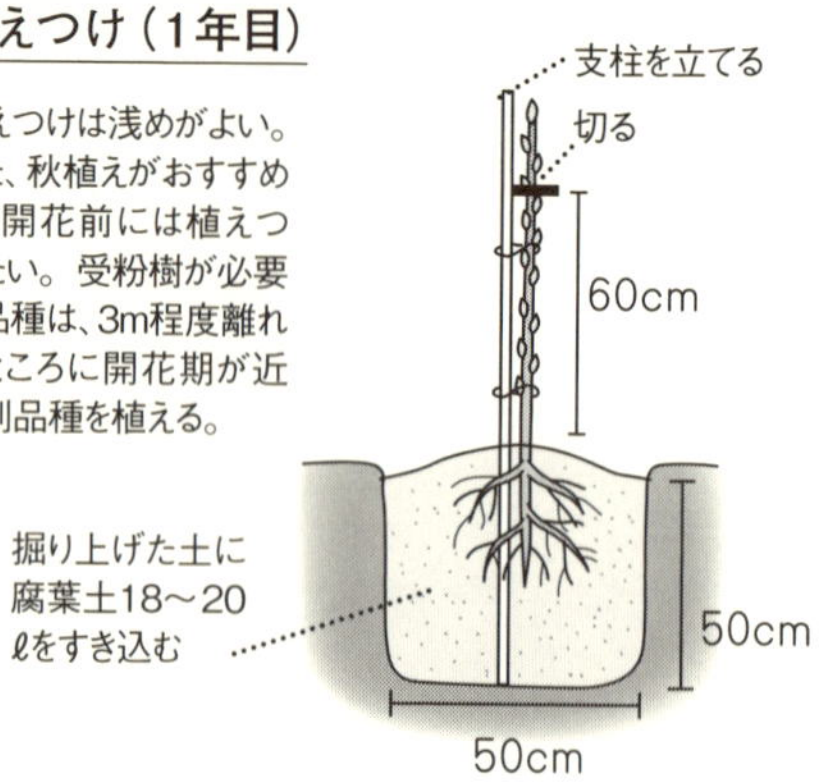

冬季剪定（3年目以降）

理想的な木の形：開心自然形仕立て
剪定の適期：11月下旬～1月

2 枝先を切り詰める

実つきがよい短い枝を発生させるために、5～9月に伸びた枝のうち、30～50cmの枝の先端を1/4程度切り詰める。50cm以上の徒長枝は1で切り取る。

3 先端の枝は1本に間引く

2で切り詰めた枝が1年間経過すると、短い枝が発生するともに、先端付近からは長い枝が発生する。混み合うので、1本のみを残してほかの長い枝はつけ根で切り取る。

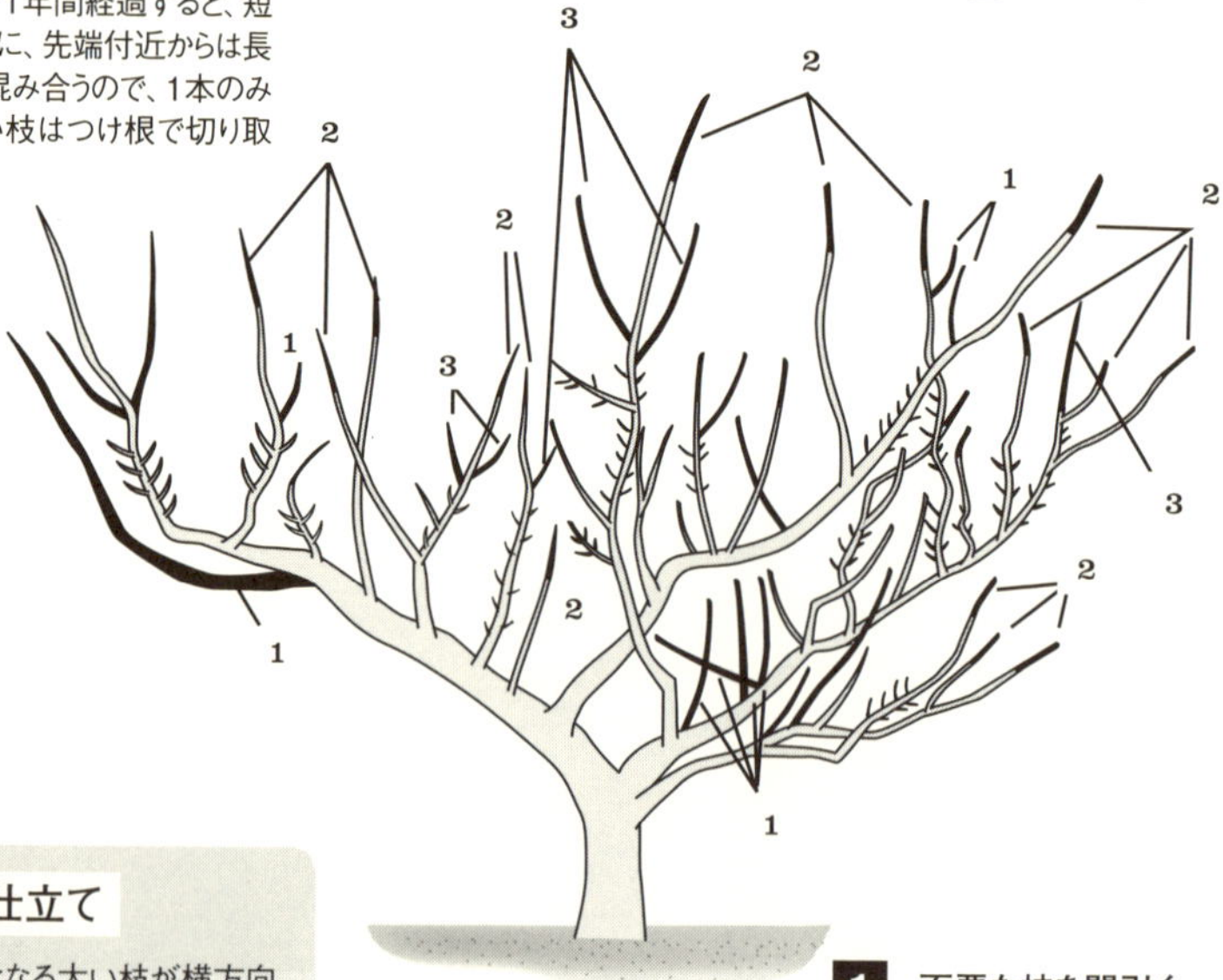

開心自然形仕立て

2～3本の骨格となる太い枝が横方向に伸びるように幼木のころから誘引し、横長になるように仕立てる方法。樹高が高くなりやすい果樹に向いている。広い土地などある程度放任できる場合は、変則主幹形仕立てにするとよい。

1 不要な枝を間引く

徒長枝や混み合った枝などをつけ根で切り取る。1～3を合わせて全体の枝のうち、3～5割程度の枝を切り取るとよい。

Q. カキの剪定などの作業のポイントを教えてください

A. 枝先を切り詰めすぎず、木の広がりを抑えます

カキは縦方向にも横方向にも拡大して大木になりやすいので、幼木のころから剪定をして木をコンパクトに保つように心がけます。すでに大木になってしまっている場合は、切り戻し剪定（114ページ）で毎年何本かの枝をまとめて切り取って、木を小さくしていきます（次ページ参照）。ただし、いきなり樹高を低くすると翌年に徒長枝が大量に発生したり、木が弱ったりして実つきが悪くなるので、注意が必要です。

花芽は葉芽よりも大きい傾向にありますが、明確に見分けるのは困難です。花芽は枝の先端付近にしかつかないので、果実をならせたい枝の先端を切り詰めないようにします。ただし、枝をまったく切り詰めないと充実した新梢が発生しないので、4～9月に伸びた枝（当年枝）のうち、50～50㎝程度の長い枝だけを¼～⅓切り詰めましょう。50㎝以上の徒長枝はつけ根で切り取ります。

カキの花芽と結実

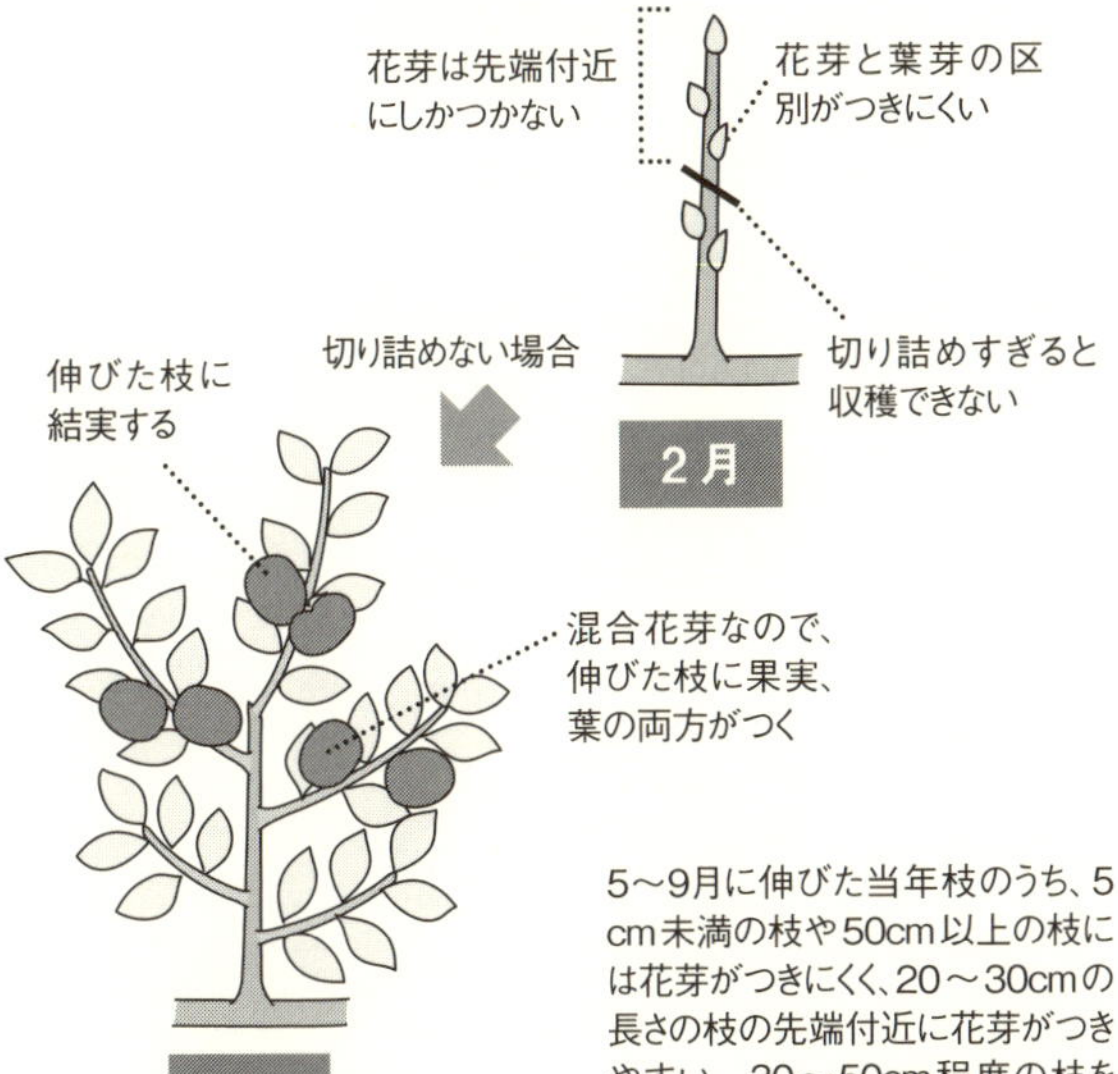

5～9月に伸びた当年枝のうち、5cm未満の枝や50cm以上の枝には花芽がつきにくく、20～30cmの長さの枝の先端付近に花芽がつきやすい。30～50cm程度の枝を1/4～1/3切り詰めるとよい。

仕立て（2〜3年目）

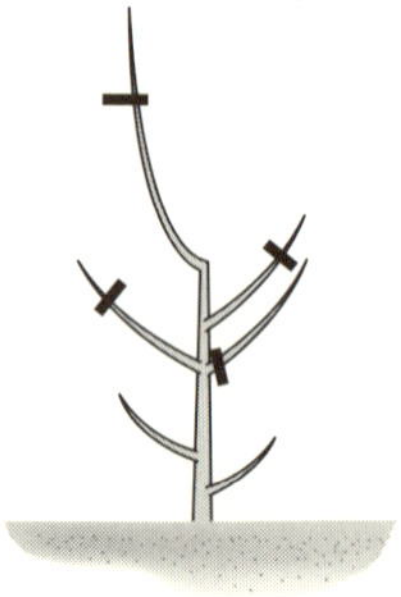

混み合った枝はつけ根で間引く。30cm以上の枝は、1/3程度切り返し、枝の伸びを促す。

植えつけ（1年目）

日当たり、水はけのよい場所に浅めに植え、たっぷりと水やりする。根が乾燥に弱く、手早く作業し、わらなどでマルチングする。

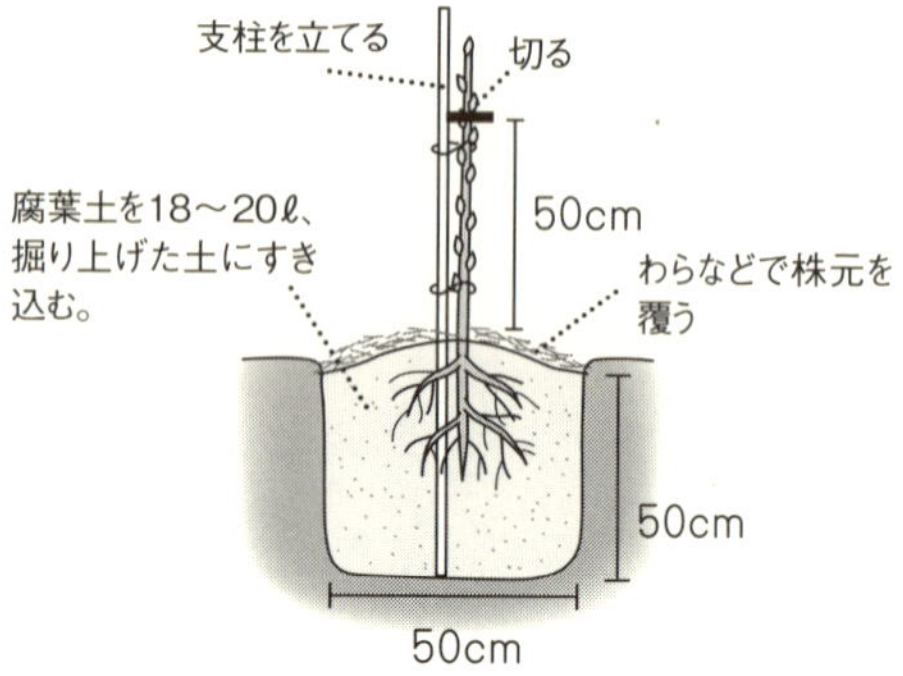

冬季剪定（4年目以降）

理想的な木の形:変則主幹形仕立て
剪定の適期:12〜2月

1 縦や横への木の拡大を抑える

木を小さくしたいときは、大きな枝の先端（末端）を何本かまとめて切り取る。枝分かれしている場所で切り、切り残しがないように注意する。木を大きくしたい場合は切らずに枝を伸ばす。

3 長い枝だけ先端を切り詰める

前年に伸びた枝のうち、30〜50cmの枝だけ、先端を1/5〜1/4程度切り詰める。

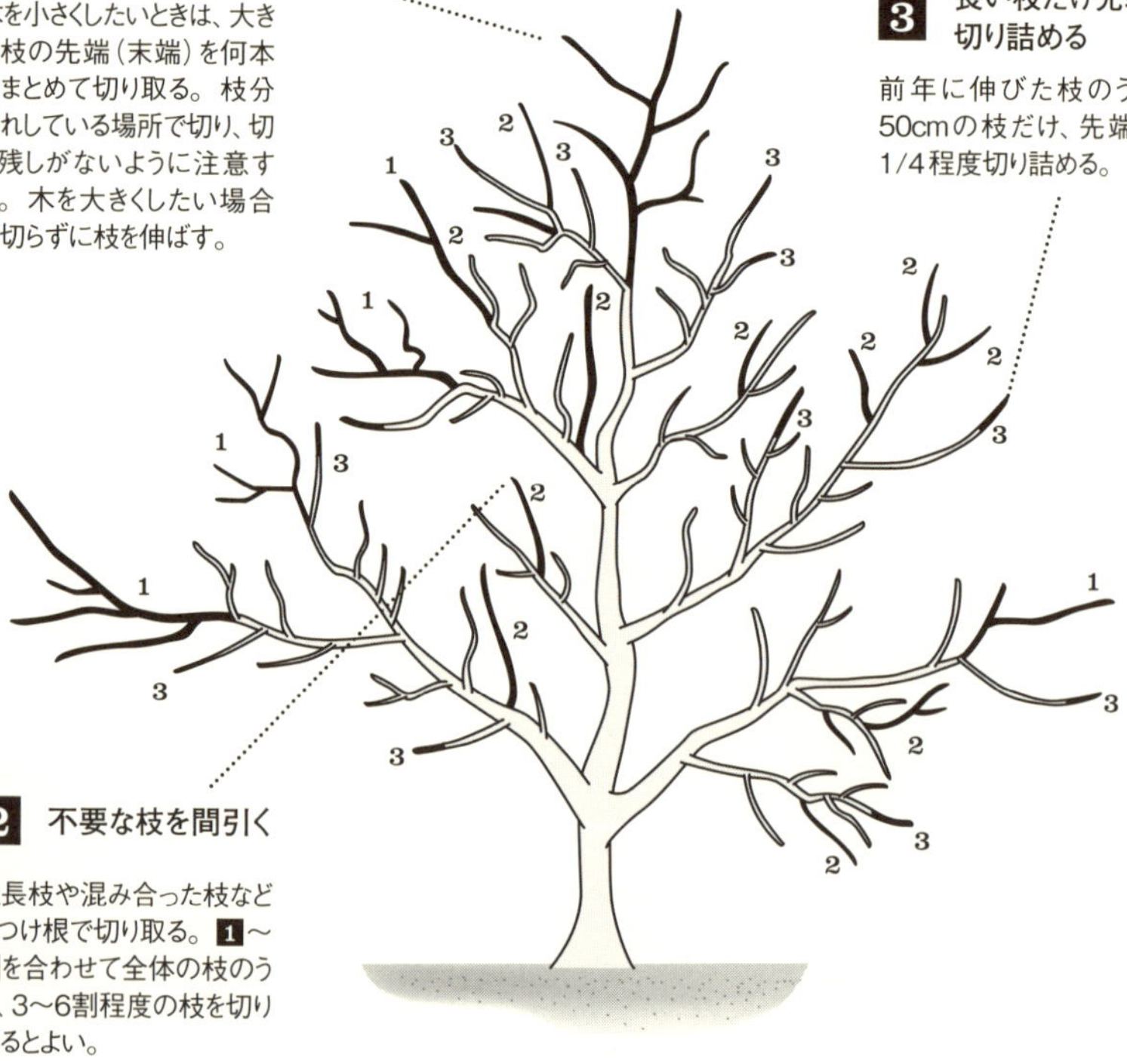

2 不要な枝を間引く

徒長枝や混み合った枝などをつけ根で切り取る。1〜3を合わせて全体の枝のうち、3〜6割程度の枝を切り取るとよい。

植えつけの適期は11～3月ですが、11月の秋植えにすることで根と土がなじむのが早くなり、その後の生育が良好になりやすいです。苗木の根は乾燥に弱いので、植えつけ時にポットから抜いたら手早く植えつけるとよいでしょう。木の形（仕立て）は、変則主幹形仕立て（下の説明）か開心自然形仕立て（136ページ）が向いています。

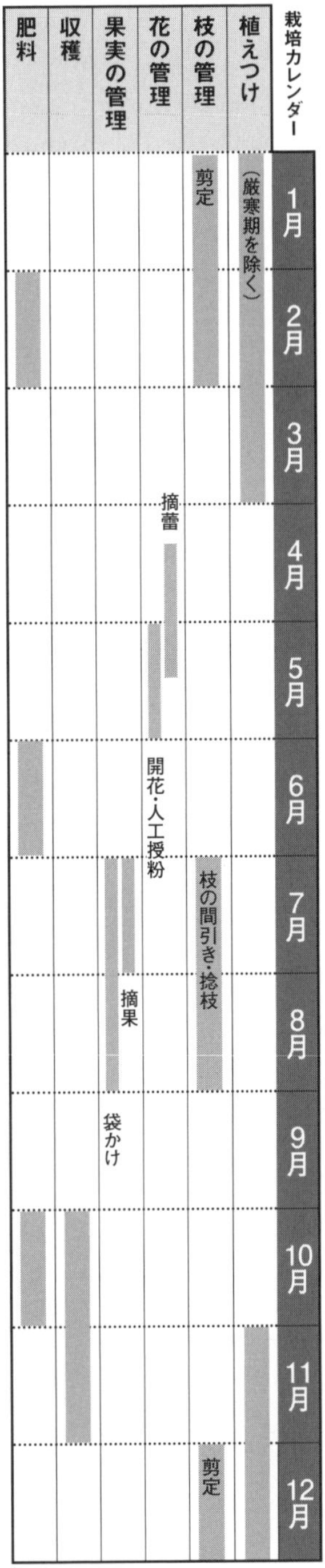

DATA

科属名	カキノキ科 カキノキ属
形態	落葉高木
樹高	3m程度 最大10m
耐寒気温	−13℃
土壌pH	6.0～6.5
花芽	混合花芽
隔年結果	しやすい
受粉樹	品種によっては必要
難易度	ふつう

収穫

10～11月

橙色に色づいた果実をハサミで切って収穫し、軸を切り落とす。果実が傷むのを防ぐため、霜が降りる前に収穫する。高い枝になった果実は高枝切りバサミで枝ごと切って収穫する。渋ガキや渋が抜けきっていない甘ガキは渋抜きする。

変則主幹形仕立て

植えつけから数年間は、混み合う枝を間引く程度に剪定し、樹高が高くなったら木の先端部を切り戻す仕立て方。リンゴでは下の枝を特に大きく拡大させることで改良したフリースピンドル仕立てが人気。

アルコール脱渋

焼酎などのアルコールにへたを一瞬浸し、ポリ袋に入れ空気を抜き密閉する。冷暗所に1～2週間置くと渋が抜ける。

Q. 柑橘類の剪定などの作業のポイントを教えてください

A. 春に伸びた枝は、なるべく多く残します

柑橘《かんきつ》類というとウンシュウミカンやレモンなど多くの種類がありますが、剪定の基本はどれも同じです。大木になりやすいので枝を切り戻す（110ページ）と効果的です。

4～5月に伸びる春枝、6～8月に伸びる夏枝、9～10月に伸びる秋枝に大別できますが、なかでも春枝が越冬して翌年に果実がつきやすいです。一方、夏枝は徒長枝になり、秋枝は極端に細くて短くなって結実しにくい傾向にあります。2月下旬～4月上旬の剪定時に、春枝を残してそれ以外を間引くのが実つきをよくするポイントとなるので、枝を切る時点で春枝、夏枝、秋枝のいずれかを判断する（141ページ）か、それがむずかしければ、夏や秋に枝が発生した時点で切り取りましょう。花芽は枝の先端付近につきやすいので、枝を切り詰める際に長い枝だけを切り詰めると必要な花芽を確保しやすいです。

なお、柑橘類の枝には鋭いトゲがあり、人に対して危険なほか、果実や枝葉に傷をつけます。トゲがなくても生育

柑橘類の花芽と結実

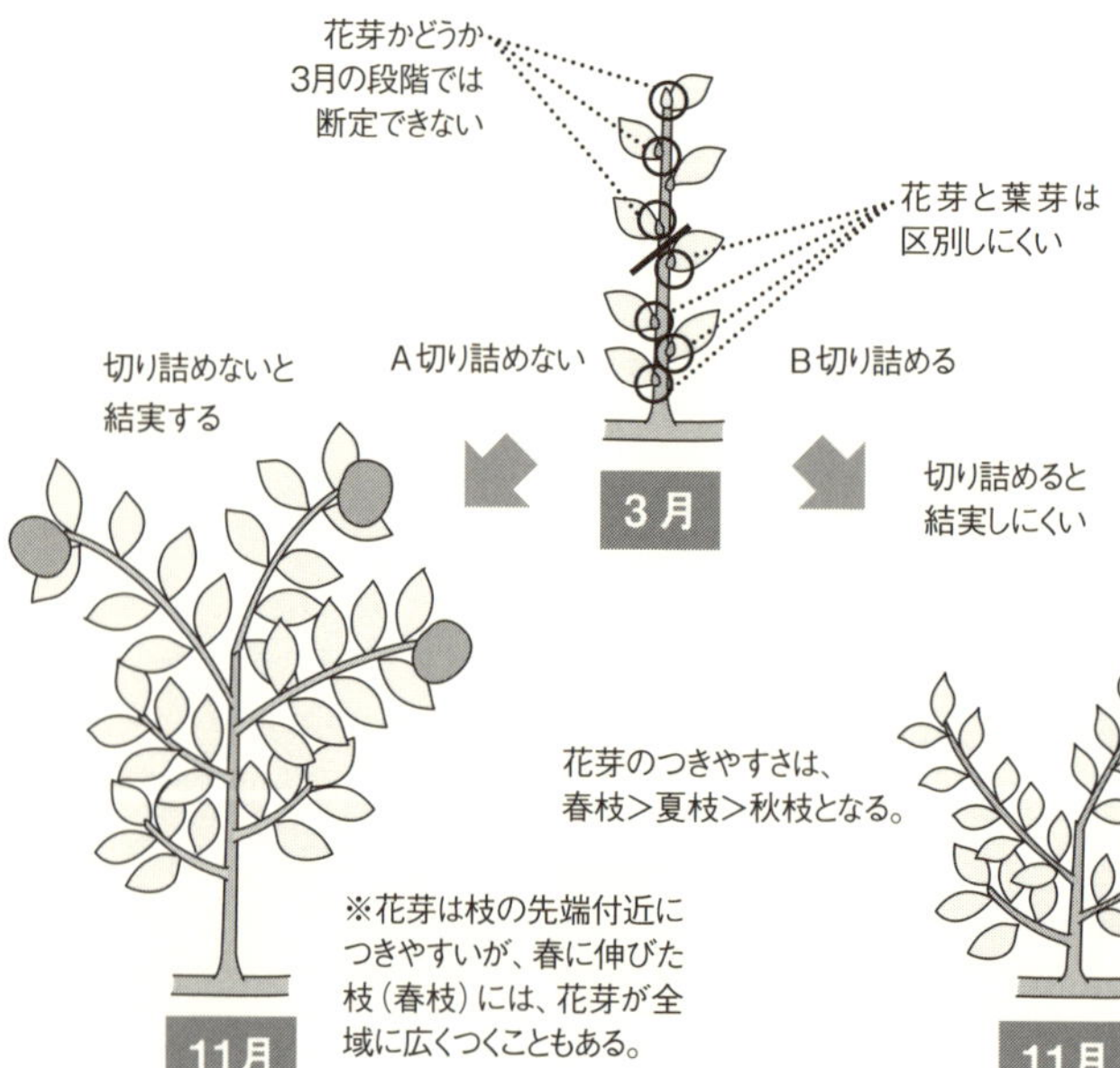

には影響がないので、剪定時に限らず切り取りましょう。

寒さに弱いので、育てている種類や品種の耐寒気温（24ページ）と居住地の最低気温を確認してから植えつけます。寒さで枯れる恐れがない場合は庭植えにしますが、枯れる恐れがあれば鉢植えにして、冬は室内などに取り込みます。

理想的な木の形は、樹高が低くて木の全体に日光が均等に当たりやすい開心自然形仕立てです。植えつけ2年目は骨格となる3本の枝（主枝）を残してつけ根から切り取り、残した枝は先端を⅓〜½程度切り詰めます。

枝を区別するポイント

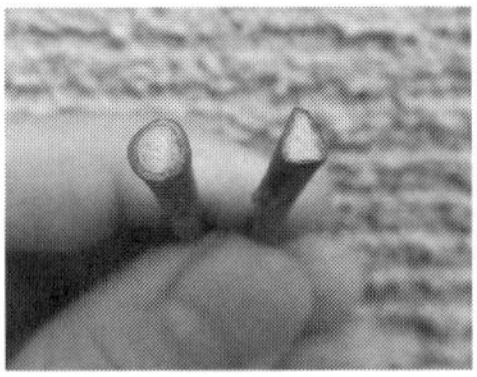

春枝は切り口の断面が丸く（写真左）、夏枝や秋枝は三角形になりやすい（写真右）。

ハモグリガの幼虫の被害は夏や秋に伸びた葉に発生しやすいので、被害があれば夏枝か秋枝と判断して枝ごと切り取ってもよい。

DATA

科属名	ミカン科 ミカン属
形態	常緑高木
樹高	2.5m程度 最大10m
耐寒気温	−7℃〜−3℃
土壌pH	5.5〜6.0
花芽	混合花芽
隔年結果	しやすい
受粉樹	品種によっては必要
難易度	ふつう

収穫

適期は種類による

色づいた果実を収穫し、果梗を切り取る。ナツミカン、ブンタンなど種類によっては色づいても酸味が抜けるまで収穫を待つものもある。

栽培カレンダー

月	植えつけ	枝の管理	花の管理	果実の管理	収穫	肥料
1月		防寒対策			ハッサク	
2月	植えつけ				せとか	肥料
3月	植えつけ	剪定			不知火	
4月		剪定			河内晩柑	
5月			開花・人工授粉		ナツミカン	
6月		トゲ取り（周年）	開花・人工授粉		イエローポメロ	肥料
7月				摘果	バレンシアオレンジ	
8月				摘果	スダチ	
9月				摘果	カボス	
10月				種類により異なる（68ページ）	早生温州	
11月		防寒対策			普通温州	肥料
12月		防寒対策			ユズ	

植えつけ（1年目）

寒さに弱いので、寒冷地では無理せず3月下旬に植えつける。つぎ木部分が土をかぶらないようにする。

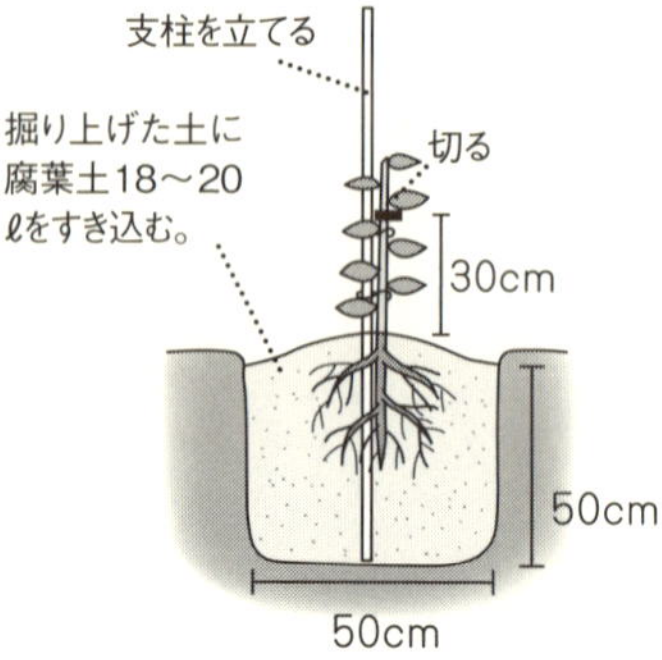

仕立て（2年目）

骨格となる3本の枝を残し、
1/3～1/2切り返す。
他の枝はつけ根から切り取る。

冬季剪定（3年目以降）

理想的な木の形:開心自然形仕立て
剪定の適期:2月下旬～4月上旬

1 縦や横への木の拡大を抑える

木を縮小させたい場合は、各所にある大きな枝の先端（末端）にあたる部分を何本かまとめて切り取る。切る位置は枝分かれしている場所にし、切り残しがないように注意する。木をまだ大きくしたい場合は不要。

2 不要な枝を間引く

60cm以上の徒長枝や混み合った枝などをつけ根で切り取る。夏や秋に伸びた枝は優先的に切り取る。

3 長い枝だけ先端を切り詰める

当年枝のうち、25～60cmの長い枝の先端を1/4～1/3程度切り詰める。

1～**3**を合わせて全体の枝のうち、1～3割程度の枝を切り取るとよい。

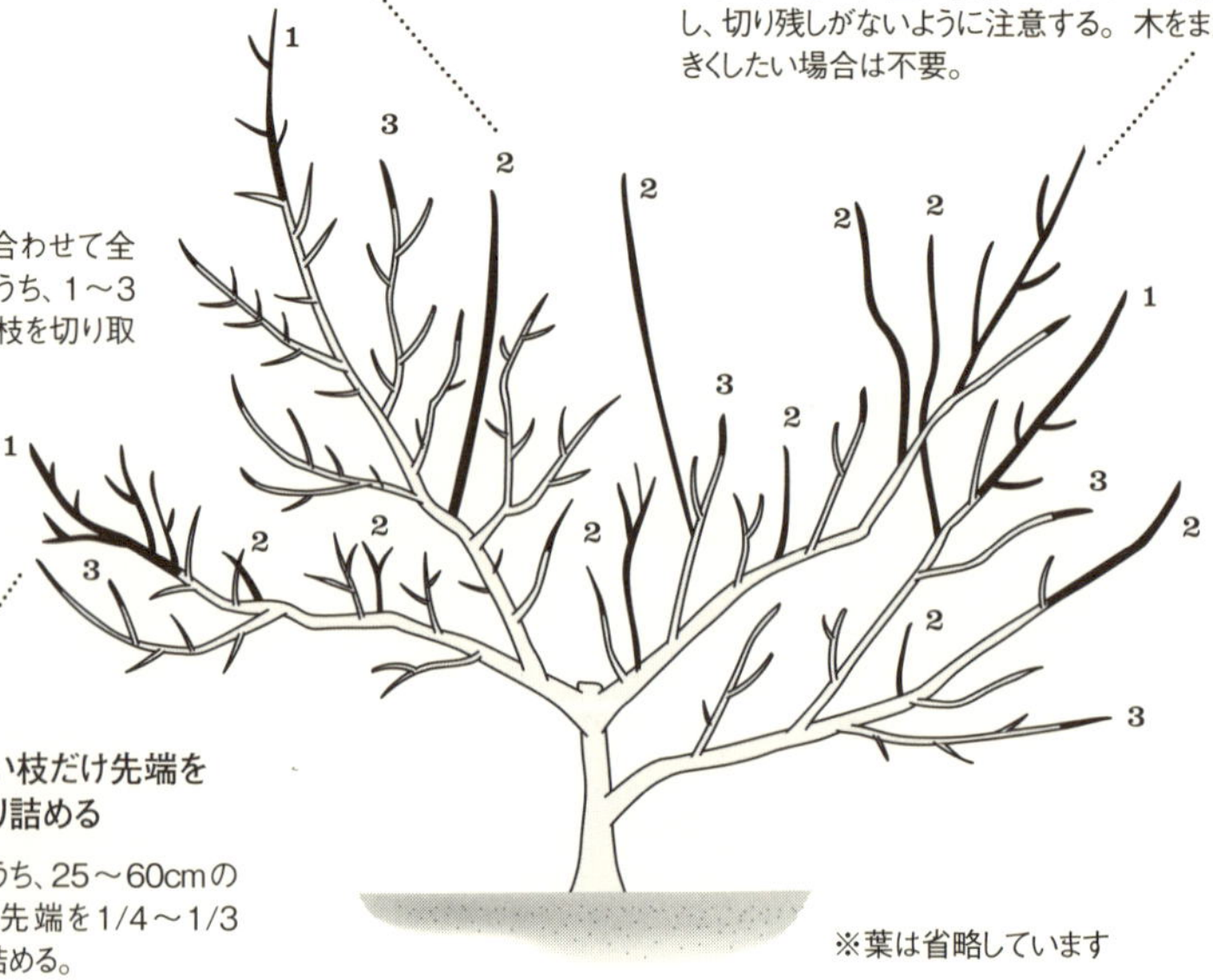

※葉は省略しています

Q. キウイフルーツの剪定などの作業のポイントを教えてください

A. 果梗《かこう》（果実の軸）の有無や品種によって切り詰める位置を判断します

混合花芽タイプの果樹（101ページ）で、年数を重ねるたびに果実がつく部位が枝の先へ先へと移動し、棚のスペースがなくなりやすいです。スペースがなくなったら、何本かの枝をまとめて切り取り、つけ根付近にある枝に更新しながら、切り戻すとよいでしょう（145ページ下図の1）。

枝を切り詰める位置は果梗の有無と品種（果肉の色）によって異なります。144ページの図を参考にしながら、適切な位置で切り詰めましょう。ブドウで紹介した短梢剪定が向いた品種はキウイフルーツにはなく、すべての品種で長梢剪定を行います（161ページ）。

4〜9月に発生する新梢は、伸びるたびに誘引します。果実がついていない新梢は真上に向かって伸びて徒長枝になりやすいですが、キウイフルーツでは徒長枝でも翌年には果実がつくので、棚に倒して使えそうなら誘引して利用しましょう。ただし、混み合うと病害虫の原因となるので、枝が足りている場合はつけ根で間引きます。

キウイフルーツの花芽と結実

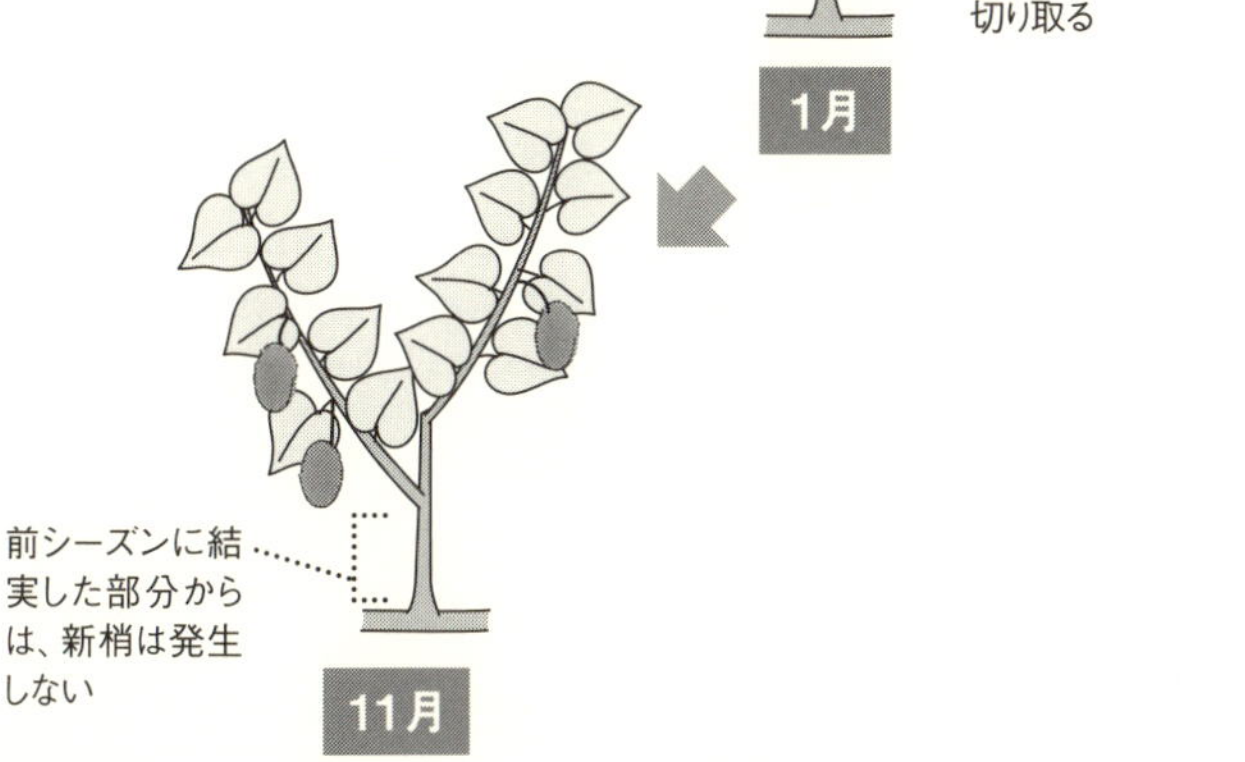

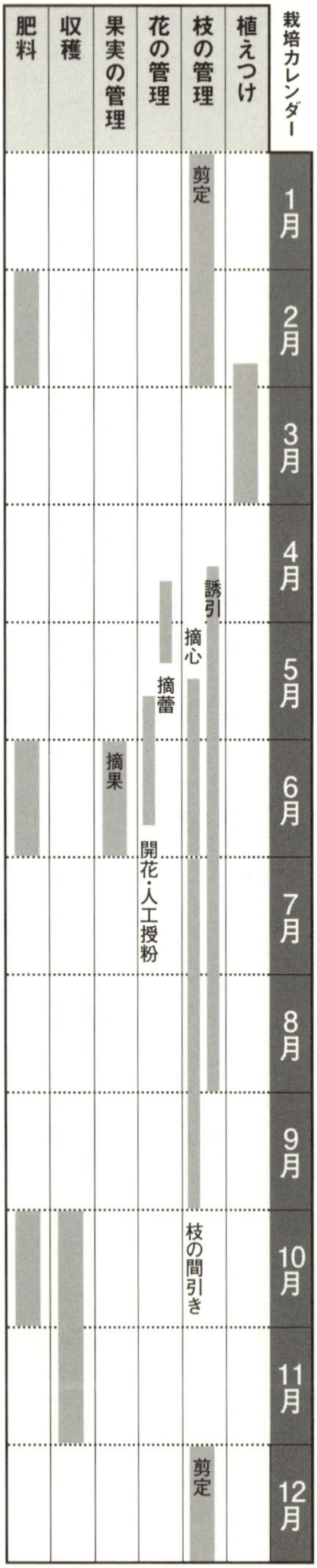

DATA

科属名	マタタビ科 マタタビ属
形態	落葉つる性
樹高	2～3m程度 (棚の高さに)
耐寒気温	−7℃
土壌pH	6·0～6.5
花芽	混合花芽
隔年結果	しにくい
受粉樹	雄木と雌木が必要
難易度	ふつう

収穫

10月～11月

果肉が赤の品種は10月下旬、黄色は11月上旬、緑色は11月中旬に一斉に収穫し、追熟させる

棚仕立て

(オールバック仕立て)

つる性の果樹を棚に仕立てる方法の1つ。苗木を棚の支柱に沿って植える方法を「オールバック仕立て」という。棚の下を広く利用できる。

枝を切り詰める位置

果梗がある枝

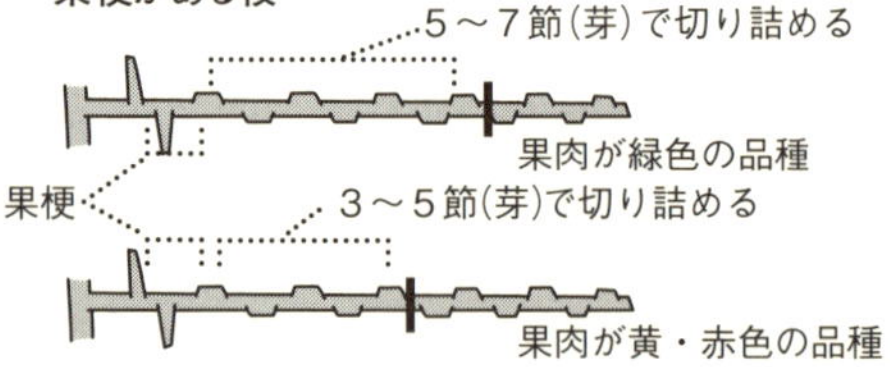

果梗がある枝は、果梗の先端から3～7節を残して切り詰める。

果梗がない枝

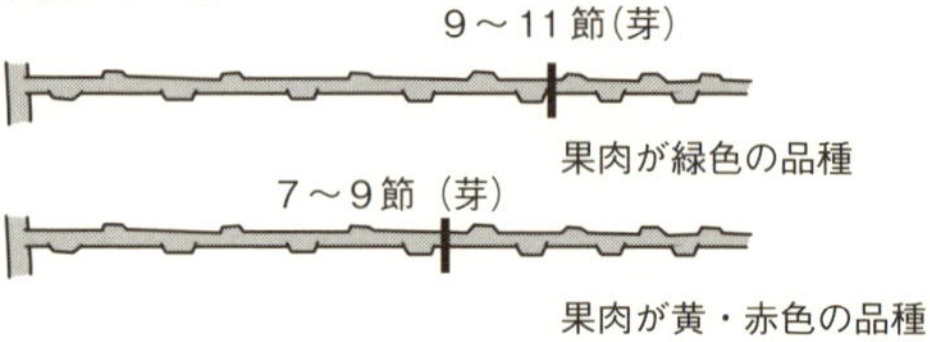

果梗がない枝は、枝のつけ根の1～2芽を除き、大部分の芽から果実がつく枝が発生する。

仕立て（2〜3年目）

2年目は一番充実した1本を棚の上まで誘引する。3年目は棚の上に伸びた枝を約30㎝間隔で伸ばす。

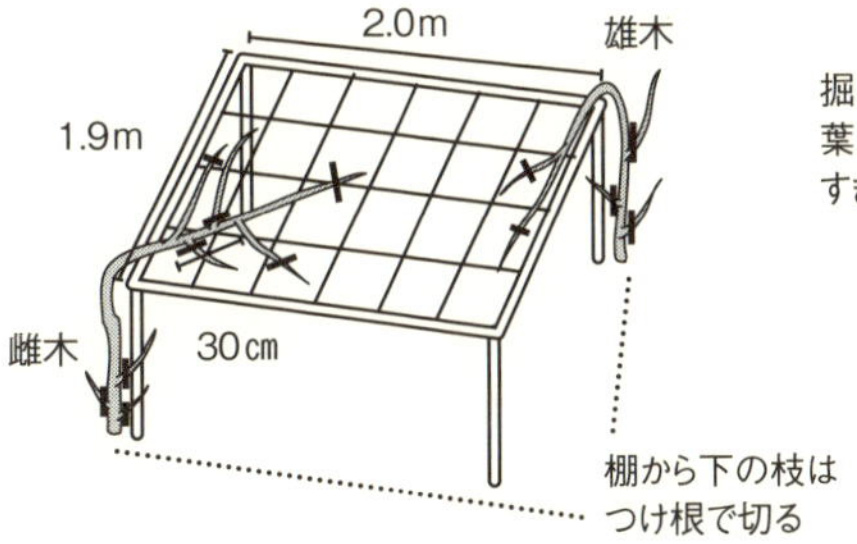

※163ページの一文字仕立てもおすすめ。
（雄木はオールバック仕立て）

植えつけ（1年目）

市販の棚などを用意し、対角線に、支柱に沿って雌木と雄木を植える。

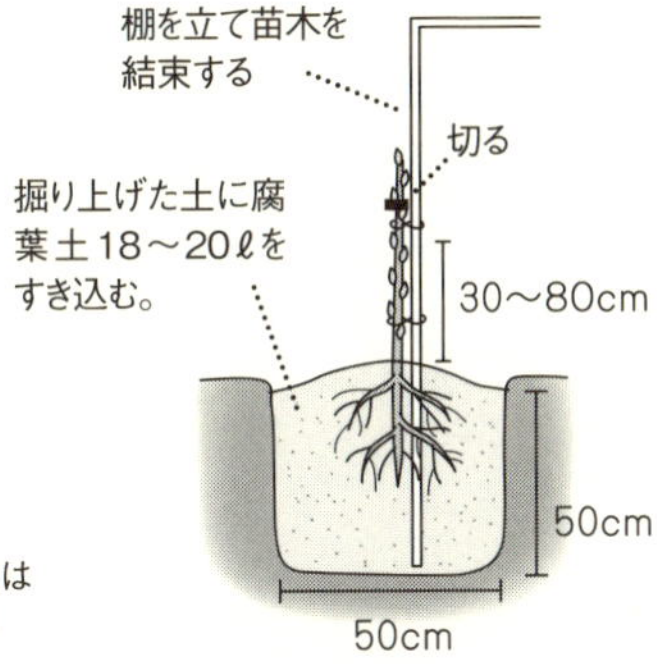

冬季剪定（4年目以降）

理想的な木の形:棚仕立て（オールバック仕立て）
剪定の適期:12〜2月

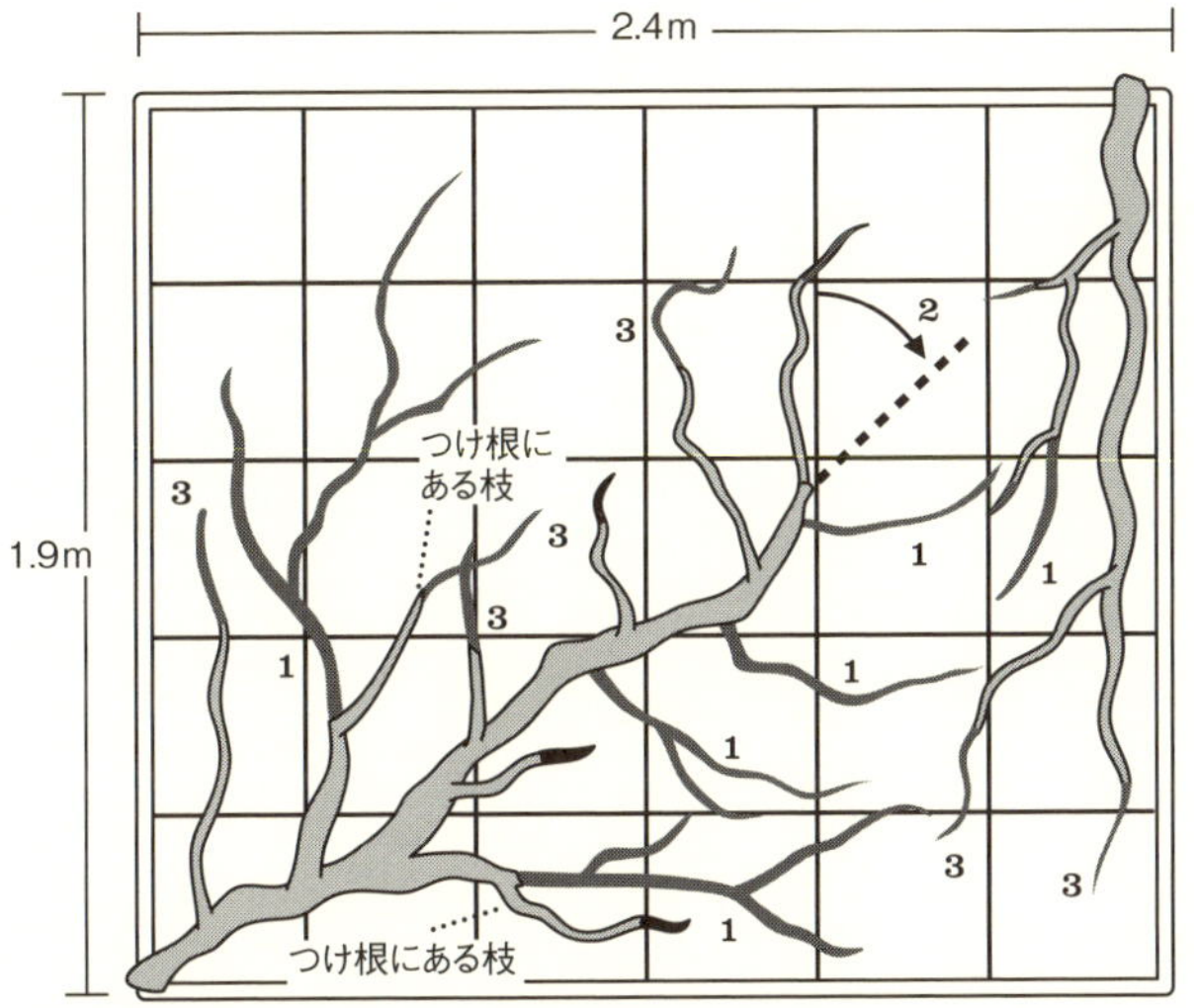

※棚の広さ1㎡当たり2〜3本の枝を残すとよい
上の棚は4.5㎡程度なので雌木と雄木を合わせて12本の枝を残した
※雄木は人工授粉用に少量の花がとれればよい。
棚の縁にコンパクトにまとめておく

1 つけ根の枝に切り戻す

棚のスペースがなくなった場合は、何本かの枝をまとめて切り取り、つけ根付近にある枝に更新する。混み合った枝についてはつけ根で間引く。

2 木を拡大させる

棚にスペースがある場合は切り戻さず、先端の枝を木の延長線上にまっすぐの位置になるようにひもで固定する。

3 枝先を切り詰める

充実した新梢を発生させるために、枝先を切り詰める。果梗の有無や果肉の色に応じて切り詰める長さは調整する。

Q. クリの剪定などの作業のポイントを教えてください

A. 内部に日が当たるように枝を間引き、木を小さくします

クリは摘果などの収穫前の作業が不要で、収穫も落ちた果実を拾えばよいため、木が高くても不便ではなく、剪定されないケースが多いです。しかし、剪定をしないと家を日陰にするほど大木になるほか、木の内部に光が入らないために内部の枝が発生せず、木の外周部にのみ枝が発生するようになり、収穫量が年々減少することがあります。剪定は幼木のころから行いましょう。

剪定は、12～2月に行います。花芽のつき方や枝の切り方はカキ（137ページ）に似ていますが、異なる点もあります。例えば、クリは雌花と雄花の区別があり、枝の先端部分に雌花と雄花が合わさった花（帯雌花穂）をつける枝の花芽がつき、少し下の部位に雄花だけ（雄花穂）がつく枝の花芽がつき、枝の基部付近に葉芽がつきます。

雌花の花芽ができるのは開花直前の4月なので、剪定適期の12～2月に枝先を¼程度切り詰めても、雄花の花芽がついている部分を残せば雌花が咲いて結実します。ただし、

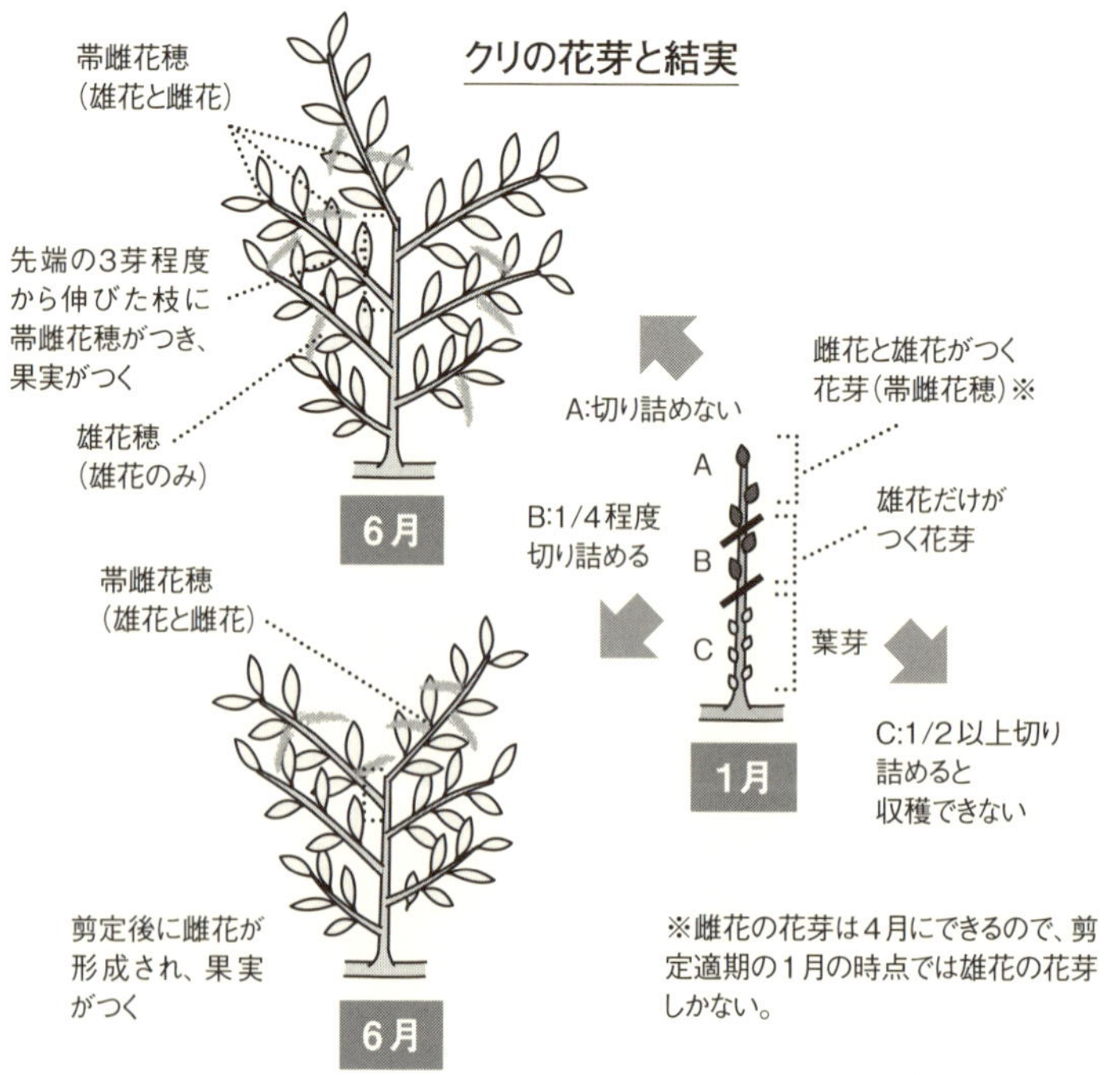

※雌花の花芽は4月にできるので、剪定適期の1月の時点では雄花の花芽しかない。

枝先を½以上切り詰めると収穫できません。

根が深く張るので最低でも50cmは掘り上げて土壌改良して植えます。受粉樹も必要です。2年目は充実した2～3本の枝（主枝）を¼程度切り戻して残し、他はつけ根から間引きます。3年目以降は開心自然形仕立てを目指し、なるべく枝を縦方向ではなく、横や斜めの方向に発生させるように誘引や剪定で心がけます。ある程度の量が収穫できるようになるまでには、4～5年かかります。

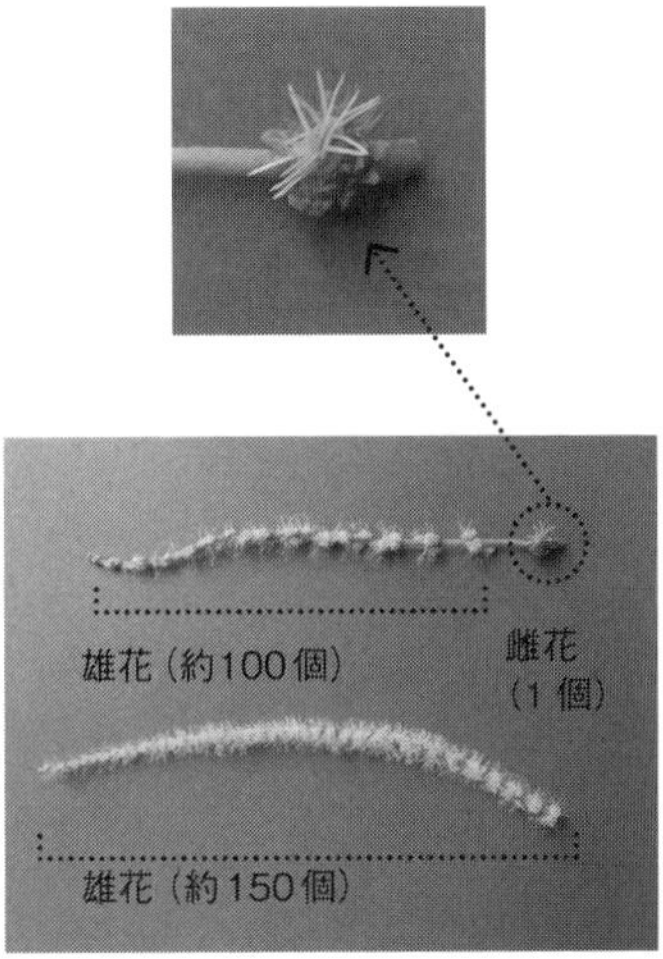

クリの花
上：雄花と雌花を両方もつ「帯雌花穂」
下：雄花のみをもつ雄花穂

栽培カレンダー

月	植えつけ	枝の管理	花の管理	果実の管理	収穫	肥料
1月	■（厳寒期を除く）	■剪定		特になし		
2月	■	■				
3月	■					
4月						■
5月						
6月			■開花			■
7月		■				
8月		枝の間引き			■	
9月					■	
10月					■	■
11月	■					
12月	■	■剪定				

DATA

科属名	ブナ科 クリ属
形態	落葉高木
樹高	3.5m程度 最大15m
耐寒気温	−15℃
土壌pH	5.0～.5.5
花芽	混合花芽
隔年結果	しにくい
受粉樹	必要
難易度	ふつう

収穫

8月下旬～10月

イガが茶色くなって割れ、自然に落下したものから、トゲに注意して収穫する。

仕立て（2年目）

充実した2〜3本の枝を1/4程度切り返す
他の枝はつけ根から間引く

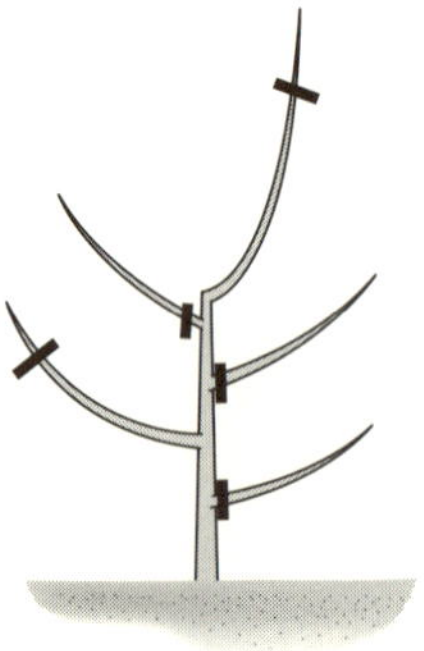

植えつけ（1年目）

日当たりと水はけのよい場所に植える。植え穴は最低でも50㎝掘り上げる。近くに受粉樹も植える。

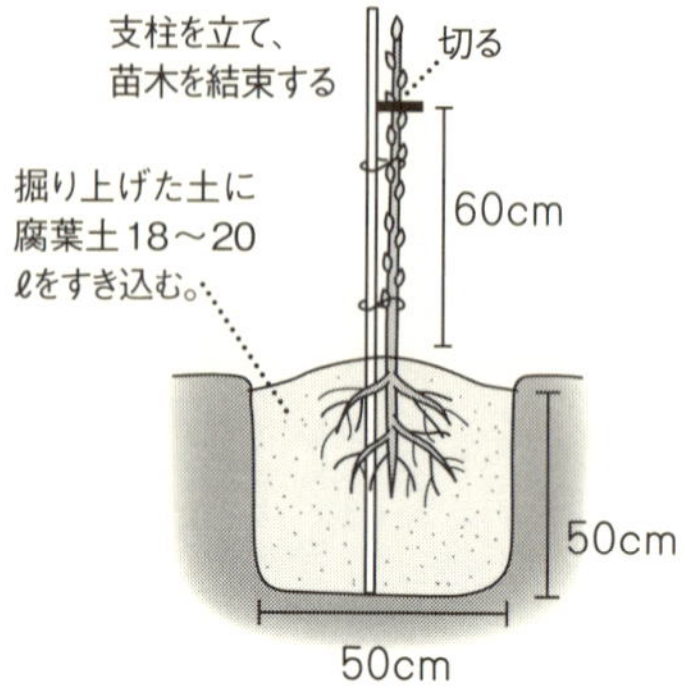

冬季剪定（3年目以降）

理想的な木の形:開心自然形仕立て
剪定の適期:12〜2月

1 縦や横への木の拡大を抑える

木を縮小させたい場合は、各所にある大きな枝の先端（末端）にあたる部分を何本かまとめて切り取る。切る位置は枝分かれしている場所とし、切り残しがないように注意する。木をまだ大きくしたい場合は不要。

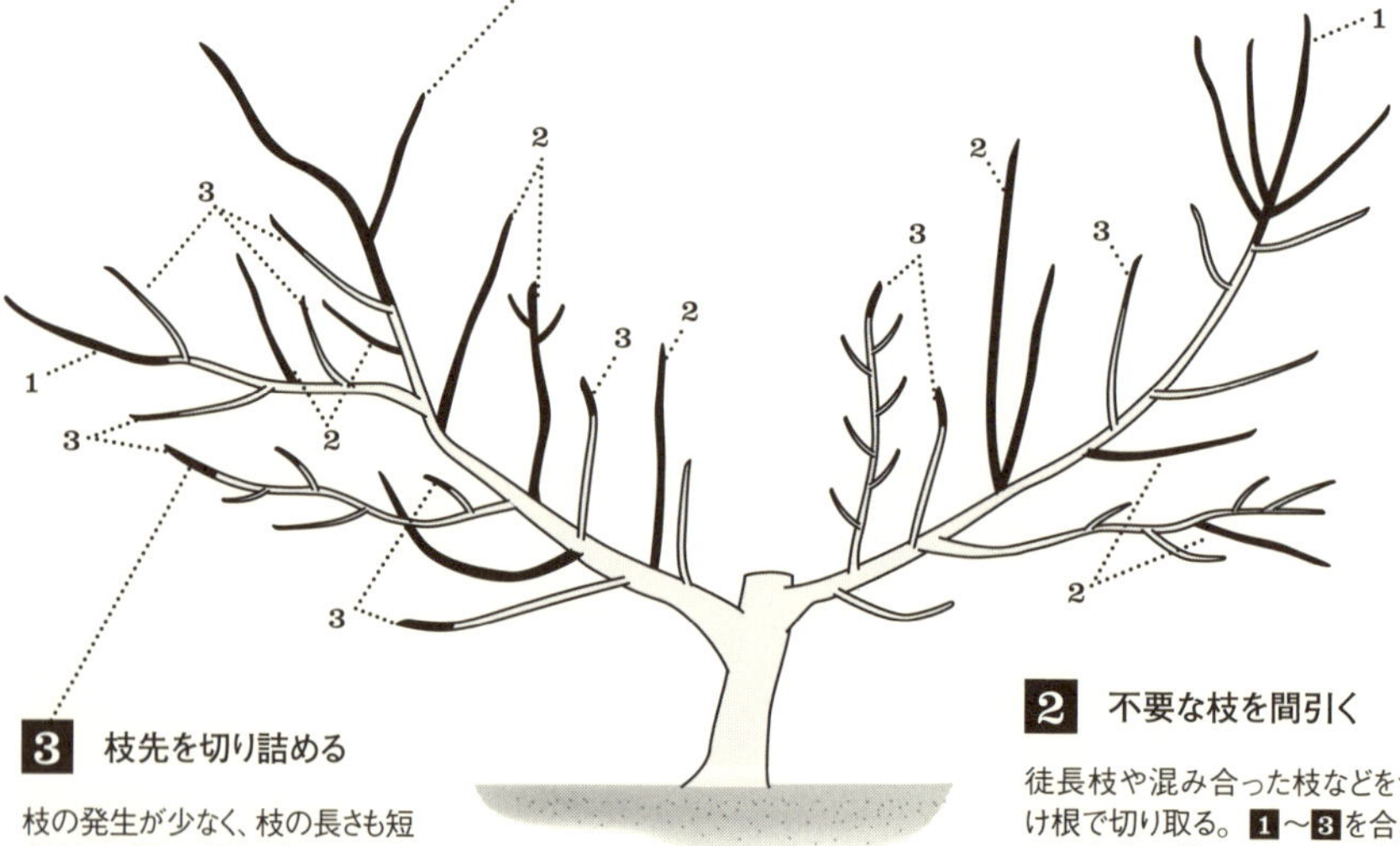

3 枝先を切り詰める

枝の発生が少なく、枝の長さも短くて木の勢いが弱い木については、すべての枝の先端を1/5程度切り詰める。木の勢いが強い木では不要。

2 不要な枝を間引く

徒長枝や混み合った枝などをつけ根で切り取る。1〜3を合わせて全体の枝のうち、3〜5割の枝を切り取るとよい

Q. サクランボの剪定などの作業のポイントを教えてください

A. 枝を斜めや横向きに誘引し、花芽と葉芽が密集した枝を発生させます

2㎝程度の短い枝の中に花芽や葉芽が密集した状態（下写真）を花束状短果枝《かそくじょうたんかし》といいます。サクランボは、この花束状短果枝にたくさん果実がなります。

育てている木に花束状短果枝をつけるためには、発生する枝を極端に短くする必要があります。そのために、まずは5〜9月に伸びた枝を剪定時に斜めや横向きに誘引しましょう。サクランボ農家では、フェンスやワイヤなどに枝を誘引しますが、家庭では周囲の太い枝や地面に打った杭などを利用します。次に、当年枝の先端を切り詰める際に⅕程度にとどめることで、発生する枝を短くできます。

下図のように、長い当年枝を斜めから横向きに誘引して、先端を軽く切り詰めながら、花束状短果枝がつく位置を拡大させることで、実つきがよい状態を長く保つことができます。

剪定のほかにも、春〜夏に摘心や捻枝を行うことで新梢の無駄な伸びを抑え、花束状短果枝がつきやすくなります。

花束状短果枝

葉芽から伸びる枝が2㎝程度の短い状態で止まると、花芽や葉芽が密集する。

サクランボの花芽と結実

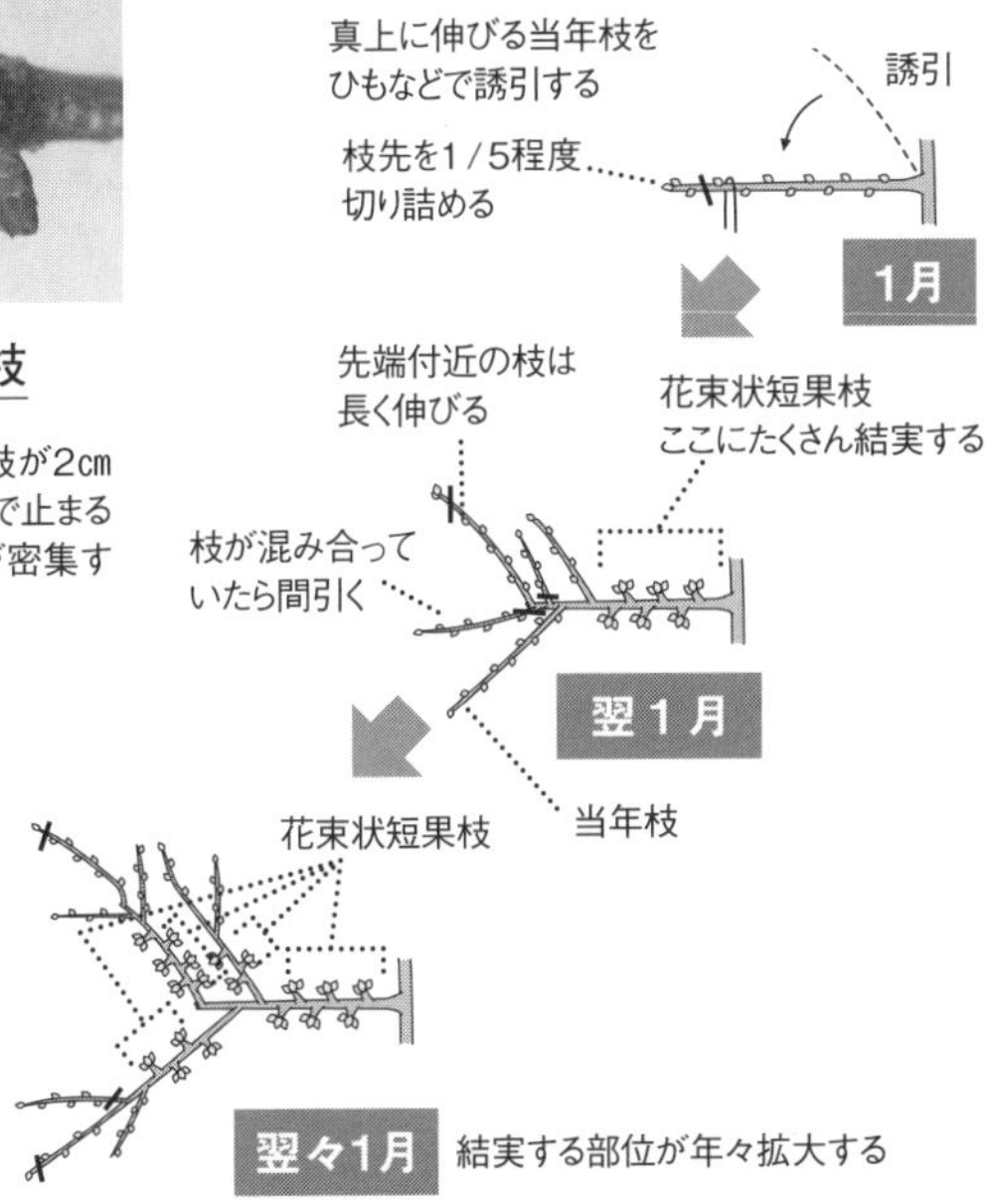

仕立て（2年目）

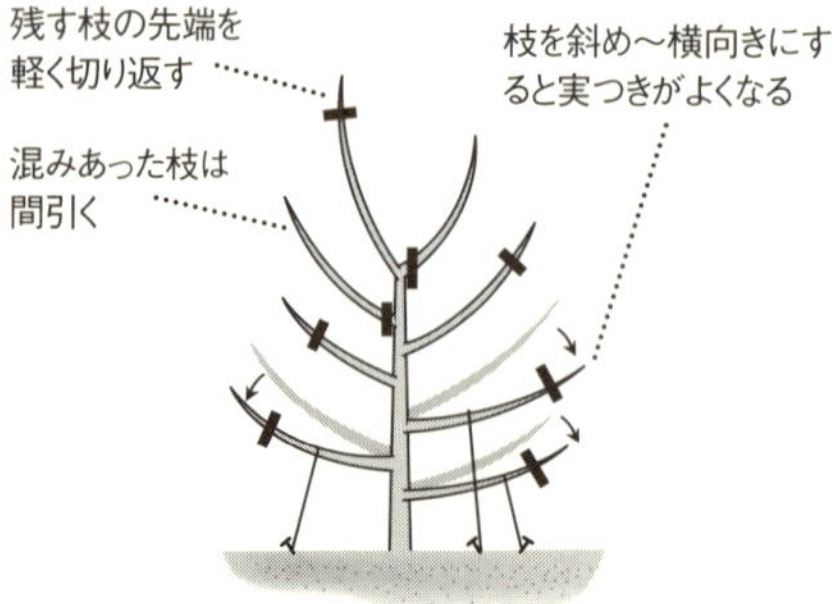

植えつけ（1年目）

日当たり、水はけのよい場所に植える。夏に30度を超す地域ではできるだけ涼しい場所に。相性のよい受粉樹を近くに植える。

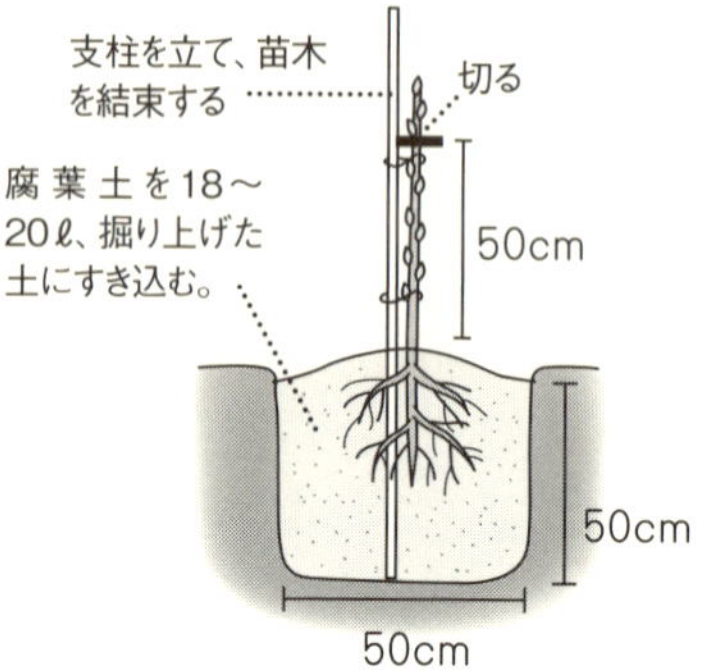

冬季剪定（3年目以降）

理想的な木の形:変則主幹形仕立て
剪定の適期:12〜2月

1 樹高を低くする

樹高が高くなったら、木の先端にあたる部分の枝を枝分かれしている場所で切り戻す。樹高が高くない場合は不要。

2 不要な枝を間引く

徒長枝や混み合った枝などをつけ根で切り取る。1〜3を合わせて全体の枝のうち、3〜4割の枝を切り取るとよい

3 枝先を切り詰める

実つきがよい短い枝を発生させるために、5〜9月に伸びた枝はすべて先端を1/5程度切り詰める。切り詰めすぎると長い枝が発生するので注意。

4 上向きの枝を誘引する

花束状短果枝をつけるために、真上に伸びた枝を、ひもなどを使って斜めから横向きに誘引する。

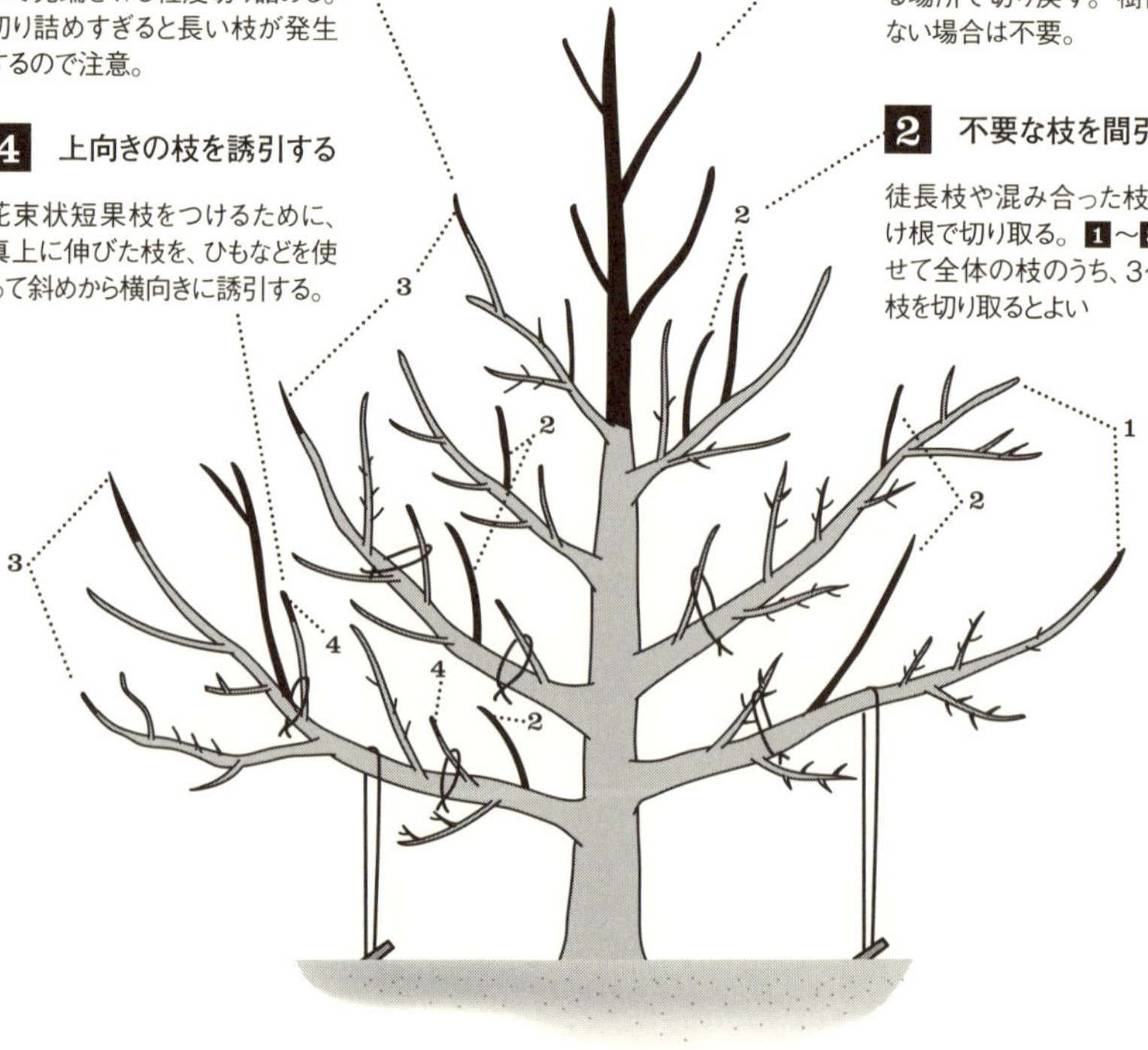

植えつけ時にはなるべく水はけがよくて涼しい場所を選び、近くに受粉樹を植えましょう。２年目には枝を間引いて先端を軽く切り詰め、変則主幹形を仕立て目指して仕立てます。若木のころからひもなどを使い、枝を下へと引っ張るのがポイントです。

DATA

科属名	バラ科 サクラ属
形態	落葉高木
樹高	3m程度 最大10m
耐寒気温	−15℃
土壌pH	5.5〜6.0
花芽	純正花芽
隔年結果	しにくい
受粉樹	必要
難易度	ふつう

収穫

5月下旬〜7月中旬

果実袋の中を確認し、色づいた果実から果梗（果実のついた軸）をつまみ、持ち上げて収穫。果実袋は必ずかけておく。

栽培カレンダー

	植えつけ	枝の管理	花の管理	果実の管理	収穫	肥料
1月	（厳寒期を除く）	剪定				
2月	（厳寒期を除く）	剪定				
3月						
4月			開花			■
5月		摘心		摘果・袋かけ	■	
6月		捻枝		摘果・袋かけ	■	
7月					■	■
8月						
9月						
10月						
11月	■					■
12月	■	剪定				

果実に雨を当てない

収穫前の果実の表面は水分を吸収しやすく、雨が当たると割れやすい（裂果）。鉢植えで育てて軒下に置くか、果実袋をかけるとよいでしょう。品種では‘暖地桜桃’が雨に当たっても裂果しにくいのでおすすめです。

Q. スモモの剪定などの作業のポイントを教えてください

A. 枝を切り詰めすぎず、短い枝や花束状短果枝を発生させます

スモモはサクランボ（149ページ）と同様に、2cm程度の花束状短果枝（下図）や10cm程度の短い枝に果実がつきやすいので、これらの枝を発生させることが最大のポイントです。

なかでも、'ソルダム'や'太陽'などの品種は、花束状短果枝が発生しやすいです。一方、'大石早生'などの品種では、花芽や葉芽が花束状短果枝のようには密集しにくいものの、やはり短い枝に果実がつきやすい傾向にあります。どの品種においても、なるべく発生する枝が短くなるように、真上に向かって伸びる当年枝をなるべく斜めから横向きに誘引しましょう。ただし、スモモは果実が重く、自身の果実の重みで枝が横向きになりやすいので、サクランボほどは誘引作業が重要ではありません。

枝先を切り詰める際に、切り詰めすぎず¼程度にとどめることも重要です。なお、枝先を切り詰めないと、発生する枝は短くなるものの、枝数が少なくなり、木が若返りま

スモモの花芽と結実

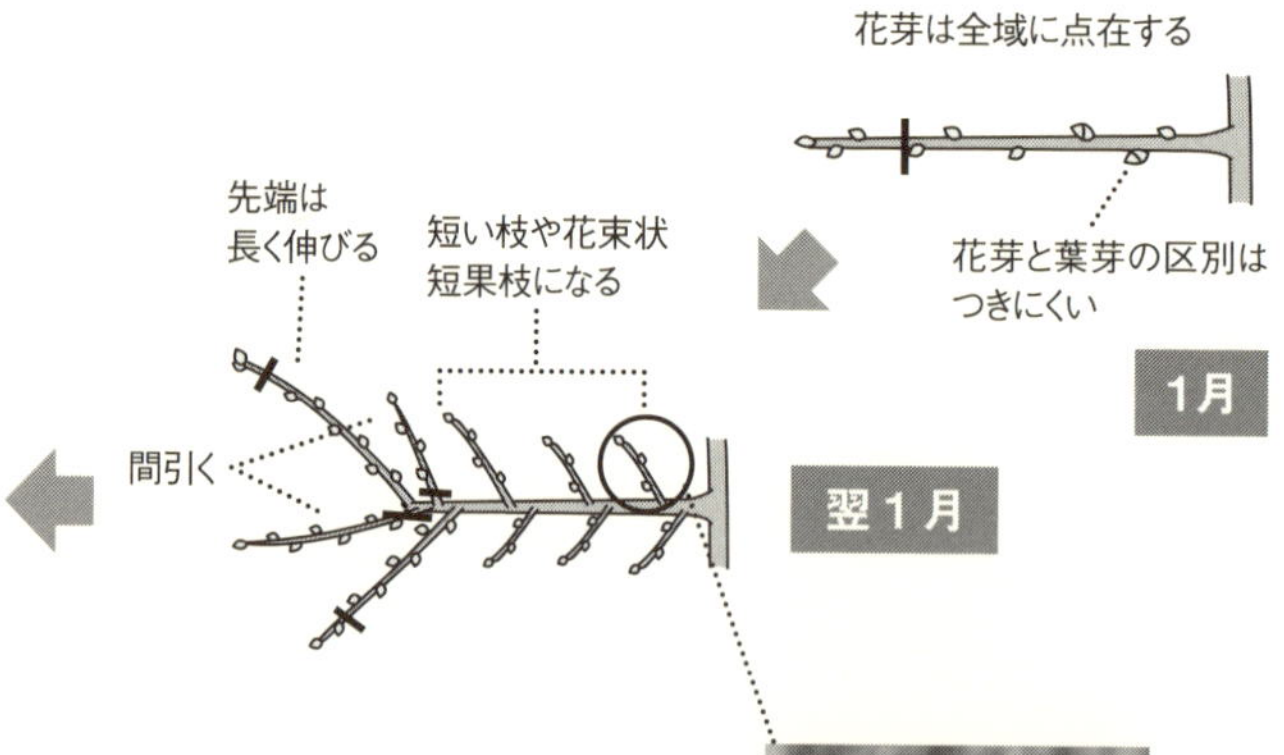

花束状短果枝

短い枝に花芽や葉芽が密集した状態。花芽と葉芽の区別はつきにくい。

せん。枝先の切り詰めは重要な作業といえます。

植えつけ時にはなるべく水はけのよい場所を選びましょう。2年目は骨格になる枝を2～3本選び、先端を少し切り詰めて左右に固定した支柱に誘引します。なるべく横向きの枝を残すのが樹高を低くするポイントです。

DATA

科属名	バラ科 サクラ属
形態	落葉高木
樹高	2.5m程度 最大8m
耐寒気温	−18℃
土壌pH	5.5～6.5
花芽	純正花芽
隔年結果	しにくい
受粉樹	品種によっては必要
難易度	ふつう

収穫

6月中旬～9月

色づいて完熟した果実から、手で摘み取る。

栽培カレンダー

	植えつけ	枝の管理	花の管理	果実の管理	収穫	肥料
1月	（厳寒期を除く）	剪定				
2月	（厳寒期を除く）	剪定				●
3月			開花・人工授粉			
4月			開花・人工授粉			
5月				摘果・袋かけ		●
6月				摘果・袋かけ	●	
7月					●	
8月					●	
9月					●	●
10月						
11月	●					
12月	●	剪定				

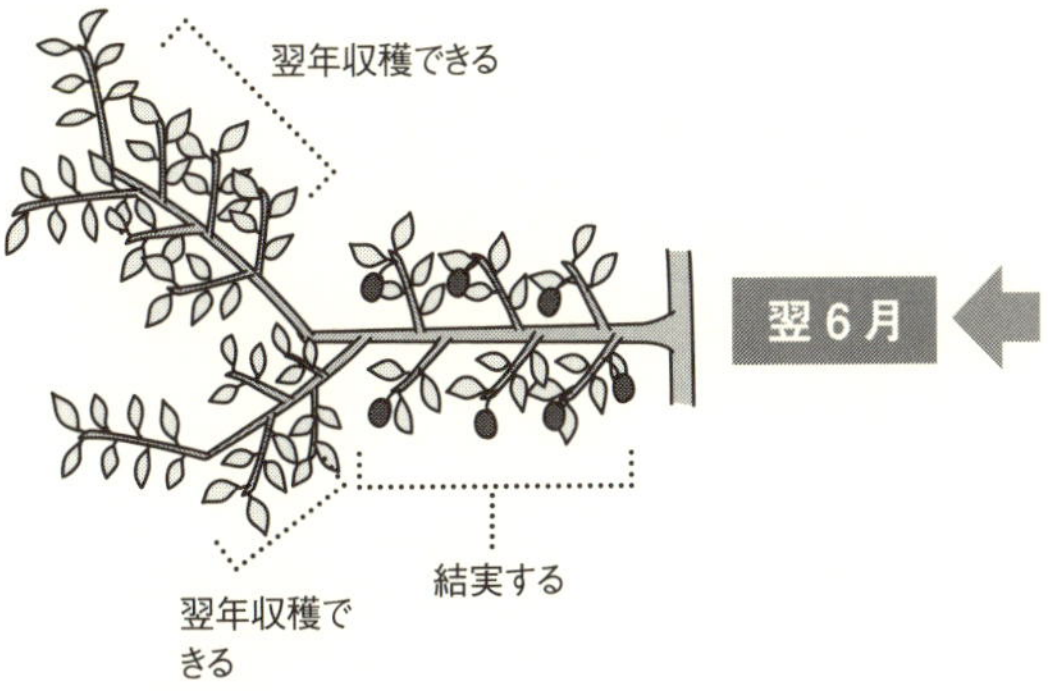

仕立て（2年目）

大木になりやすいので、開心自然形仕立てを目指す。主枝となる2～3本の枝を選び、他の枝は間引いて先端を1/4程度切り詰める。

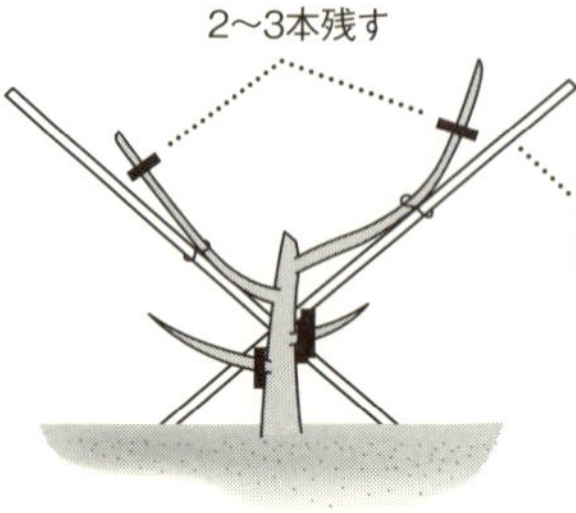

植えつけ（1年目）

水はけのよい場所に植えると甘い果実を収穫することができる。受粉樹（必要な品種）を近くに用意することも忘れずに。

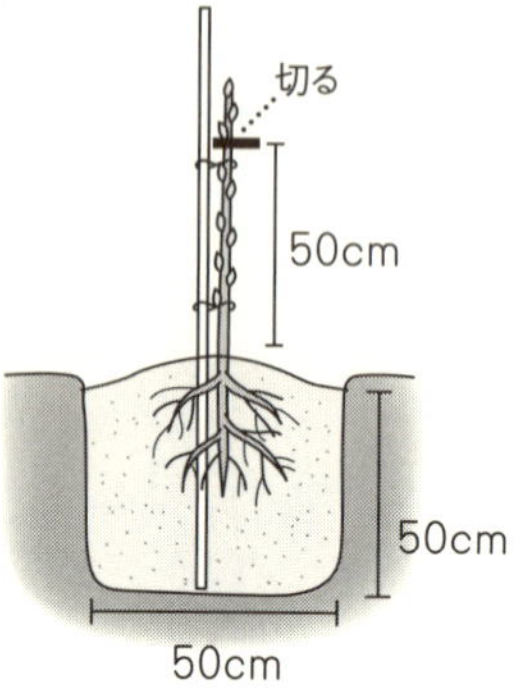

冬季剪定（3年目以降）

理想的な木の形：開心自然形仕立て
剪定の適期:12～2月

1 縦や横への木の拡大を抑える

木を小さくしたい時は、大きな枝の先端（末端）を何本かまとめて切り取る。枝分かれしている場所で切り、切り残しがないように注意する。木を大きくしたい場合は切らずに枝を伸ばす。

2 不要な枝を間引く

徒長枝や混み合った枝などをつけ根で切り取る。1～3を合わせて全体の枝のうち、3～6割程度の枝を切り取るとよい

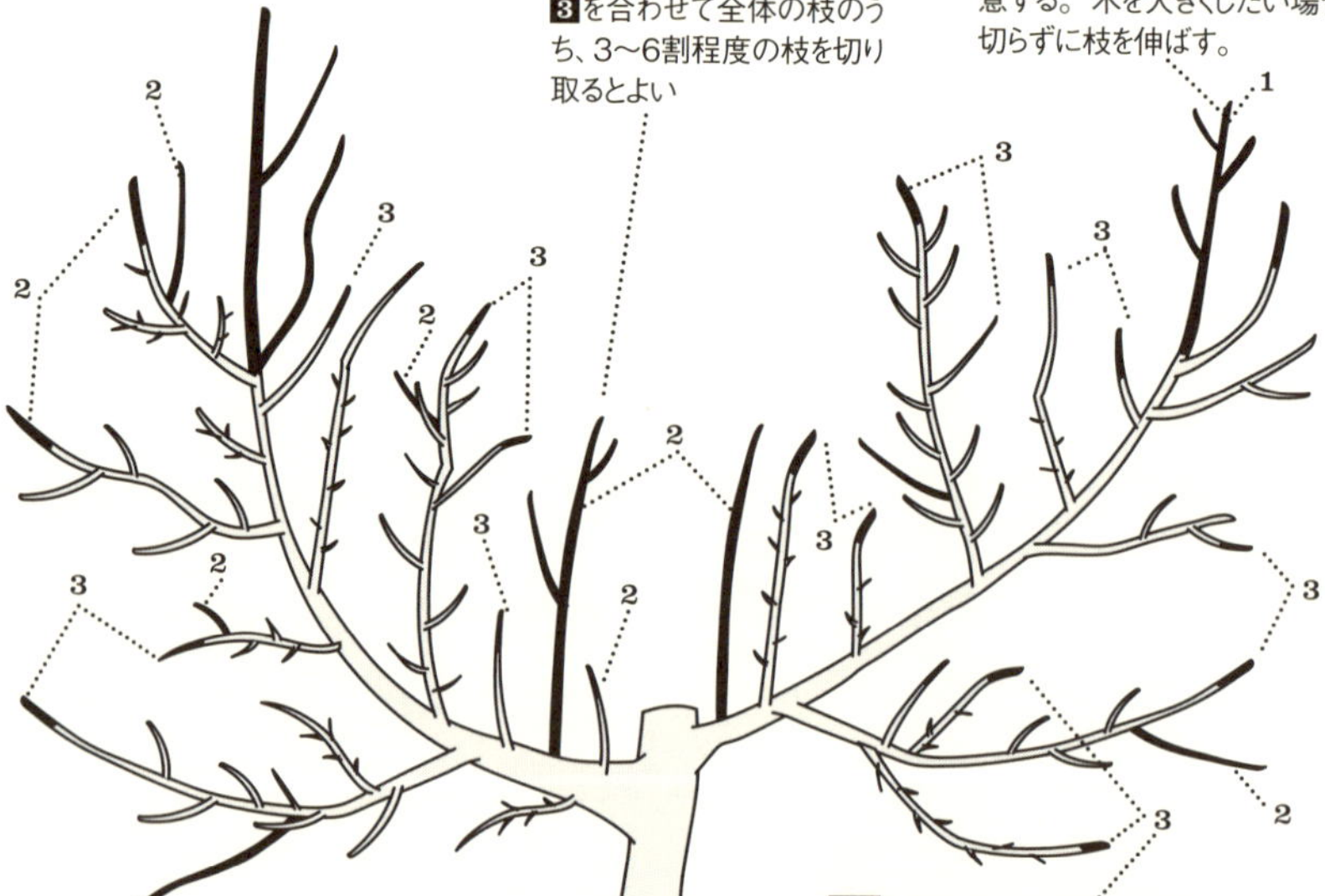

3 長い枝だけ切り詰める

前年に伸びた枝のうち、30～50cmの枝だけ、先端を1/5～1/4程度切り詰める。

Q. ナシ（ニホンナシ）の剪定などの作業のポイントを教えてください

A. 徒長枝を棚に誘引して、積極的に利用します

家庭では棚を設置するのがむずかしいですが、ニホンナシを栽培する際にはぜひとも棚を利用することをおすすめします。果実が落ちやすいため棚に枝を固定したほうが落果しにくいほか、短い枝に果実がつきやすく、枝を棚につけると実つきが格段によくなるからです。

一般的な果樹では、長すぎる枝、つまり徒長枝にはあまり果実がなりません。一方、ニホンナシでは徒長枝でも花芽さえついていれば果実がなることが多く、積極的に利用します（118ページ）。真上に伸びたままでは風で落果しやすいので、棚に誘引して利用しましょう。棚に誘引した枝からは短い枝（下図の翌1月）が発生し、花芽の部分に再び結実します。

'豊水'や'二十世紀'などの品種は、短い枝に4年間程度は結実し続けますが、'幸水'や'なつしずく'などの品種は、短い枝を3年以上利用すると果実がならなくなるので、毎年のように徒長枝を倒して利用します。

ナシの花芽と結実

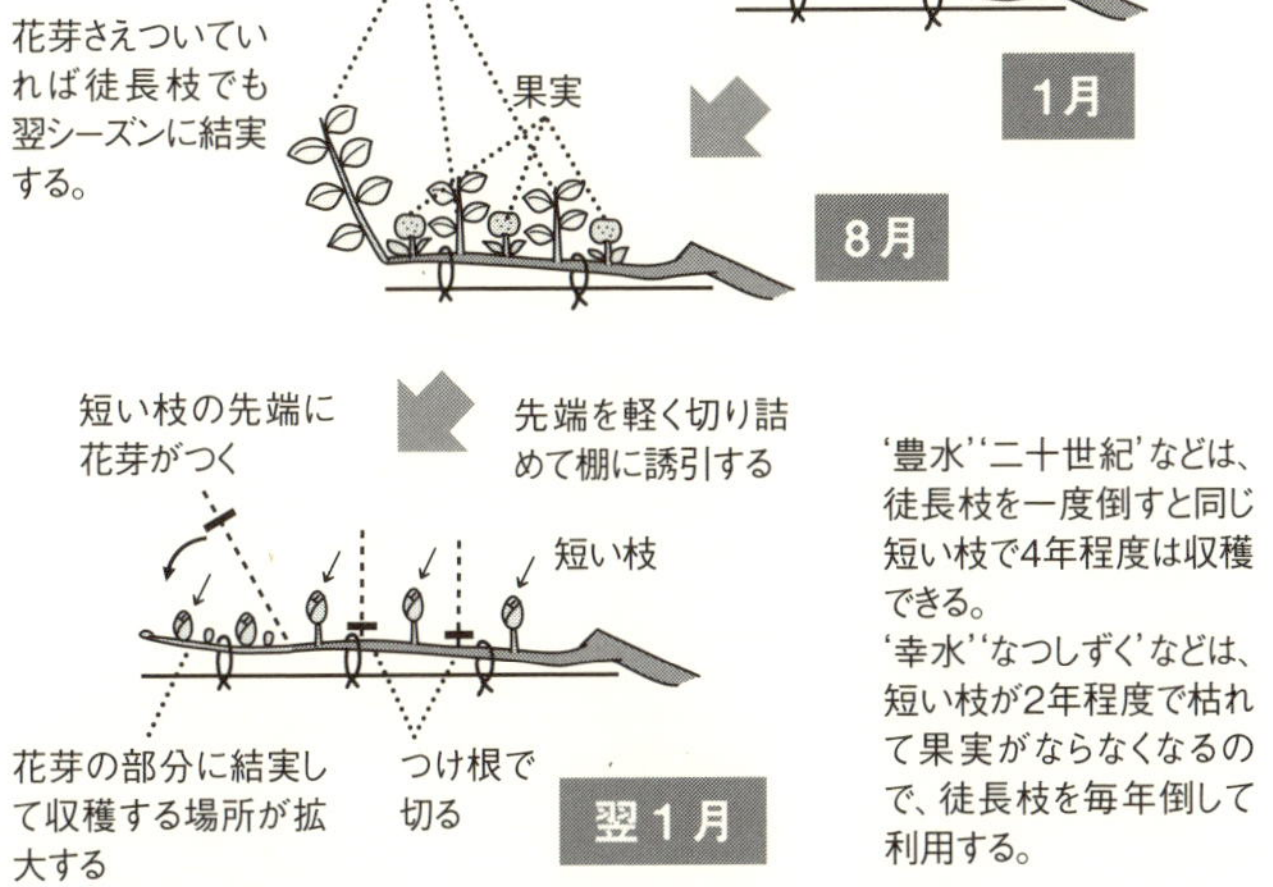
徒長枝の先端を軽く切り詰めて棚に誘引する
花芽
誘引
葉芽
新梢

ただし、'幸水'などの品種は、天候不順の年は徒長枝に花芽がつきにくいので、当年枝のうち、太すぎない枝を短く切り詰めて予備枝として用意し（左図）、翌シーズンに発生した徒長枝についた花芽を利用するとよいでしょう。L字形になって倒しやすいという利点もあります。

棚の支柱に沿って苗木を植えつけ、枝を誘引します。2年目に発生した枝は、1本に間引いて棚の支柱に固定し、棚面の天井部まで誘引します。3年目は、2本の枝（主枝）を左右に枝を配置します。4年目以降は主枝から発生した枝を水平に誘引して、結実させます。

予備枝

当年枝を切り詰め、予備枝を用意して、花芽がつきやすく、倒しやすい枝を発生させる。

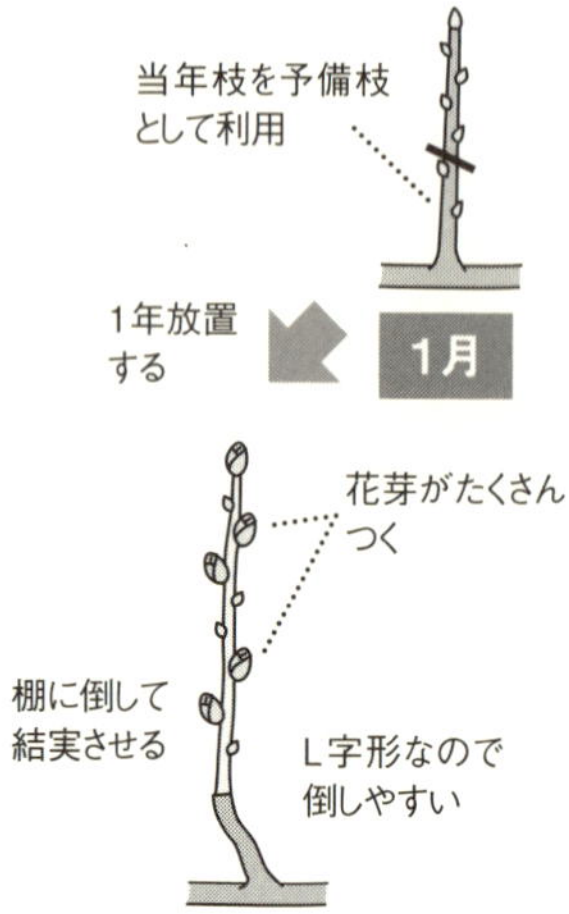

DATA

科属名	バラ科 ナシ属
形態	落葉高木
樹高	2m程度 最大10m
耐寒気温	−20℃
土壌pH	6.0～6.5
花芽	混合花芽
隔年結果	しにくい
受粉樹	必要
難易度	ふつう

収穫

8～10月

全体に青みが抜けたら収穫。熟した果実を持ち上げると簡単に収穫できる。果梗は丁寧に切り落とす。色で判断がつかないときは試食をする

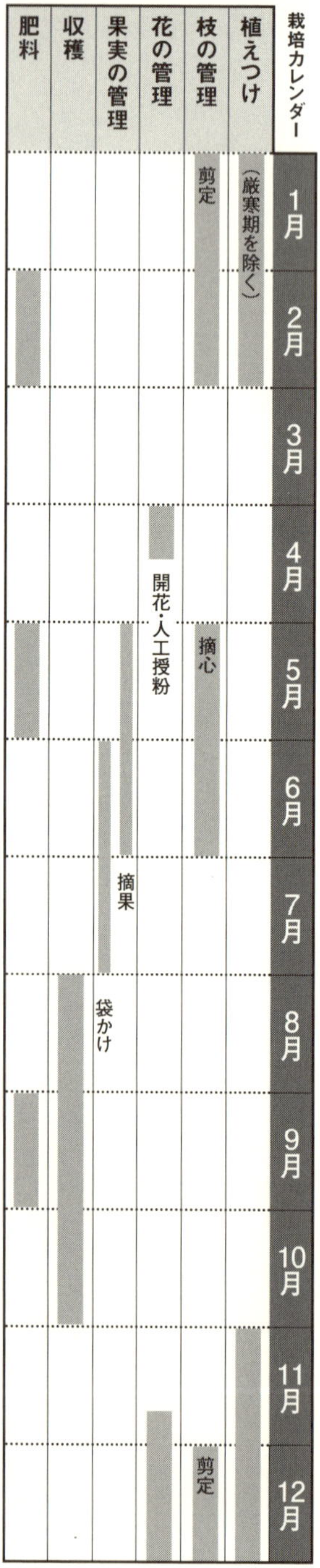

植えつけ（1 年目）

日当たり、水はけのよい場所に植える。夏に乾燥が続くときは、水やりして根を乾かさない。

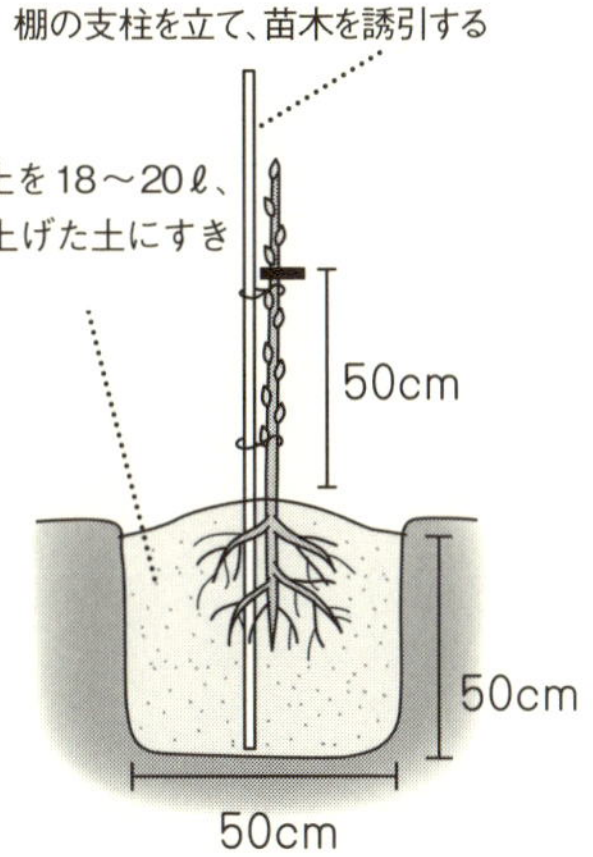

仕立て（2～3年目）

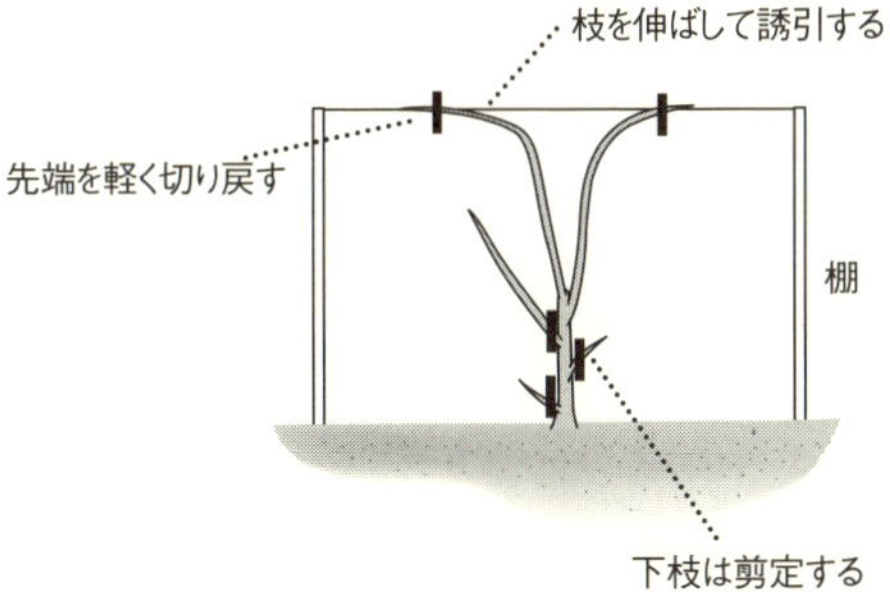

冬季剪定（3～4年目以降）

理想的な木の形:棚仕立て
剪定の適期:12～2月

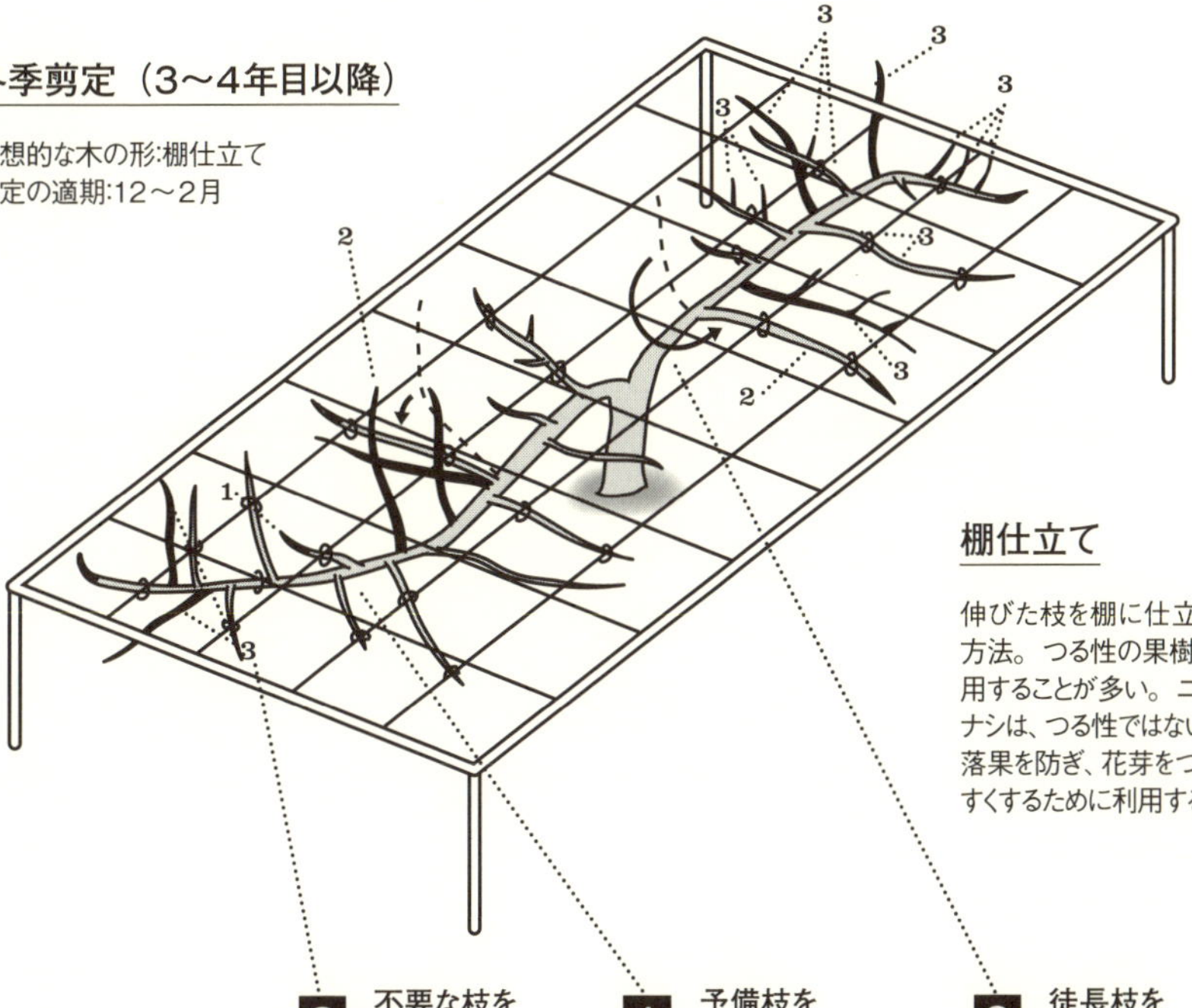

棚仕立て

伸びた枝を棚に仕立てる方法。つる性の果樹で利用することが多い。ニホンナシは、つる性ではないが、落果を防ぎ、花芽をつきやすくするために利用する。

3 不要な枝を間引く
混み合った枝や棚に倒せない徒長枝は、つけ根で切り取る。

1 予備枝を用意する
花芽がたくさんつく倒しやすい枝を発生させるために、骨格となる太い枝の周囲に予備枝を用意する（前ページイラスト）。

2 徒長枝を棚に倒す
徒長枝などの真上に伸びる長い枝の先端を軽く切り詰めて、棚に倒して固定する。花芽がついていれば翌シーズンに収穫できる。

Q. ビワの剪定などの作業のポイントを教えてください

A. 剪定の適期は開花前で枝葉の生育が緩慢な9月です

ビワは11月ごろに開花して、小さな果実の状態で越冬し、4月に再び肥大して5月中旬〜6月に収穫します。ほかの常緑果樹と同様に3月ごろに剪定すると、果実も切り取ってしまうことになるため、果実がなく、枝葉の生育が緩慢な9月が剪定の適期となります。

クリやカキに並んで大木になりやすいことにも注意が必要です。庭に植えると家を日陰にしてジメジメさせるほど生育が旺盛になることから、「ビワを植えると家人に病人が出る」という不名誉な迷信があるほどです。幼木のころから剪定をするか、114ページの切り戻し剪定で樹高を低く保てば、それが原因で家人に病人が出ることもありません。

枝分かれがしやすく、枝が混み合いやすいので、積極的に枝を間引きましょう。1ヵ所から複数の枝が発生している場合（車枝）は、2〜3本以内になるようにつけ根で間引きます。春枝、夏枝、秋枝が発生します（下図）。果実がつきやすい春枝を確保すると収穫量が増加します。

ビワの花芽と結実

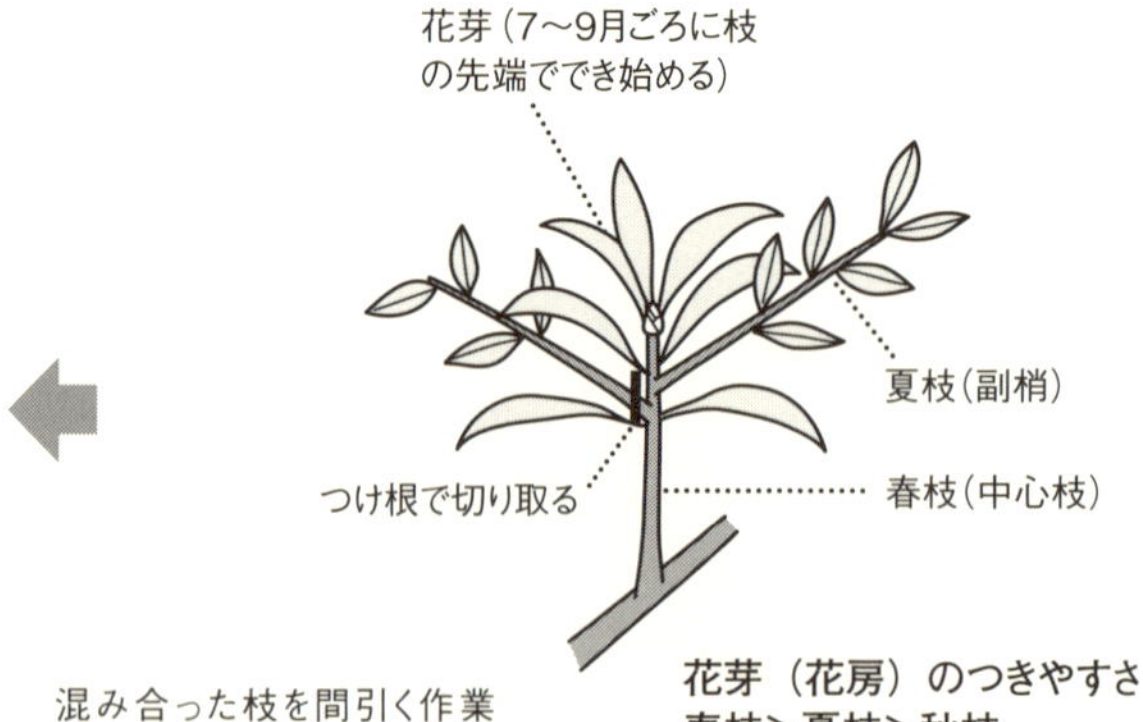

混み合った枝を間引く作業は、9月の剪定時に加え、芽かき（79ページ）として行う。

花芽（花房）のつきやすさ
春枝＞夏枝＞秋枝

ビワの木はマイナス13℃まで耐えますが、マイナス3℃以下になると種子がだめになり果実が大きくなりません。居住地の最低気温を確認してから庭植えか鉢植えかを選択し、植えつけます。植えつけから初結実まで5～6年かかります。

DATA

科属名	バラ科 ビワ属
形態	常緑高木
樹高	3m程度 最大10m
耐寒気温	−13℃
土壌pH	5.5～6.0
花芽	純正花芽
隔年結果	しにくい
受粉樹	不要
難易度	ふつう

収穫

5月中旬～6月

果実袋を外して十分に色づいたのを確認したら収穫。果実に傷をつけないように支え、軸を支えて持ち上げると簡単に収穫できる。

芽かき

新梢の発生直後は手で間引ける。伸び始めの新梢を手で摘むことを芽かきという。ビワは芽かきを積極的に行うとよい。

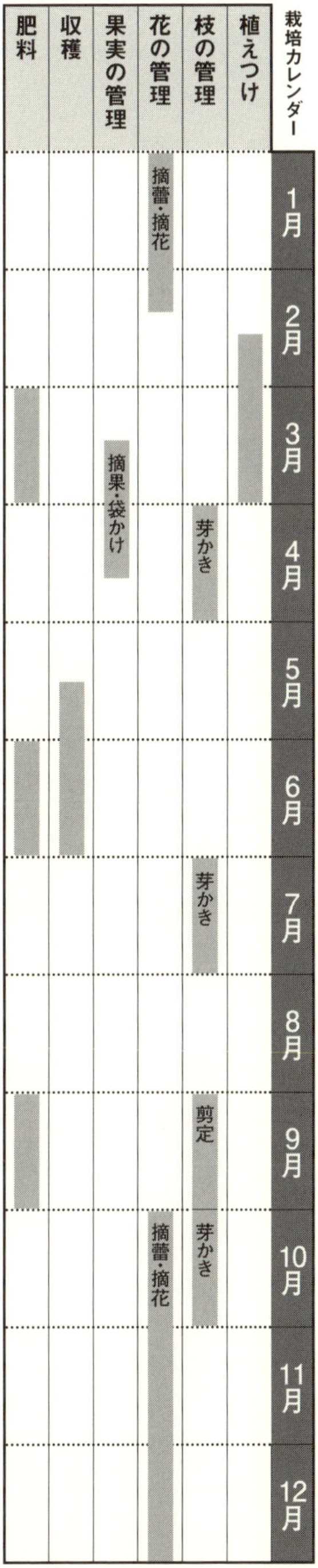

11月

仕立て（2〜3年目）

同じ場所から何本も出る枝を間引く程度でよい。
枝の先端は特に切り詰めない

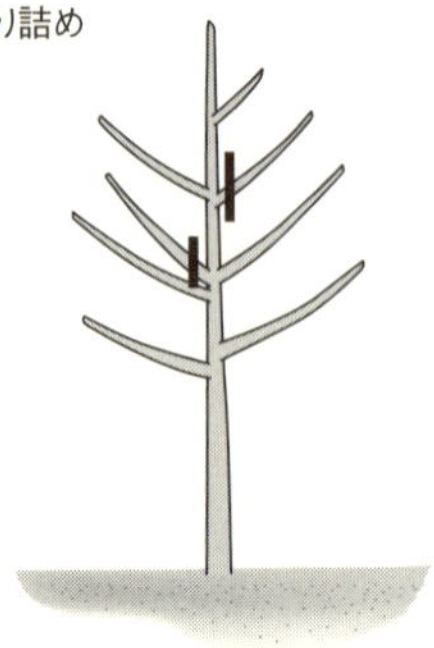

※葉は省略しています

植えつけ（1年目）

太い根を軽く切り返し、広げて植える。深植えにならないように注意する。他の果樹が白紋羽病で枯れた場所には植えない。

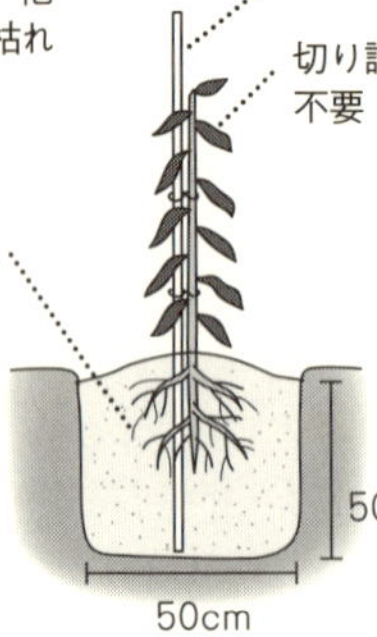
支柱を立て、誘引する
切り詰めは不要
腐葉土を18〜20ℓ、掘り上げた土にすき込む

冬季剪定（4年目以降）

理想的な木の形：　変則主幹形仕立て
剪定の適期：9月

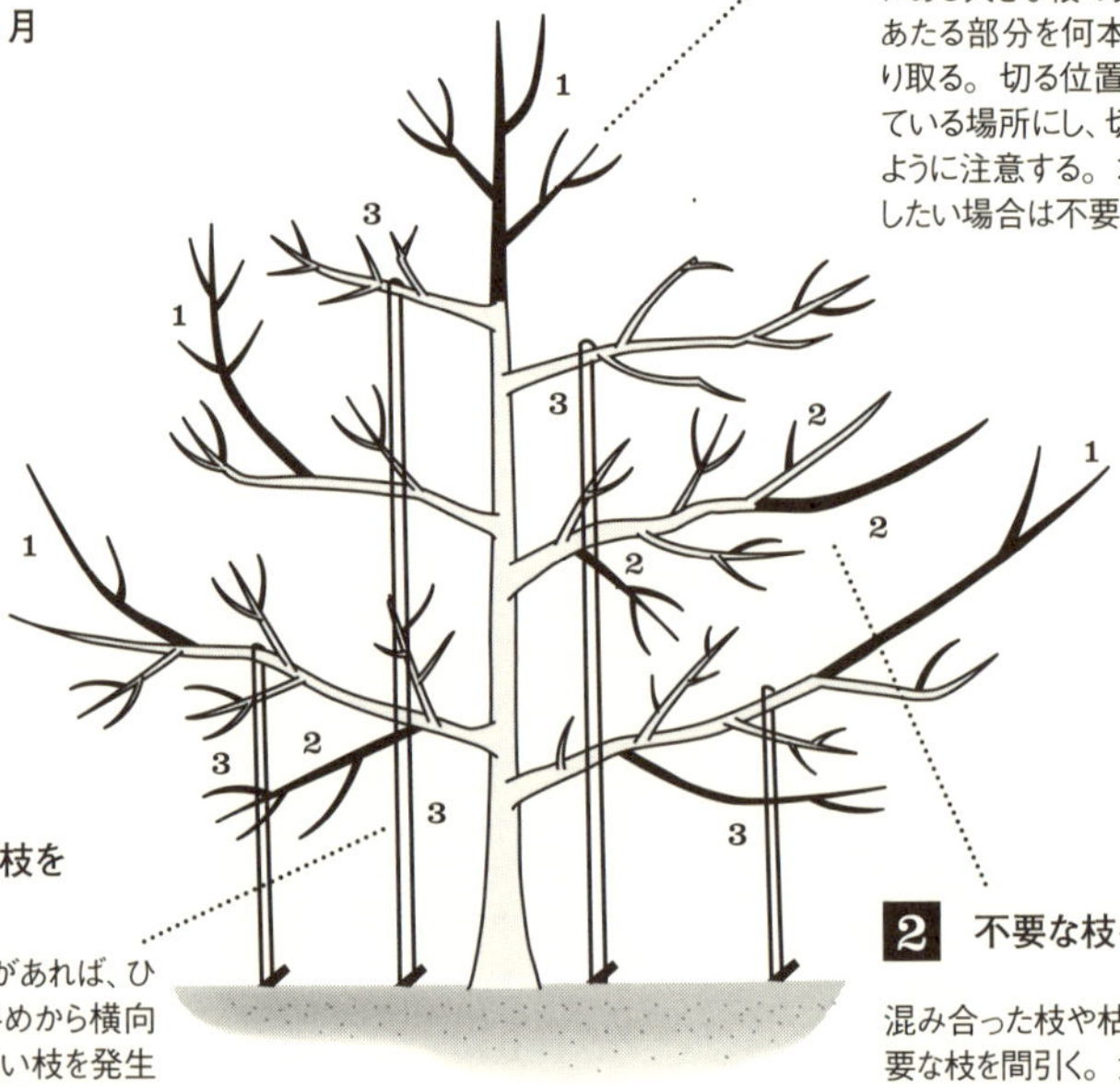

1 縦や横への木の拡大を抑える

木を縮小させたい場合は、各所にある大きな枝の先端（末端）にあたる部分を何本かまとめて切り取る。切る位置は枝分かれしている場所にし、切り残しがないように注意する。木をまだ大きくしたい場合は不要。

2 不要な枝を間引く

混み合った枝や枯れ枝などの不要な枝を間引く。大部分の葉が落ちてしまった枝も実つきが悪いので優先的に間引くとよい。徒長枝は発生しにくい傾向にある。

3 上向きの枝を誘引する

真上に伸びる枝があれば、ひもなどを使って斜めから横向きに誘引して、短い枝を発生させ、実つきを改善する。誘引する場所がなければ、地面に杭などを打ってひもで枝を引っ張るとよい。

※葉は省略しています

Q. ブドウの剪定などの作業のポイントを教えてください

A. 棚1㎡当たり2～3本の枝を残します

ブドウは混合花芽（101ページ）がつくタイプの果樹で、伸びた新梢に果房がつくので、年数を重ねるごとに果房がつく部位が木の先端側に移動し、棚のスペースがなくなります。剪定の際に棚やフェンスの先のスペースがなくなってしまった場合は、何本かの枝をまとめて切り取り、つけ根に近い枝まで切り戻すことが非常に重要です。

花芽は枝の全域に点在しているので、すべての枝を切り詰めても花芽が残ります。ただし、花芽が残っていても、1～2芽が残る程度に短く切ると、4月以降に伸びる新梢が太く長くなりすぎて、実つきが悪くなることが多いです。そのため、5～9芽程度の冬芽が残るように長めに枝を残して切り詰めるのが一般的です（下図の長梢剪定）。

例外的に、'キャンベルアーリー'や'ジベレリン処理（64ページ）をした'巨峰'などは、短く切り詰めても比較的実つきがよいので、1～2芽程度まで短く切り詰めてもよいでしょう（下図の短梢剪定）。剪定が簡単なのがメリットです。

ブドウの花芽と結実

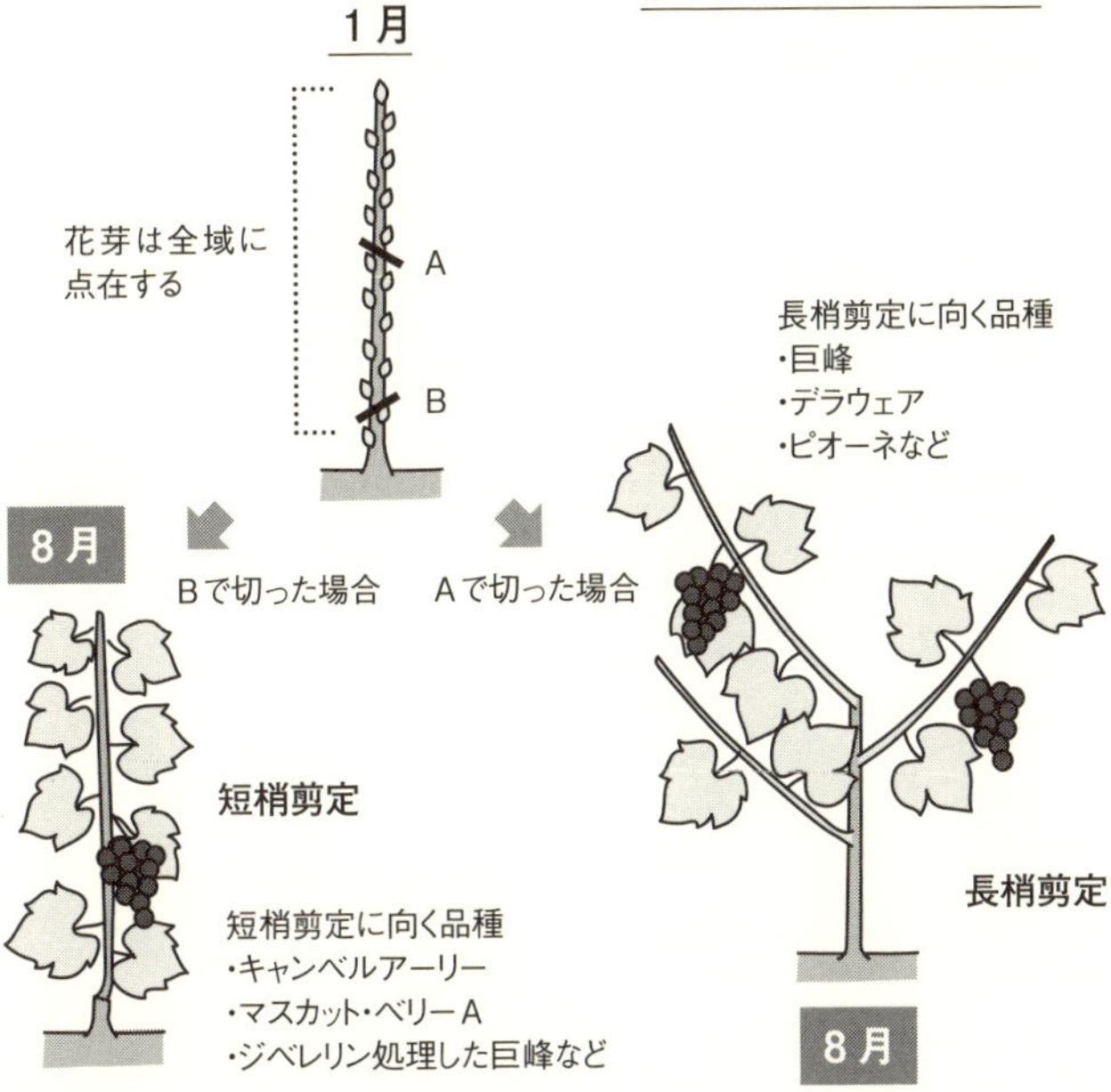

長梢剪定の場合、残す枝の数の目安は、棚の広さ1㎡当たり2～3本です。つまり3畳程度（約4・5㎡）の棚であれば、9本程度の当年枝を残すとよいでしょう。この割合だと棚はスカスカになりますが、翌春に多くの新梢が発生するので問題ありません。

植えつけ時には棚を設置し、一文字仕立て（163ページ）やオールバック仕立て（145ページ）を目指します。一文字仕立ては枝をバランスよく配置できます。一方、オールバック仕立ては、棚の下を駐車場などに有効活用できるメリットがあります。生活スタイルに合わせて仕立て方を選びましょう。棚を設置したら苗木を植えつけます。2年目に発生した枝は充実した1本に間引き、棚の上まで誘引します。

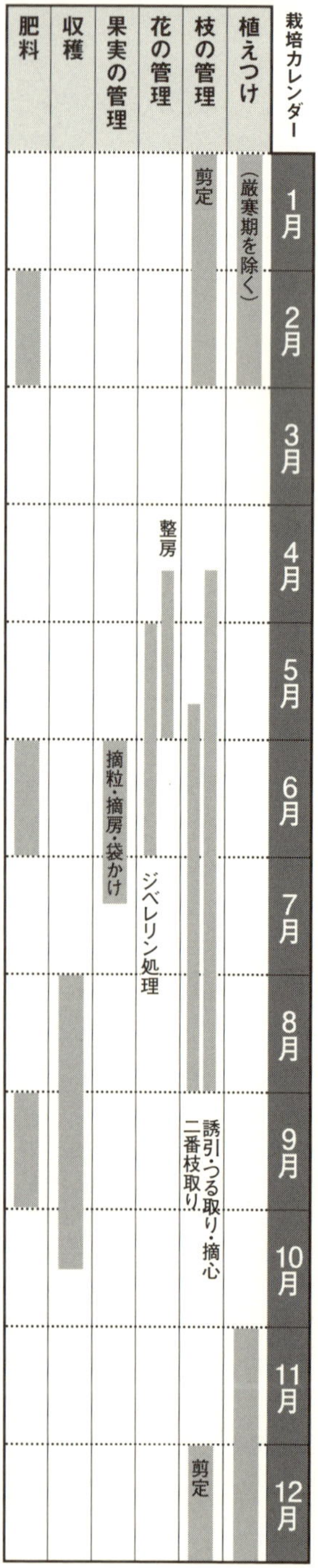

DATA

科属名	ブドウ科 ブドウ属
形態	落葉つる性
樹高	2～3m程度 （棚の高さに）
耐寒気温	－20℃
土壌pH	6.0～7.0
花芽	混合花芽
隔年結果	しにくい
受粉樹	不要
難易度	むずかしい

収穫

8～10月中旬

全体が色づいたら果房ごと収穫する。気温が高い地域では色づきが悪い場合があるので、味見をして確認するとよい。

棚仕立て（一文字仕立て）

つる性の果樹の伸びた枝を棚に仕立てる方法。苗木を棚の中央に植え、骨格となる枝を左右一文字になるよう仕立てる方法を「一文字仕立て」という。左右の枝からバランスよく生育する。

植えつけ（1年目）

一文字仕立てにするときは、棚の中央に苗を植え、伸びた枝を棚に誘引する。

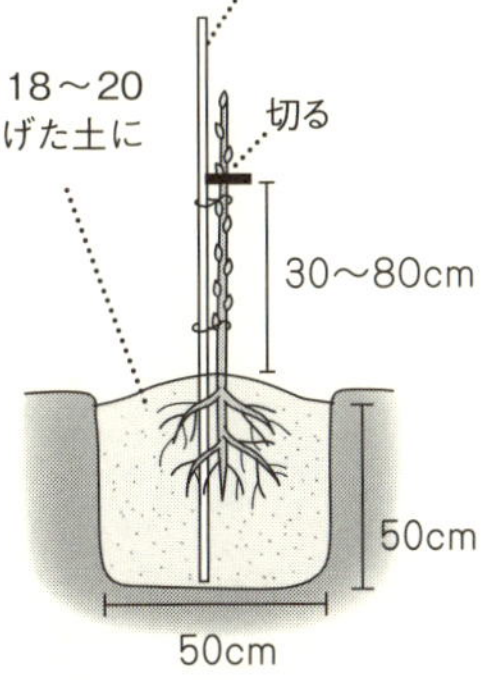
支柱を立て、結束する
腐葉土を18～20ℓ、掘り上げた土にすき込む

仕立て（2～3年目）

2年目は充実した枝1本を残して棚の上まで誘引する。3年目は2年目と反対側に充実した枝1本を残し、一文字仕立てにする。

※145ページのオールバック仕立てもおすすめ

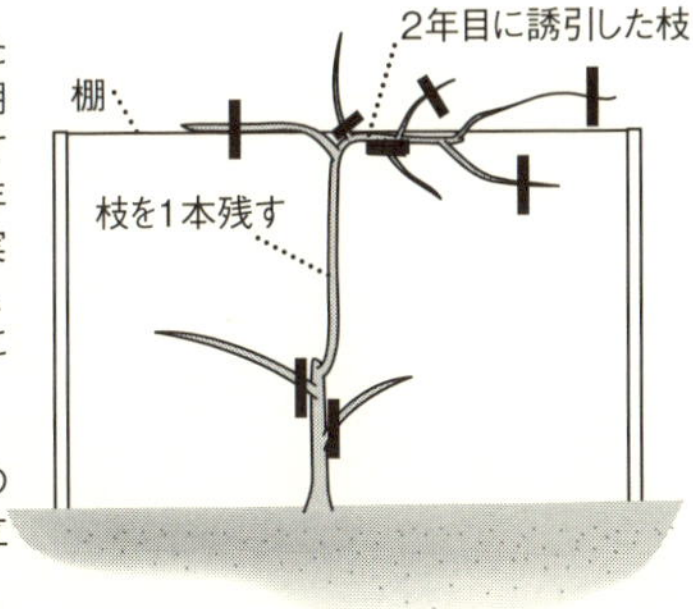

冬季剪定（長梢剪定の場合・4年目以降）

理想的な木の形：棚仕立て（一文字仕立て）
剪定の適期：12～2月

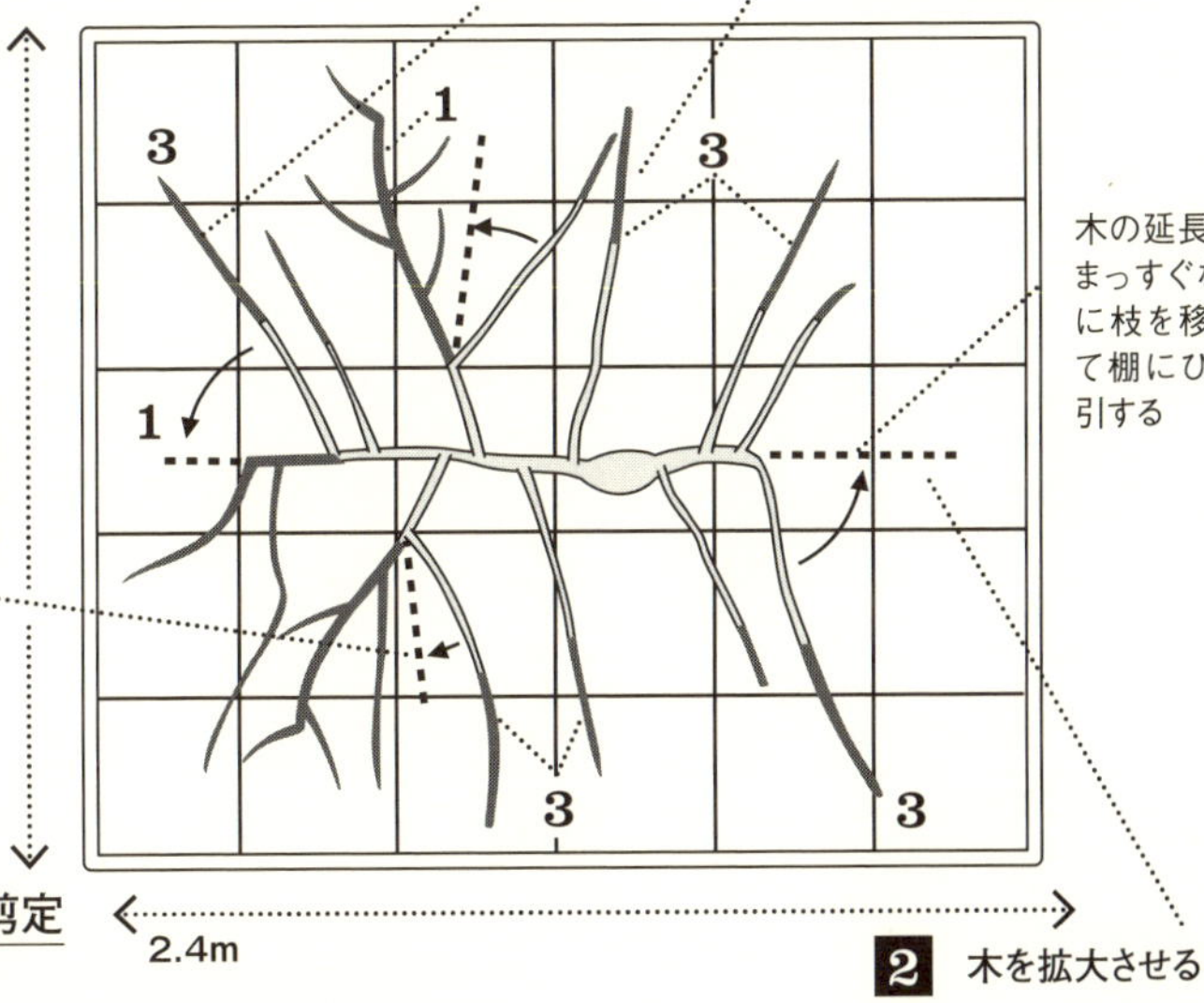
つけ根にある枝
1.9m
長梢剪定

1 先端部を切り戻す

棚のスペースがなくなった場合は、何本かの枝をまとめて切り取り、根に近い側にある枝へと切り戻す。

2 木を拡大させる

棚にスペースがある場合は、**1**のように切り戻さず木を拡大させる。

3 枝先を切り詰める

5～9芽程度の冬芽が残るように切り詰める（長梢剪定）。

木の延長線上にまっすぐなるように枝を移動させて棚にひもで誘引する

棚の広さ1㎡当たり2～3本の枝を残すとよい。上の棚は約4.5㎡なので9本程度の枝を残した。

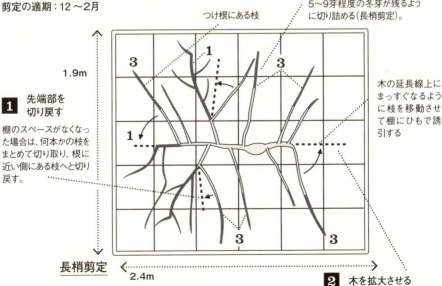

Q. ブルーベリーの剪定などの作業のポイントを教えてください

A. ひこばえを有効利用し、枝の先端は切り詰めすぎない

株元付近の地面からひこばえとよばれる枝がタケノコのように発生するのがブルーベリーの特徴です。ひこばえは混み合わない程度に残し、株仕立て（166ページ）にしましょう。樹高が高くなった場合や、枝が古くなった場合に、周囲の若いひこばえに切り替えることで、コンパクトな株で長年収穫を楽しむことができます。

花芽と葉芽の区別は容易ですが、花芽が枝の先端付近にしかつかないので、すべての枝先を切り詰めると収穫できません。当年枝のうち、15㎝未満の短い枝には花芽がつきやすいので、なるべく切り詰めないで翌年結実させます。また、15〜30㎝程度の当年枝は、先端を1/4〜1/3程度切り詰めて、若い枝の発生を促します。周囲の枝よりも特に長い枝（徒長枝）は、つけ根で切り取ります。

なお、1本の枝に花芽がたくさんついている場合は、3個になるように先端を切り詰めると摘果よりも高い養分ロスを抑える効果があり、甘くて大きな果実を収穫できます。

ブルーベリーの花芽と結実

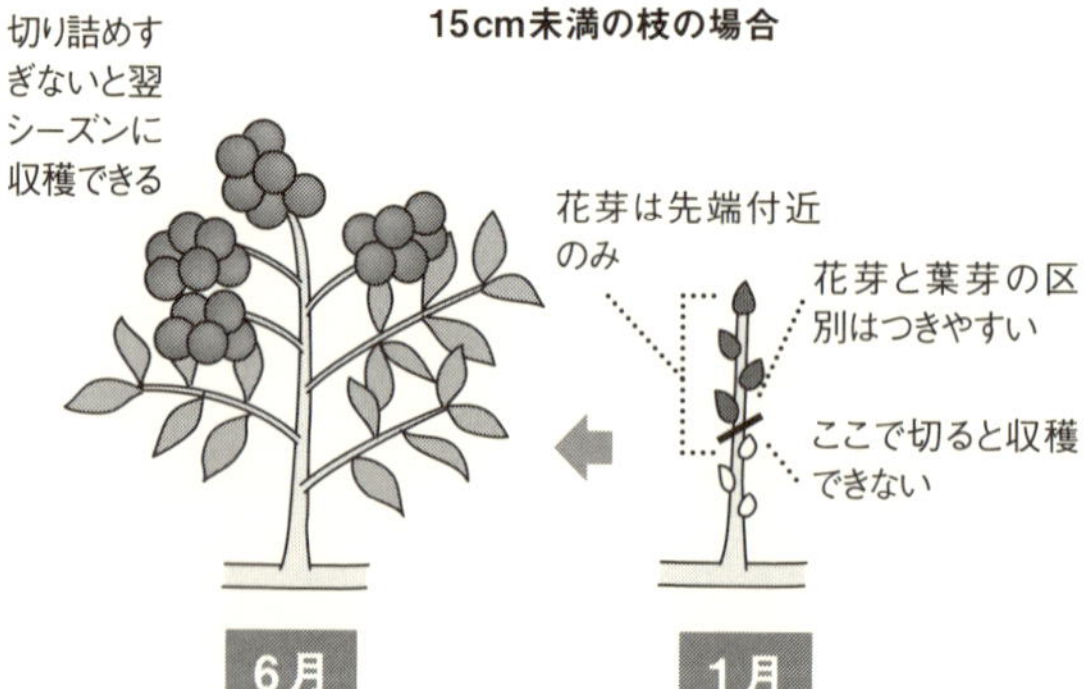

酸性の土に植えつけるように注意します。酸性でない土に植えると木が弱って枯れることもあります。庭植えの場合は掘り上げた土に40～50ℓ程度のピートモスを混ぜ込みます。鉢植えの場合は「ブルーベリー用の土」を用います。受粉樹も忘れずに用意しましょう。

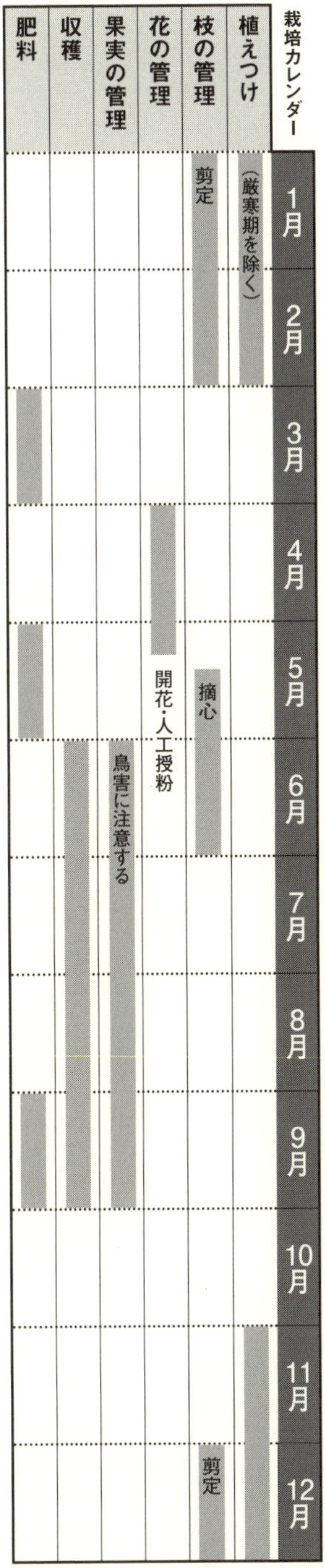

DATA

科属名	ツツジ科 スノキ属
形態	落葉低木
樹高	1.5m程度 最大3m
耐寒気温	−20℃～−10℃
土壌pH	4.5～5.3
花芽	純正花芽
隔年結果	しにくい
受粉樹	必要
難易度	ふつう

収穫

6～9月

全体が色づいた果実から順次収穫する。ブルーベリーは追熟しないが、冷凍保存ができる。鳥害に注意する。

株仕立て

株元から発生するひこばえなどを積極的に残して利用し、扇のような木の形にする仕立て方。

15～30cmの枝の場合

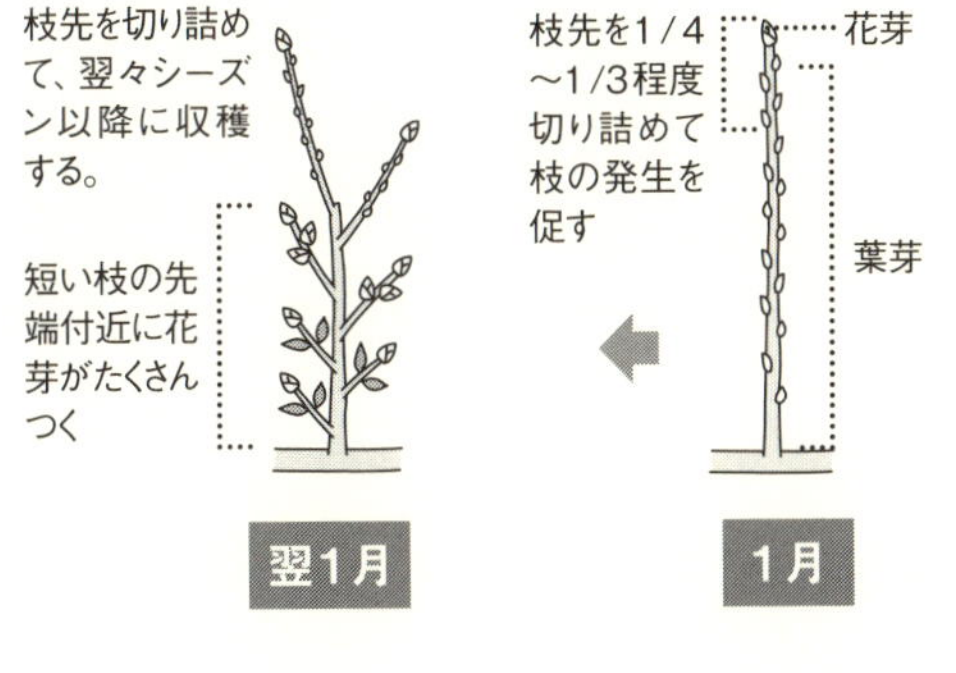

仕立て（2～3年目）

30㎝以上の枝は1/3程度のところで切り返す。混み合った枝やひこばえを間引く。

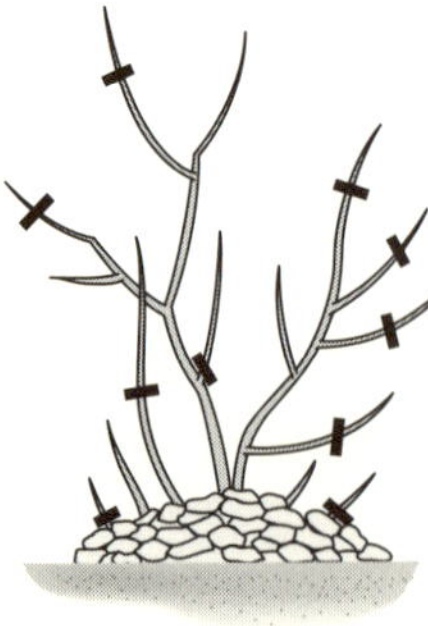

植えつけ（1年目）

酸性土壌（pH4.5～5.3）が適するので、水を含ませた酸度未調整のピートモスを必ず掘り上げた土にすき込む。

30㎝以上の枝は1/2程度のところで切り返す

乾燥軽減のためにバークチップなどで株元を覆う

腐葉土を36～40ℓとピートモス（酸度未調整）40～50ℓを掘り上げた土にすき込む

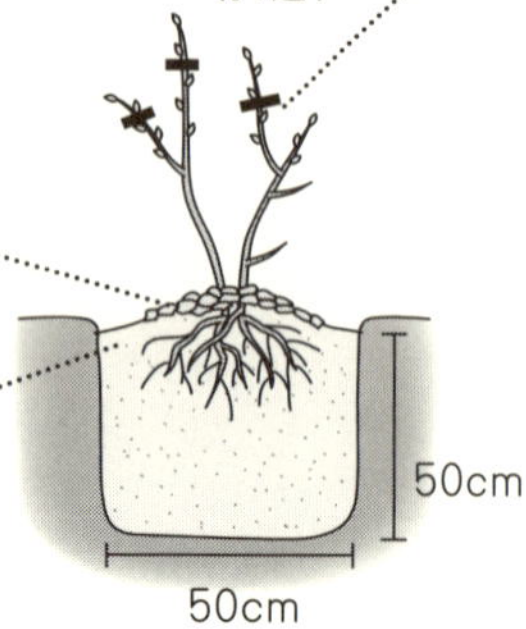

冬季剪定（4年目以降）

剪定の適期：12～2月
理想的な木の形：株仕立て

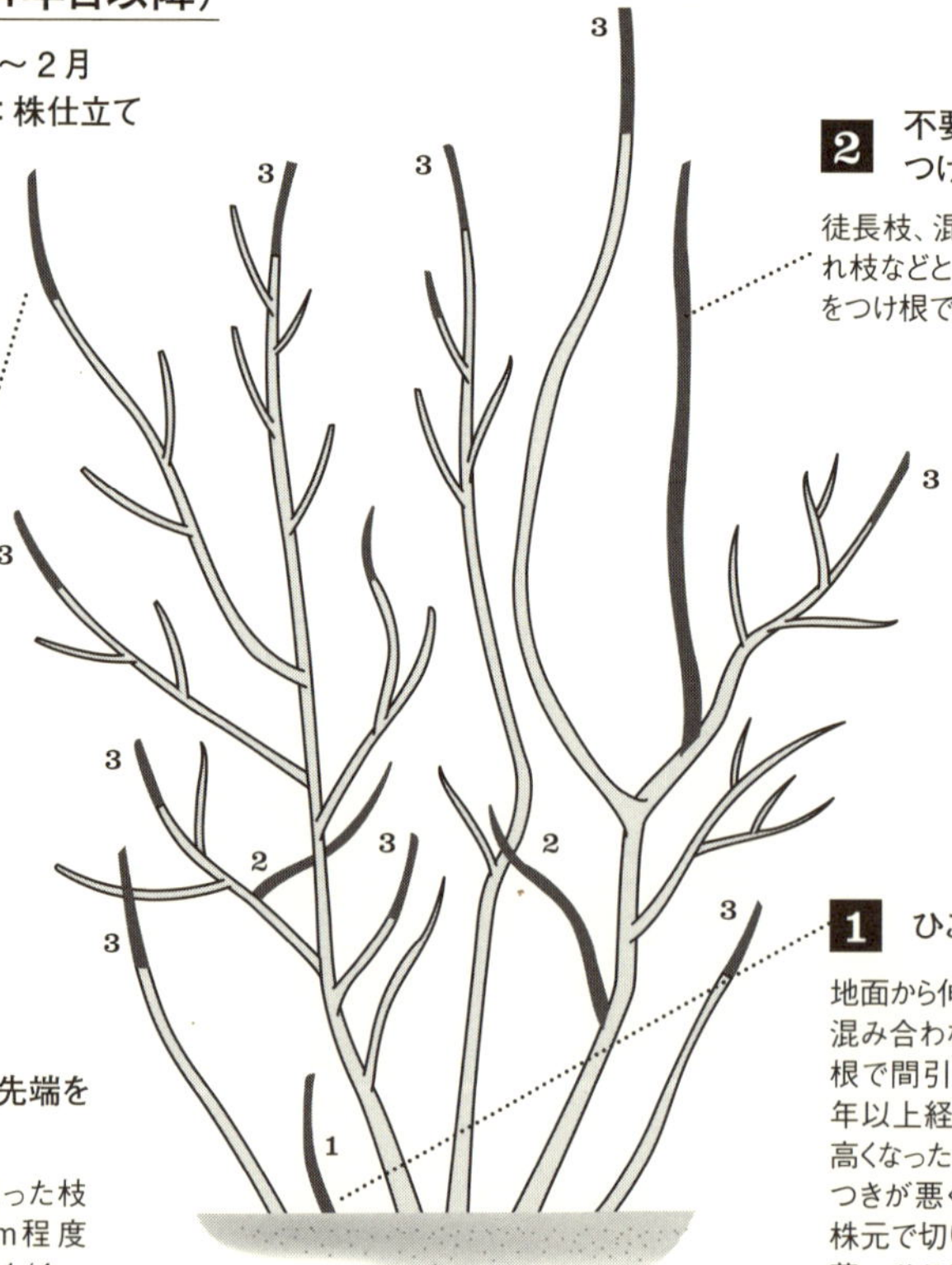

2 不要な枝をつけ根で切り取る

徒長枝、混み合った枝、枯れ枝などといった不要な枝をつけ根で間引く。

1 ひこばえを間引く

地面から伸びるひこばえを混み合わない程度につけ根で間引く。発生から5年以上経過して、樹高が高くなったり、古くなって実つきが悪くなったものは、株元で切り取って周囲の若いひこばえに切り替える。

3 長い枝だけ先端を切り詰める

1～**2**で切って残った枝のうち、15～30cm程度の長い枝の先端を1/4～1/3程度切り詰める。

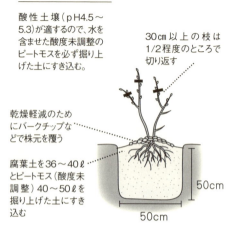

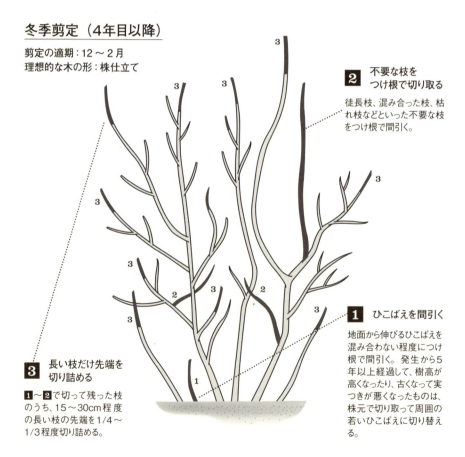

Q. モモの剪定などの作業のポイントを教えてください

A. 短い枝の割合をふやすために、枝先を切り詰めます

モモの花芽のつき方や枝の切り方はウメ（134ページ）によく似ています。異なるのは、モモは10㎝程度の短い枝だけでなく、30～50㎝程度の長い枝にも果実がつきやすいという点で、極端に短い枝や長い枝でなければ、ほとんどの枝に結実する可能性があります。

ただし、甘くて大きな果実は、30㎝未満の中程度長さの枝や10㎝未満の短い枝につきやすいので、ウメと同様になるべく短めの枝が発生するような剪定を心がけます。そのためには、当年枝の先端を¼程度で切り詰めるとよいでしょう。切り詰める際には、先端となる冬芽が葉芽（下写真）になるような位置で切ると枯れ込みが入りにくいです。

剪定によって3～4割程度の量の枝を切り取るのを目安としましょう。切りすぎて枝がスカスカになり、太い幹に直射日光が当たりすぎると、高温によって傷ができ（日焼け）、ヤニ状の樹液がこぼれ落ちるので、太い幹の周囲には日よけのための枝を配置することも重要です。

モモの花芽と結実

1ヵ所に1～3個の冬芽（花芽と葉芽）がつく。

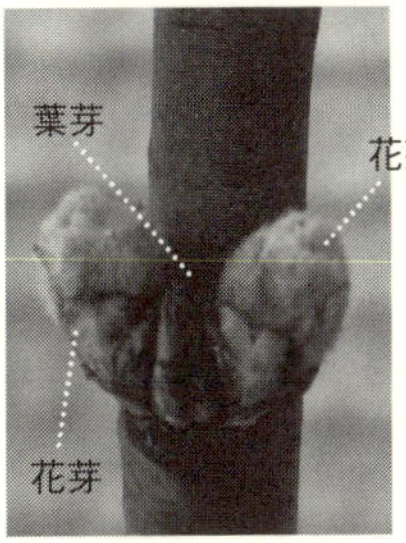
花芽

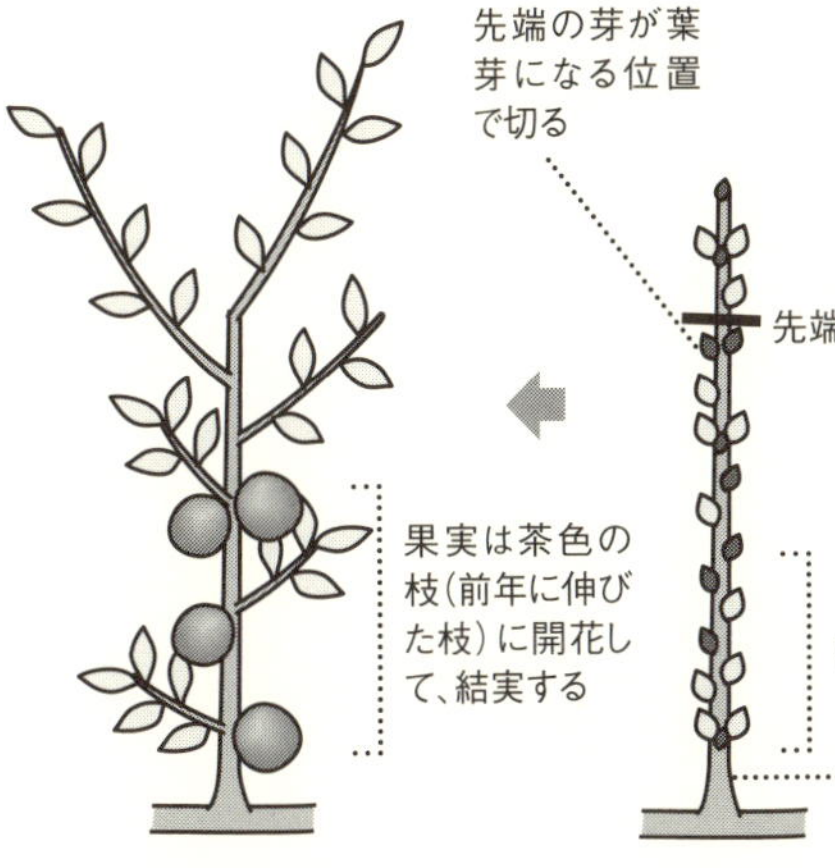
先端を1／4程度切り詰める
当年枝の長短にかかわらず結実するが、短い枝のほうが大きくて甘みが強い傾向にある。
花芽は枝の全域に点在
当年枝

日当たりや水はけのよい場所に植えることが、甘い果実を収穫するポイントとなります。掘り上げた土に腐葉土をすき込むとさらに水はけがよくなります。植えつけた苗木は50㎝程度の高さで切り詰めて、充実した枝の発生を促します。

大木になりやすいので、木の形としては、幼木のころから樹高を低く保つ開心自然形仕立て（169ページ）が理想的です。そのためには、植えつけ2〜3年目に支柱などを利用して枝を斜めに誘引します。なるべく斜めに伸びる枝を活用して、樹高が低くなるように心がけます。

何年か放任して大木になってしまった場合は、変則主幹形仕立て（138ページ）を目指すとよいでしょう。

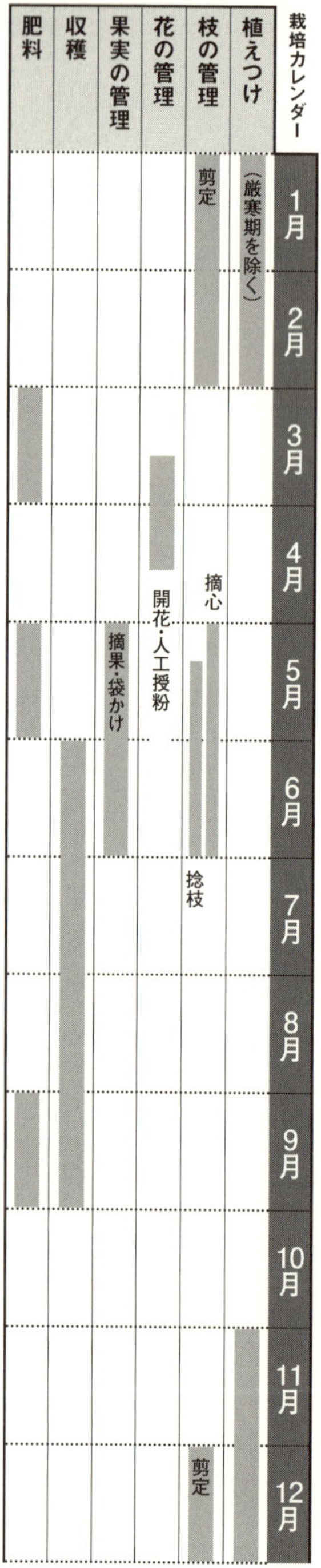

DATA

科属名	バラ科 モモ属
形態	落葉高木
樹高	2.5m程度 最大10m
耐寒気温	−15℃
土壌pH	5.5〜6.0
花芽	純正花芽
隔年結果	しにくい
受粉樹	品種によっては必要
難易度	むずかしい

収穫

6〜9月

モモは完熟直前に甘みが増すので、品種ごとの適期に香りや色を確認して完熟したものだけを収穫する。果実袋を外し、果実をやさしく持ち上ると収穫できる。果梗（かこう）は丁寧に切り取る。

仕立て（2～3年目）

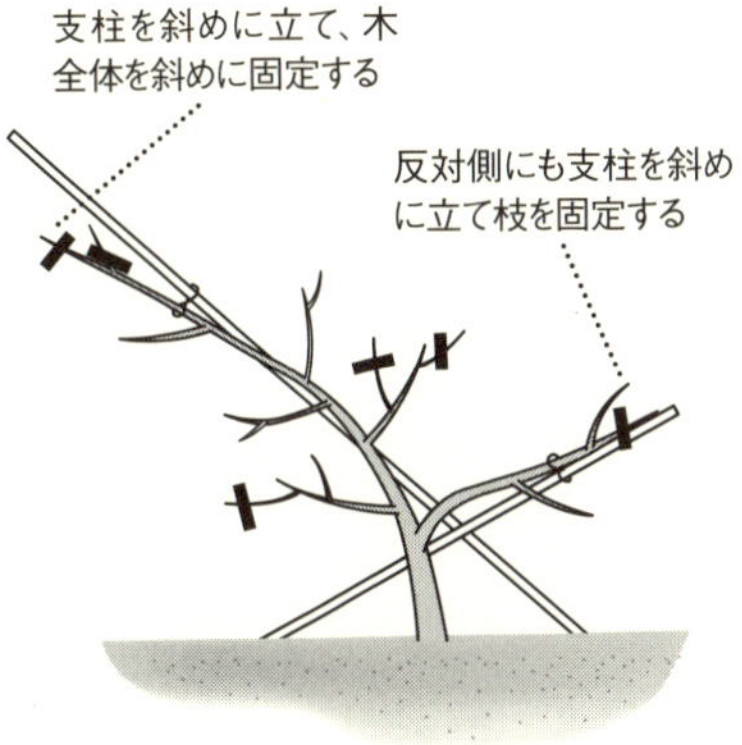

植えつけ（1年目）

日当たり、水はけのよい場所に植える。開花が早いので、温暖地では11月に植えるとよい。

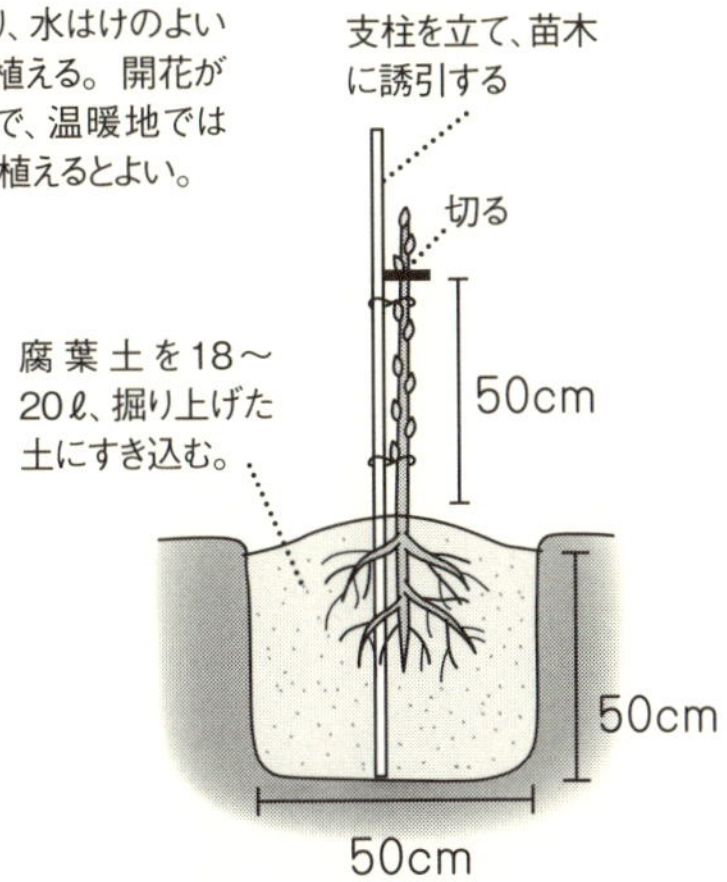

冬期剪定（4年目以降）

理想的な木の形：開心自然形仕立て
剪定の適期：12～2月

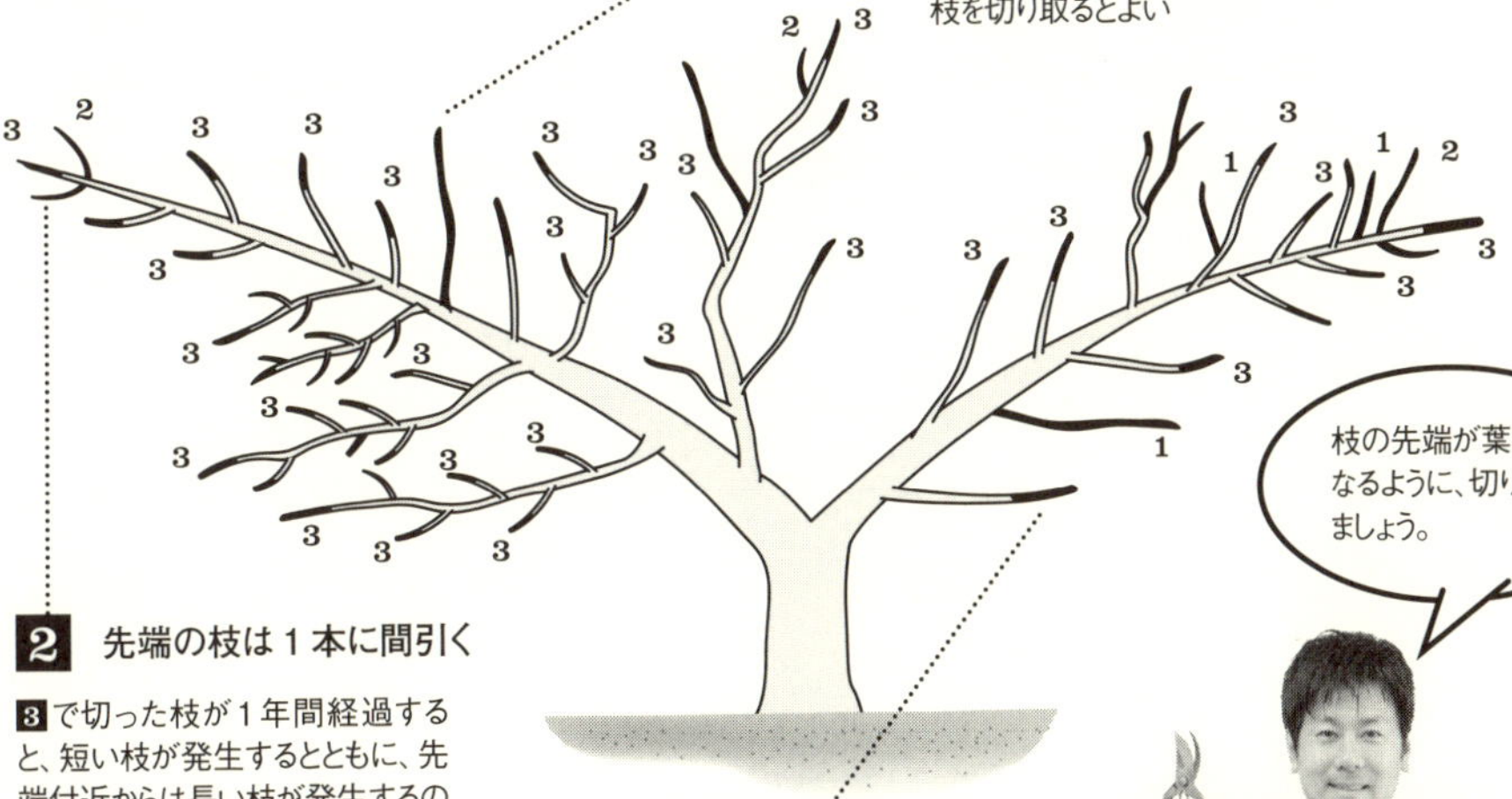

1 不要な枝を間引く

徒長枝や混み合った枝などをつけ根で切り取る。1～3を合わせて全体の枝のうち、3～4割程度の枝を切り取るとよい

2 先端の枝は1本に間引く

3で切った枝が1年間経過すると、短い枝が発生するとともに、先端付近からは長い枝が発生するので、1本にする。

3 枝先を切り詰める

実つきがよい短い枝を発生させるために、5～9月に伸びた枝はすべて先端を1/4程度切り詰める。

Q. ラズベリー・ブラックベリーの剪定などの作業のポイントを教えてください

A. 枯れた枝は切り取り、生きている枝は切り詰めます

ラズベリーやブラックベリーは、5～7月に結実した枝の多くが、冬を待たずに株元まで枯れてしまうのが最大の特徴です。枯れた枝は病気の原因になることがあるので、残らず株元から切り取ります。枯れてしまった枝は、乾燥していて軽く曲げると折れるので、生きている枝とすぐに見分けることができます。

5～7月に果実がならなかった枝は、剪定時に枯れずに生きて残っています。こうして生きて残っている枝は、混み合っている場合は間引きます。枝分かれしていれば、3～5芽の冬芽が残るように切り詰め、枝分かれしていない枝については、株元から30～40㎝程度で切り詰めます。

数は少ないものの、1年に2回収穫できる品種（二季なり品種）があります。ラズベリーでは'インディアンサマー'や'サマーフェスティバル'、ブラックベリーでは'シャーロンズディライト'が5～7月に加えて、9月中旬～10月上旬にも収穫ができます。一季なり、二季なり品種の剪定方法

ラズベリー・ブラックベリーの花芽と結実

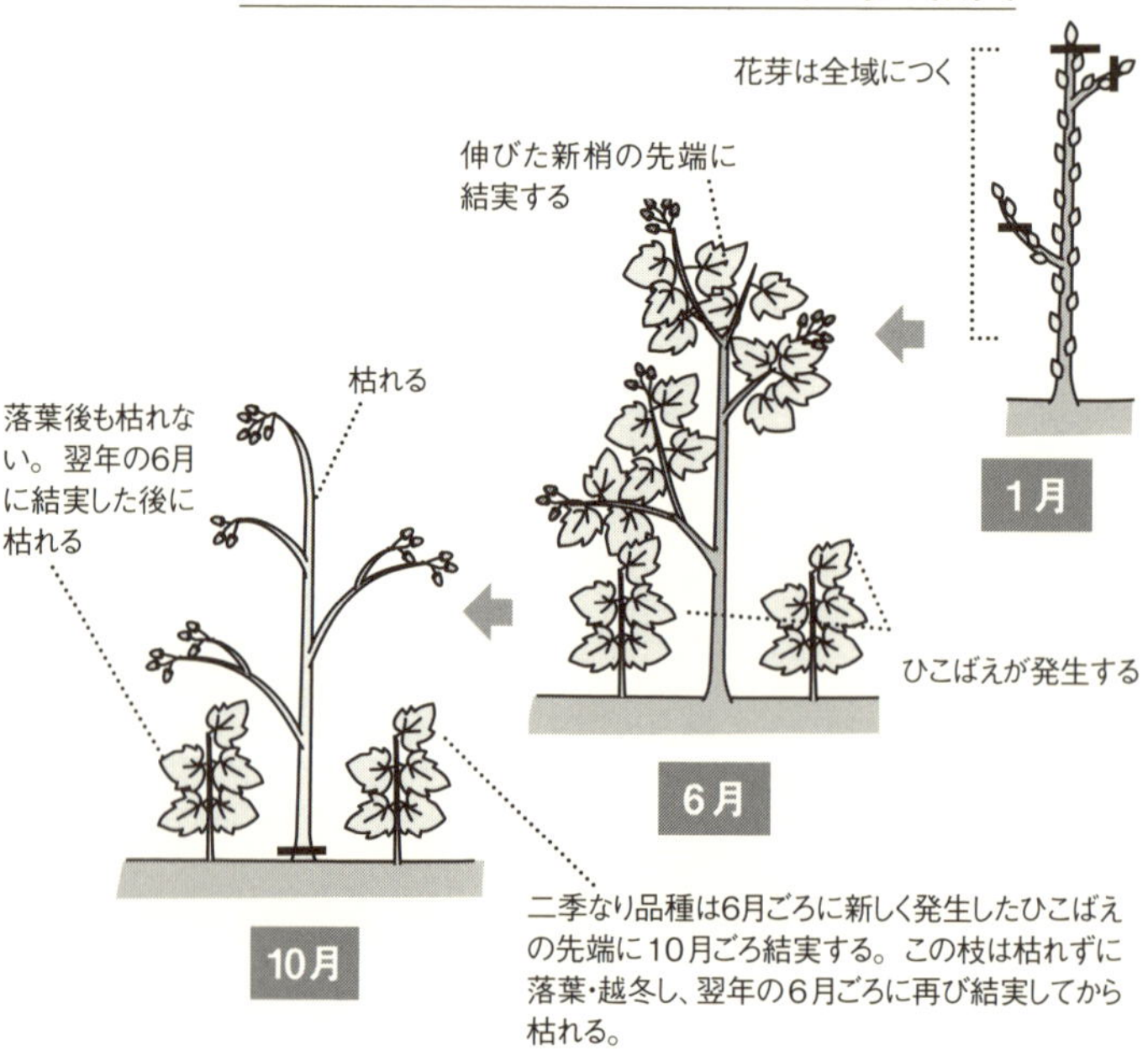

は同じです。

枝に細かいトゲがある品種があるので、植えつけの際には、ガーデングローブなどをつけてけがをしないような対策をとる取よいでしょう。

株元からタケノコのようにひこばえが発生するので、それらを混み合わない程度に残して株仕立て（172ページ）にします。ブラックベリーは、枝が下向きに伸びたり、地面をほふくするように伸びたりするので、オベリスクやフェンスなどに誘引すると効果的です。

栽培カレンダー

栽培カレンダー	作業（1月〜12月）
植えつけ	1月〜3月（厳寒期を除く）、11月〜12月
枝の管理	剪定 1月〜2月、誘引 5月〜10月、剪定 12月
花の管理	開花・人工授粉 5月〜6月、開花・人工授粉（二季なり品種）8月〜9月
果実の管理	特になし
収穫	（一季なり品種・二季なり品種）6月〜8月、（二季なり品種のみ）9月〜10月
肥料	3月、5月、9月

DATA

科属名	バラ科 キイチゴ属
形態	落葉低木
樹高	1.5m程度（樹姿による）最大3m
耐寒気温	ブラックベリー −20℃ ラズベリー −35℃
土壌pH	5.5〜7.0
花芽	混合花芽
隔年結果	しにくい
受粉樹	不要
難易度	やさしい

収穫

6〜8月上旬（一季なり品種・二季なり品種）、9月中旬〜10月中旬のみ（二季なり品種）

果実をつまむんで引っ張ると収穫できる。ブラックベリーは黒くなって完熟してから収穫する

仕立て（2〜3年目）

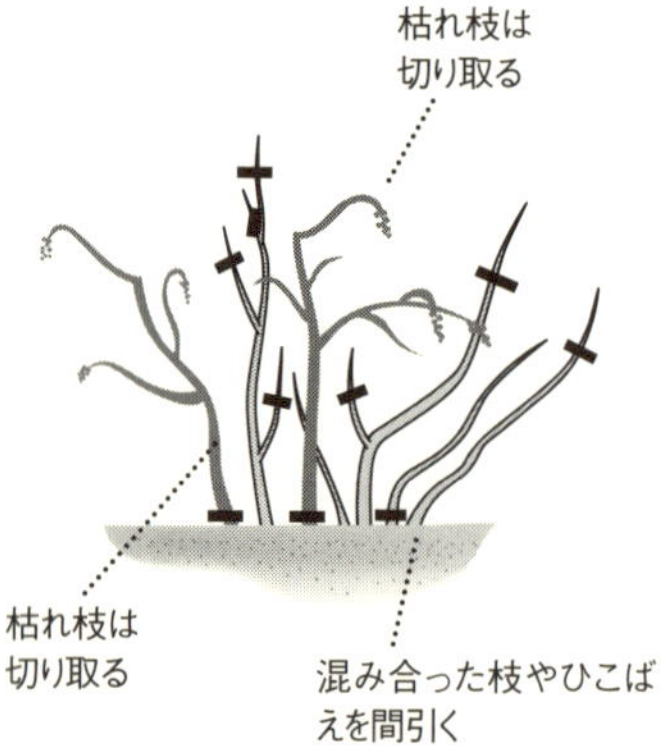

植えつけ（1年目）

株の生育とともに根が広がり、周囲に徐々に拡大していくので、ある程度スペースが確保されている場所に植えつけるとよい。

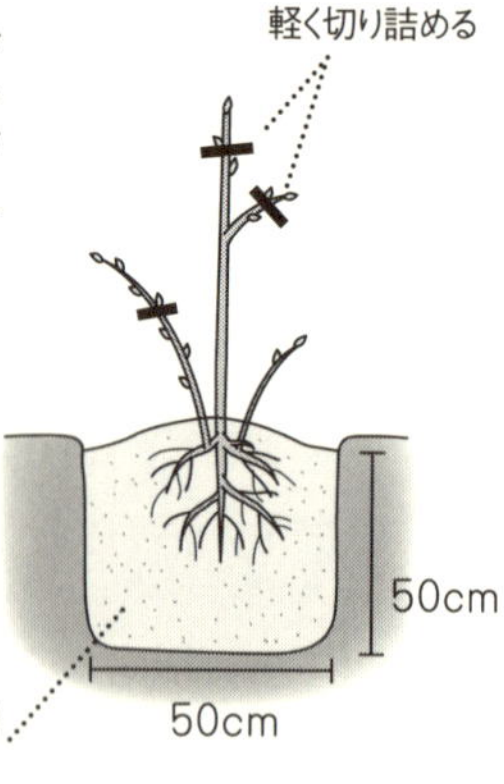
腐葉土を18〜20ℓ、掘り上げた土にすき込む

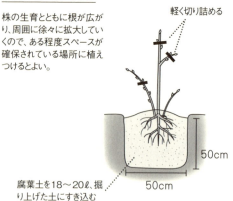

冬季剪定（4年目以降）

剪定の適期：12 〜 2月
理想的な木の形：株仕立て

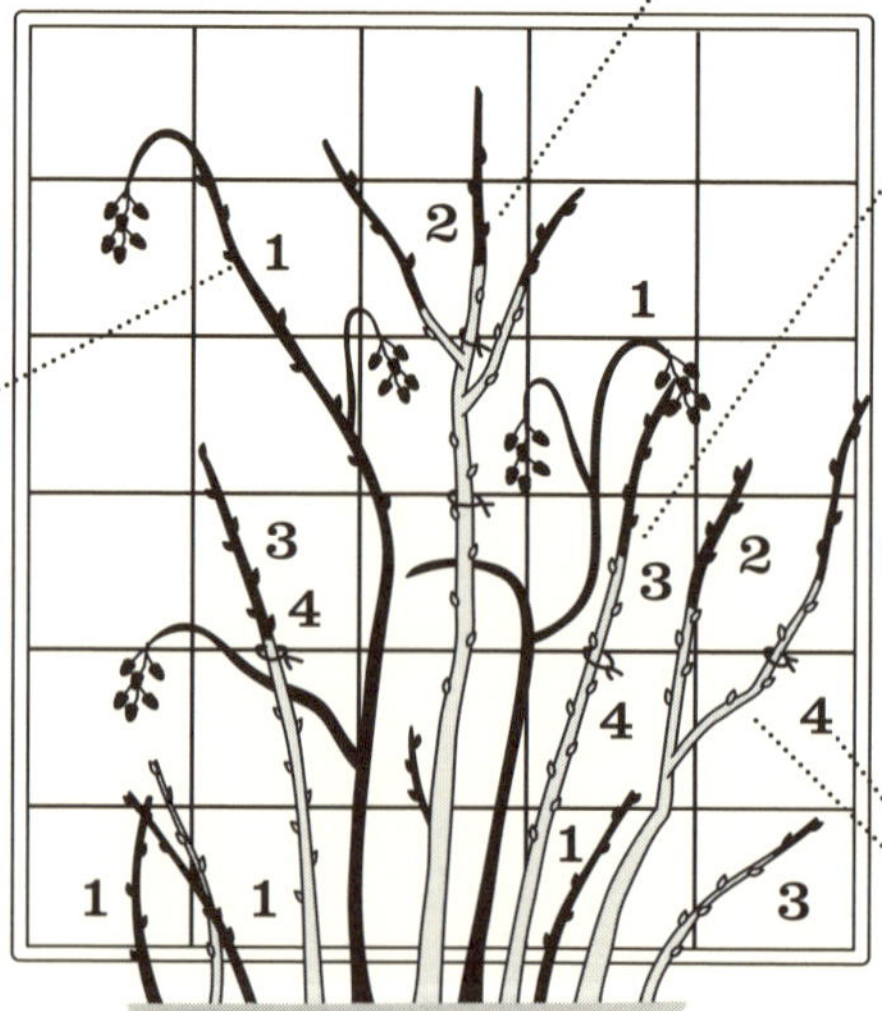

1 枯れた枝や混み合った枝を切り取る

枯れた枝をつけ根で切り取るほか、交差するほど混み合った枝についても間引く。

2 枝分かれした枝を切り詰める

生きている枝が枝分かれしている場合は、枝分かれしている部分から3〜5芽程度残して切り詰める。

3 枝分かれしていない枝を切り詰める

生きている枝のうち、株元から一度も枝分かれしていない枝については、地際から30〜40cmで切り詰める。

4 枝をフェンスなどに固定する

枝が下に垂れるようなら、フェンスなどにひもで固定するとよい。ブラックベリーでは必須の作業。

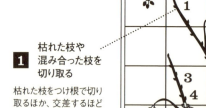

Q. リンゴの剪定などの作業のポイントを教えてください

A. 果実がつきやすい短い枝を発生させます

リンゴは大木になりやすい傾向にあります。管理作業するのが大変なほどに樹高が高くなったら、木の先端部分を切り戻し（110ページ）、広がりを抑えましょう。

花芽は葉芽よりも大きく、丸く膨らんでいるので外見で区別しやすい傾向にあります。花芽は前年に伸びた枝の全域に点在しているものの、果実がつきやすいのは5㎝未満の短い枝の先端にある花芽です。前年に伸びた枝のうち、30～50㎝程度の長い枝があったら上向きから斜めから横向きに誘引し、枝先を⅕～¼程度切り詰めて、発生する枝の長さが短くなるような工夫をしましょう（下図）。短い枝には翌シーズンに果実がつくのと同時に再び短い枝がつくため、数年間は同じような位置から収穫できます。

長い枝にも花芽があるので花が咲くのですが、果実がつきにくいので、いくら若くて充実した枝であっても実つきが悪い傾向にあります。そのため、短い枝を発生するような誘引や剪定を心がけましょう。

リンゴの花芽と結実

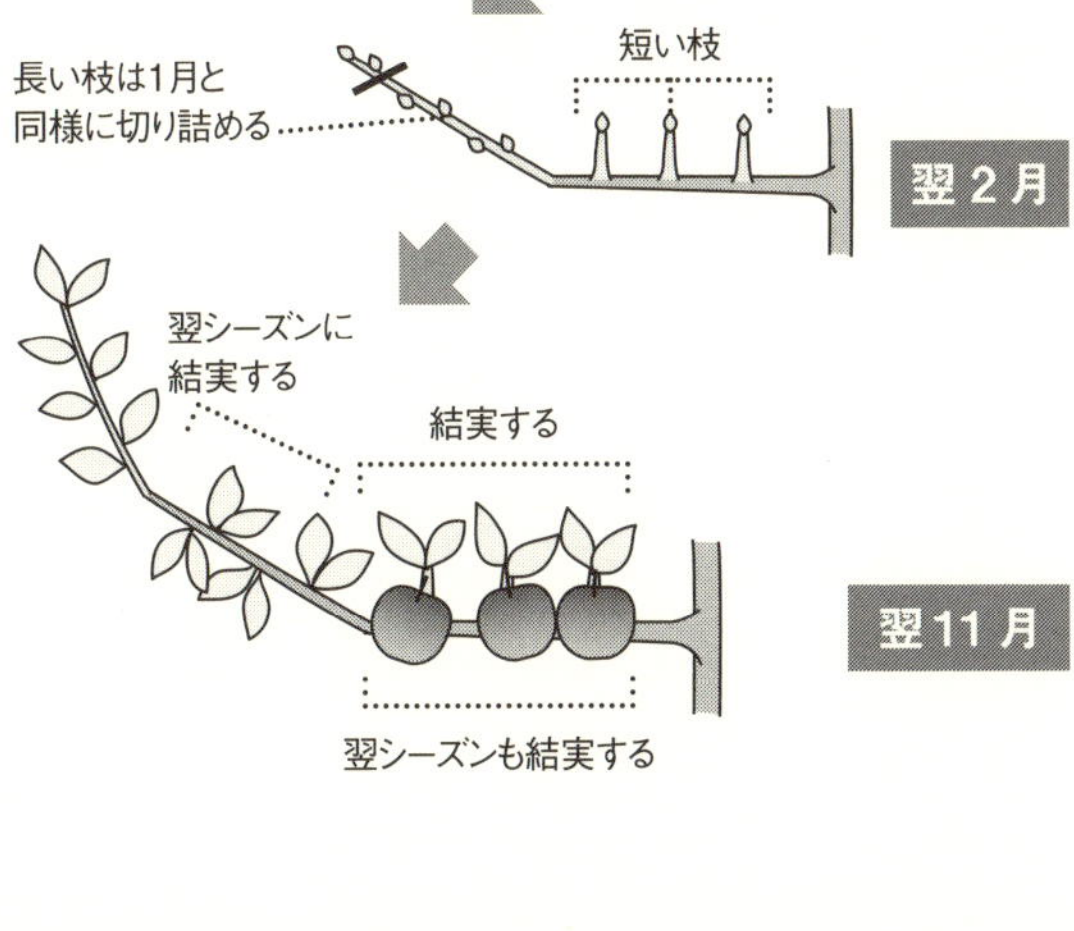
上向きの枝はひもなどで斜めから横向きに誘引する
枝先を1/5～1/4程度切り詰める
1月

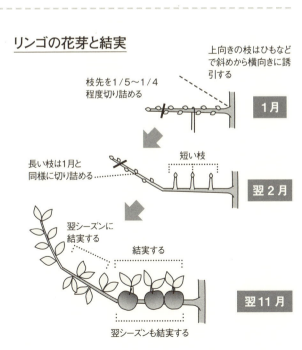

仕立て（2〜3年目）

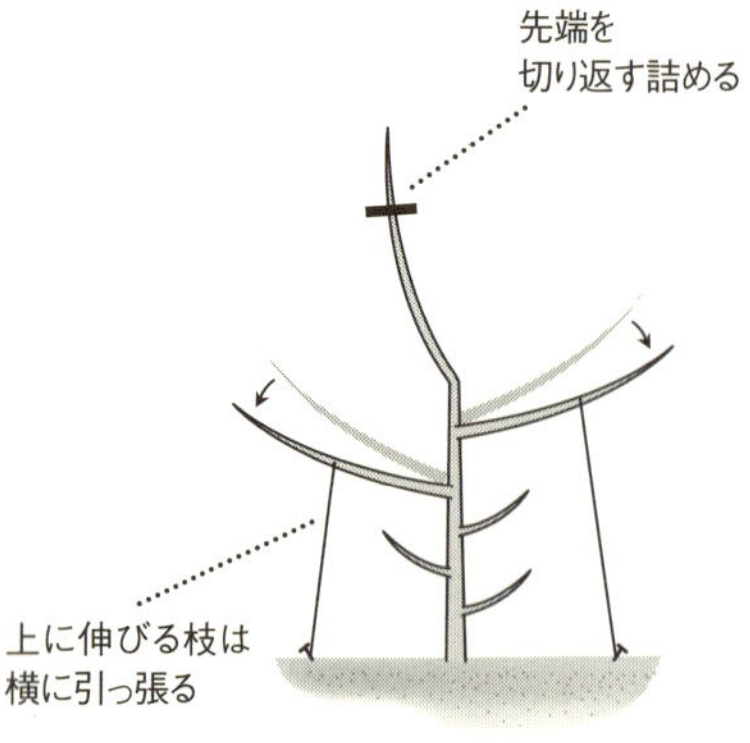

植えつけ（1年目）

冷涼で降水量の少ない地域で育てると、病害虫が少なく果実の色づきがよくなる。根が深く伸びるので、最低でも50cmは植え穴を掘る。近くに受粉樹を植える。

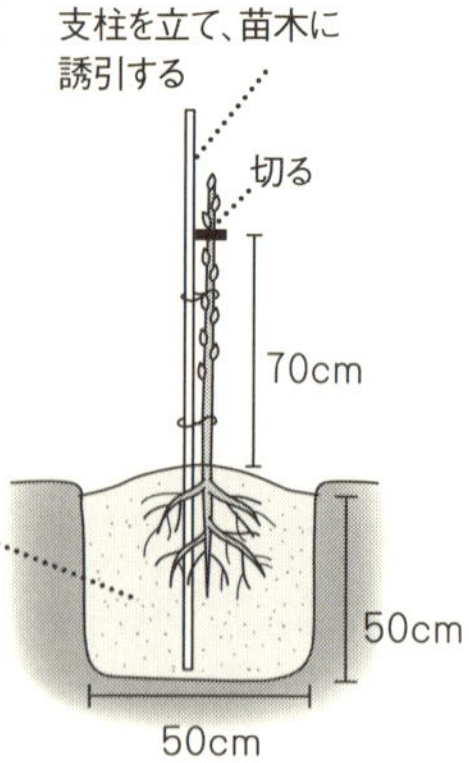

変則主幹形仕立て

植えつけから数年間は、混み合う枝を間引く程度に剪定し、樹高が高くなったら木の先端部を切り戻す仕立て方。リンゴでは下の枝を特に大きく拡大させることで改良したフリースピンドル仕立てが人気。

冬季剪定（4年目以降）

○理想的な木の形：変則主幹形仕立て
剪定の適期：12〜2月

1 樹高を低くする

樹高が高くなったら、木の先端枝の枝分かれしている場所で切り戻す。樹高が高くない場合は不要。

4 上向きの枝を誘引する

真上に伸びる枝があれば、ひもなどを使って斜めから横向きに誘引して、短い枝を発生させ、実つきを改善する。

2 不要な枝を間引く

徒長枝や混み合った枝などを、つけ根で切り取る。

3 長い枝だけ先端を切り詰める

前年に伸びた枝のうち、30cm以上の枝だけ、先端を1/5〜1/4切り詰める。

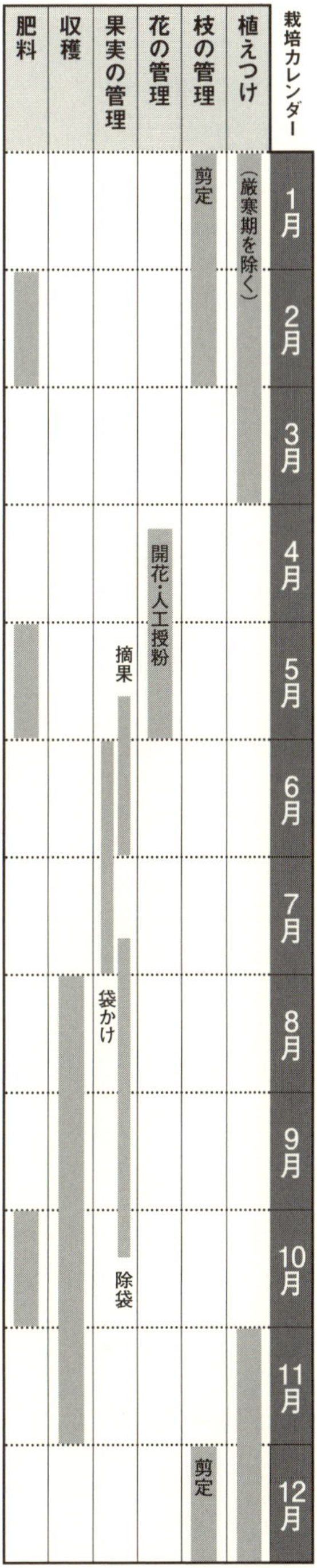

リンゴの産地が長野県や青森県などの寒冷地に集中しているのは、リンゴを温暖地で育てると果実の色づきや実つきが悪くなるのが主な理由です。そのため、家庭でも植えつける場所は涼しい場所を選ぶか、鉢植えにして夏に涼しい場所に置くのが理想的です。

実つきをよくするには、異なる品種を受粉樹として用意しましょう。品種間の開花期や遺伝的な相性も重要です(59ページ)。

植えつけ後は混み合う枝を間引く程度に剪定し、3年目以降に樹高が高くなったら、木の先端部を切り戻して変則主幹形仕立て(フリースピンドル仕立て)にするのが理想的です。

栽培カレンダー

植えつけ	（厳寒期を除く）											
枝の管理	剪定											剪定
花の管理				開花・人工授粉								
果実の管理					摘果		袋かけ			除袋		
収穫								収穫				
肥料		肥料			肥料					肥料

DATA

科属名	バラ科 リンゴ属
形態	落葉高木
樹高	2.5m程度 最大10m
耐寒気温	−25℃
土壌pH	5.5〜6.5
花芽	混合花芽
隔年結果	しやすい(品種による)
受粉樹	必要
難易度	ふつう

収穫

8〜11月

色づいた果実を支えながら持ち上げて収穫する。果梗は丁寧に短く切る。温暖地では色づきが悪いので試食して適期を確かめる。

【著者紹介】

三輪正幸（みわ まさゆき）

千葉大学環境健康フィールド科学センター　助教。

1981年（昭和56）、岐阜県生まれ。専門は果樹園芸学およびデザインシステム学。「NHK趣味の園芸」や「NHKあさイチグリーンスタイル」の講師などをつとめ、果樹栽培を家庭でも気軽に楽しむ方法を提案している。著書に、『おいしく実る! 果樹の育て方』（新星出版社）、『果樹&フルーツ　鉢で楽しむ育て方』（主婦の友社）、『かんきつ類ーレモン、ミカン、キンカンなど』（NHK出版）他多数。

デザイン	志野原遥、小林愛子（以上、monostore）
イラスト	梶原由加利
写真提供	三輪正幸
写真撮影	杉山和行（講談社写真部）
写真協力	千葉大学環境健康フィールド科学センター

果樹栽培《かじゅさいばい》 実《み》つきがよくなる「コツ」の科学《かがく》

2018年11月26日　第1刷発行

著　者	三輪正幸《みわまさゆき》
発行者	渡瀬昌彦
発行所	株式会社 講談社 〒112-8001　東京都文京区音羽2-12-21 電話　03-5395-3606（販売）　03-5395-3615（業務）
編　集	株式会社講談社エディトリアル 代表　堺 公江 〒112-0013　東京都文京区音羽1-17-18 護国寺SIAビル6F 電話　03-5319-2171（編集部）
印刷	慶昌堂印刷株式会社
製本所	株式会社国宝社

ISBN978-4-06-220933-5